KB219662

유라시아 대륙
심장부를 횡단하다

캄차카에서 아조레스까지

유라시아 대륙
심장부를 횡단하다

캄차카에서 아조레스까지

펴낸날　초판 1쇄 2024년 10월 20일

지은이　채경석
펴낸이　서용순
펴낸곳　이지출판

출판등록　1997년 9월 10일
등록번호　제300-2005-156호
주소　03131 서울시 종로구 율곡로6길 36 월드오피스텔 903호
전화　02-743-7661　　**팩스**　02-743-7621
이메일　easy7661@naver.com
디자인　조성윤
인쇄　ICAN
물류　(주)비앤북스

값 22,000원

ISBN 979-11-5555-230-8 03900

● 오지여행 전문가 채경석의 유라시아 대륙 인문탐사여행기

유라시아 대륙
심장부를 횡단하다

캄차카에서 아조레스까지

채경석 지음

이지출판

유라시아 대륙을 횡단하는 여행은 현생 인류가 아프리카를 벗어나 미지의 공간으로 한 걸음 한 걸음 걸어 나간 용기의 길이다. 그뿐 아니라 대륙 곳곳에 정착한 인류가 지구촌의 역사를 펼쳐간 길이다.

한 명의 조상에서 시작하여 부족이 되고 민족이 되고 국가로 성장하며 인종적 분화와 문명적 진화가 이루어졌고, 문화적 성취는 과거와는 전혀 다른 세상으로 인류를 인도했다. 한마디로 유라시아는 인류가 경험한 모든 것이 축적되어 있고 여전히 살아 있는 대륙이다. 그 대륙을 여행하며 부족한 나는 세상을 조금씩 알아갔다.

나의 유라시아 횡단은 한 번에 이루어지지 않았다. 1991년에 처음 유라시아 여행을 했고, 2007년에 부족한 장소를 채워 가듯 유라시아 여행을 했으며, 코로나가 창궐하기 전 2019년에 세 번째 유라시아 횡단 여행을 했다.

이런 나의 여행을 지켜본 지인들이 함께 유라시아 횡단 여행을 다시 하자고 부추겼다. 그래서 80일간의 여행 계획을 세워 출발일을 정하고 2020년을 맞았다. 하루하루 출발일은 다가오는데 예기치 않는 코로나 팬데믹이 전 세계를 휩쓸었고, 출발일은 기약 없이 미루어졌다.

코로나로 발이 묶였던 2021년 유라시아 여행을 기대하며 답답함을 이겨 내던 지인이 갑자기 세상을 떠났다. 그에게 유라시아 횡단 여행은 꿈이 되어 버린 것이다. 그의 부고를 듣고 책상 앞에 앉았다. 지난 여행을 기록해야겠다는 생각이 들었기 때문이다.

그렇게 지난 여행을 정리하며 한 줄 한 줄 써 내려갔다. 1991년 불안정한 청년이 경험한 유라시아 여행, 2007년 집착이 강한 중년이 경험한 유라시아 여행, 그리고 2019년 여전히 목마름에 애타던 때에 경험한 유라시아 여행, 세 명의 나는 각기 다른 시간에 유라시아 여행을 했고, 시간적 격차는 무려 28년이나 되었다.

나의 유라시아 횡단 여행은 28년이라는 긴 시간 동안 진행되었지만 28년의 변화를 담고 있지는 못하다. 그리고 개인적 체험을 기록한 것이라 일반적인 상황을 대변하지도 못한다. 단지 한 인간이 유라시아 대륙을 인생 전반에 걸쳐 세 번 여행하고 나이 들어가는 만큼 다른 시각으로 적은 여행 기록이다. 그럼에도 책으로 내놓는 건, 누군가 유라시아 대륙을 횡단하려 하거나, 유라시아 대륙 어딘가로 여행을 시작할 때 좋은 동반자가 되리라 믿기 때문이다.

유라시아 대륙을 횡단하고 더 멋진 여행기를 남길 또 다른 여행가를 기다리며, 함께 여행을 꿈꾸었으나 이루지 못한 지인들과 나의 여행기를 출간해 주신 이지출판 서용순 대표님에게 감사드립니다.

여행이라는 업을 이생에서 모두 털어 버리려는 미친 여행가
채경석 씀

⑮
피오드와
라플란드

⑰
유럽 대평원

⑯
우크라이나

⑱
알프스

⑲
이베리아 반도

⑲
아조레스

⑬
아라라트와
티그리스

⑭
캅카스

트랜스
옥시아나

⑩
페르...

⑨

⑪
호라즘과
호라산

⑫
페르시아

1 캄차카 반도

2 시베리아

3 바이칼 호수

준가르 분지와
이리 계곡

4 몽골 고원과 알타이

5

6 중국 텐산과 쿠차

타클라마칸

1장
-
캄차카 반도

1. 캄차카로 향한 베링과 나

2007년 9월 어느 날 캄차카 수도 페트로파블롭스크 캄차츠키에 도착했다. 공항에 인가(Inga)라는 여성이 마중을 나왔다. 그녀는 민박이 아직 준비되지 않았다며 오늘은 자기 집에서 자고 내일 민박집으로 가야 한다고 한다. 그녀는 공항에서 영어통역사로 일하며 가끔 가이드 일도 한다고 자신을 소개했다.

그녀의 집은 시내에 있는 저층 아파트였다. 문이 허름하고 투박한 것에 비해 실내는 깔끔했다. 집에 들어서니 어린 꼬마가 악수를 하자고 손을 내밀었다. 갑자기 찾아온 방문객을 환대해 주는 꼬마가 대견해서 나도 꼬마의 손을 덥석 잡았다.

인가가 차를 준비해 놓고 나를 식탁으로 불렀다.

"내일은 아바차 화산 트레킹입니다. 바짐이라는 남자가 올 거예요. 바짐과 이틀간 아바차 화산 트레킹을 하고 돌아오면 모레는 아바차만 낚시 크루즈가 예약되어 있어요. 배가 10시 30분에 출발하니까 아침 식사하고 계시면 내가 데리러 갈게요."

"집이 바뀌나요?"

"아바차에서 돌아오는 날 바짐이 예약된 민박집으로 데려다줄 거예요."

어느새 적응이 되었는지 집이 바뀐다는 게 좀 불편했다.

"그런 다음은요?"

"다음 날은 캄차카 여행의 하이라이트, 쿠릴 호수 헬기 여행입니다."

그녀는 입으로 "뚜드드뚜드드" 하고 헬기 소리를 냈다.

쿠릴 호수는 접근 도로가 없어서 허가받은 헬기로만 갈 수 있다는 표현을 한 것이다.

인가는 설명을 끝냈는지 식빵에 버터를 두텁게 바르고 그 위에 다시 선홍색 알을 펼쳐 발랐다.

"연어알?"

"으흥."

가볍게 응수하며 나에게도 빵을 권했다. 진한 홍차에 연어알이 발린 식빵 한 조각이 허기를 달래기에 푸짐했다. 나는 하루 30달러에 민박을 예약했는데, 식사는 포함되지 않는다. 민박이 좋은 건 호텔보다 저렴하기도 하고, 인심 좋은 주인을 만나면 밥도 공짜로 얻어먹는다는 점이다.

항상 그렇지는 않지만, 나는 운이 아주 좋은 여행자였다. 인터넷으로 도움을 줄 사람을 찾았고, 적당한 비용을 지불하고 안전한 여행 계획을 사전에 얻을 수 있었다. 인가를 만나기 전까지 나는 심한 압박감을 느꼈었다. 말도 통하지 않고 도시화되지 않은 캄차카에서 개인 여행이 가능할까? 야성을 잃은 지 오래되었고, 도시에서 익숙한 삶을 살아왔으니 예측하지 못한 일은 피하고 싶었다.

그래서 캄차카를 여행에 넣을지 말지 결정하지 못하고 몇 달을 흘려보냈다. 그러다 우연히 인가를 알게 되었다. 그녀를 만나지 못했다면 캄차카행 비행기에 올랐을까? 일정에서 캄차카를 빼지 않았을까?

400년 전에도 유라시아 대륙 횡단을 나선 남자가 있었다. 그가 목표로 한 장소도 캄차카였다. 16세기 러시아는 세계 최대 모피 공급 국가였고, 모피로 얻은 이익은 러시아 재정의 10% 정도를 차지했다. 하지만 17세기 영국에서 모직 산업이 발달하고 석탄을 난방 연료로 사용하면서 모직물이 비싼 모피를 대체하였다. 이에 더해 18세기 산업혁명이 일어나고 값싼 면직물이 공장에서 쏟아져 나올 때쯤 모피는 사교계의 사치품으로만 겨우 명맥을 이어 갔다.

모피 수요가 급격히 줄어들면서 모피 교역으로는 더 이상 황실 재정을 유지할 수 없게 되자, 러시아 황실은 새로운 시장과 대체 상품을 원했고, 해결책은 아메리카 광물이었다. 스페인의 성공을 눈여겨보았던 것이다. 젊은 표트르 황제는 아메리카로 갈 방안을 찾기 시작했다. 서쪽이 지름길이지만 서유럽에는 독일과 프랑스, 영국이 버티고 있어 유럽을 통해 아메리카로 가는 길은 막혀 있었다.

표트르 황제는 서유럽을 통하지 않고 아메리카로 갈 방법을 찾아야만 했고, 그 길은 시베리아 끝에서 아메리카를 연결하는 북동 항로를 개척하는 것이었다. 황제는 자신의 이상을 실현해 줄 용감한 탐험가를 찾았다. 죽음을 두려워하지 않는 용기와 불굴의 탐험 의지에 무엇보다 항해 전문가여야만 했다. 그때 황제의 눈에 들어온 사람은 네덜란드 출신이면서 러시아 해군에 복무하고 있는 비투스 베링이었다. 황제가 베링에게 제안한 내용을 알 수는 없다. 하지만 꽤나 매력적이지 않았을까? 항해 전문가가 유라시아 대륙을 횡단해 캄차카까지 무모한 탐험을 시작한 것을 보면.

대항해 시대 탐험에 나선 뱃사람들은 70%가 돌아오지 못했다. 그래서 탐험대 참가를 독려하기 위해 여러 조건을 내걸었다. 심지어 보통 선원의 180년에 해당하는 임금을 약속하기도 했다. 물론 성공하고 돌아와야만 얻게 되는 행운이지만 기대는 인간의 눈을 멀게 하지 않던가. 비투스 베링만이 아니라 탐험대원들은 성공을 꿈꾸며 고난의 길을 선택했을 것이다. 대항해 시대 인생 역전을 부르짖으며 신대륙으로 향하는 탐험선에 올랐던 카스틸랴(마드리드를 포함한 스페인 중부지방)의 뱃사람들같이.

잉카를 정복한 피사로는 스페인 황실과 맺은 계약에 따라 잉카로부터 빼앗은 금 20%를 소유했다. 그 양은 대략 5,720kg이며 현재 시세로 환산하면 4,000억에 달한다. 큰 돈이지만 162명의 탐험대원에게 약정 금액을 나눠 주어야 했으니 목숨을 건 대가로는 충분하지 않았을지도 모른다. 분배에 불만을 품은 탐험대원들에게 피사로가 암살을 당한 걸 보면.

피사로만 그런 것도 아니다. 아즈텍을 멸망시킨 코르테스와 신대륙을 발견한 콜럼버스 역시 말년이 궁색했다. 유럽에 장밋빛 미래를 선물한 선각자였음에도 그들의 말년은 빈곤하기 짝이 없었다. 탐험으로 재미를 본 건 탐험대가 아닌 왕실이었다. 왕실은 탐험 성과를 독식해야 했으니 탐험가와 동행을 원하지 않았다. 결국 탐험가의 삶이란 성공해도 쪽박, 실패하면 핍박이 아니었을까.

베링도 선배 탐험가들의 삶을 잘 알고 있었을 것이다. 그럼에도 그는 표트르 황제의 제안을 마다하지 않았다. 그것도 익숙한 바다가 아닌 시베리아를 횡단해야 하는, 도무지 익숙하지 않은 모험이었는데도 말이다. 당시 시베리아는 미지의 땅이었다. 코사크 용병이 시베리아 곳곳을 누비며 모피를 수거하는 일을 했다고는 하나, 시베리아는 대부분 숲과 물길이 가로막고 있는 미지의 공간이었고, 더구나 뱃사람인 베링에게 시베리아 횡단은 예측할 수 없는 도전이었다.

그렇게 시작된 베링의 탐험은 목숨을 건 항해 끝에 북동 항로를 개척하고 베링해를 건너 알래스카를 러시아 황실에 헌정했으니 대단한 성공이었다.

하지만 베링의 성공 스토리는 여기서 멈추었다. 스페인이 남미에서 무한정 가져가던 금과 은이 알래스카에는 보이지 않았다. 아니, 금과 은뿐 아니라 석유까지 지하에 가득했지만 두꺼운 빙하 아래 묻혀 있었고, 18세기 과학으로는 알래스카의 가치를 알 수 없었다. 실망한 러시아 황실은 720만 달러라는 헐값에 알래스카를 팔아 투자한 원금을 회수한 것으로 만족해야 했다. 그리고 베링의 수고도 720만 달러와 함께 묻혀 버렸다. 러시아 황실이 광물이 아니라 수산자원에 눈을 떴으면 어땠을까? 그랬다면 알래스카도 지키고 세계 3대 어장 중 하나인 북태평양 어장을 온전히 소유하지 않았을까?

베링이 탐험기지를 건설하고 항해를 시작한 항구가 오늘날 캄차카 주도인 페트로파블롭스크 캄차츠키다. 페트로파블롭스크가 북방 탐험기지로 선정된 건 아바차만이라는 천혜의 항구를 가졌기 때문이다. 그래서 캄차카의 첫 여행을 아바차만 낚시 여행으로 시작했다.

아바차만은 어항같이 둥글고 내항과 외항이 만나는 물목이 좁아 마치 긴 방파제를 쌓은 항구 같다. 보통의 항구는 별 모양의 콘크리트 구조물을 쌓아 외항과 내항을 나누지만, 자연 육대(陸帶)에 둘러싸인 아바차만은 인공 구조물이 필요 없는 완벽한 항구다. 그뿐만 아니라 아바차만은 내해인데도 물고기로 가득하다. 그래서 아바차만을 물고기를 가둔 어항이라고 한다.

아바차만에 물고기가 많은 이유는 무엇일까? 캄차카는 화산으로 만들어진 대지다. 내륙을 지배하는 220여 개의 화산은 풍부한 미네랄을 지구 내부에서 대지 밖으로 토해내고, 빙하는 대지에 쌓인 미네랄을 싣고 바다로 유입된다. 아바차만으로 유입되는 미네랄을 먹으려고 플랑크톤이 모여들고, 플랑크톤을 먹이로 하는 작은 새우와 어류들이 그 뒤를 따라 몰려온다. 작은 물고기를 잡아먹고 사는 중대형 어종이 그 뒤를 따르고, 그런 먹이사슬에 의해 고래까지도 두리번거리는 어장이 형성되었다.

그래서 낚싯대에 밑밥을 달지 않아도 쟁반만 한 자연산 광어가 덥석덥석 잡혀

아바차만 낚시. 3대 어장이라서 어류가 풍부하고 입질이 좋기로 유명하다.

아바차만에서 본 아바친스크(아바차 화산), 아바차만과 아바차 화산은 한 몸같이 어울린다.

아바차 화산대지에서 내려다본 아바차만 전경.

올라온다. 이런 손맛이 어디 있는가? 아바차 낚시 크루즈에 오르니 막 잡아 올린 물고기로 수프를 끓여 준다. 베링도 막 건져 올린 물고기로 수프를 만들어 먹었겠지? 인간에게는 400년이 지난 한 역사지만 캄차카는 그때나 지금이나 같을 테니까.

2. 캄차카의 화산대지

지구에는 1억3,200만 년 동안 Vei8(화산 폭발 규모를 나누는 등급으로 최고 등급인 슈퍼 볼케이노)에 해당하는 초대형 화산이 40여 개 존재했고, 그중 30개의 대폭발이 최근 4,000만 년 사이에 일어났다. 과거의 폭발 주기를 분석한 결과 Vei8급 초대형 화산은 5만 년 주기로 폭발했으며, 마지막으로 출현한 초대형 화산은 27,000년 전 타우포 화산이었다. 주기상으로 보면 앞으로 25,000년 후에 Vei8급 초대형 화산이 나타날 것으로 예측된다.

시간은 대충 나왔는데, 그 장소는 어디일까? 지구의 마지막을 장식할 불꽃 잔치가 될 땅이 캄차카는 아닐까? 아바차 화산을 오르는 동안 별의별 생각을 다하게 된다. 화산 대지는 여름 한철 질퍽한 뻘이 된다. 그래서 일반 차량은 접근조차 불가능하다. 아바차 화산에 오르기 위해 바퀴가 10개 달린 특수 차량에 올랐다. 특수 차량은 대형 트럭의 화물칸에 박스를 얹고 그 안에 의자를 고정시킨 단순한 형태지만 캄차카에 가장 적합한 차로 보였다.

툰드라 대지인 캄차카에는 도로가 거의 없다. 도로를 만들어도 얼었다 녹았다를 반복하기 때문에 포장도로가 남아나지 않는다. 그래서 특수 차량이 캄차카 야전에 딱 맞는 운송수단 같아 보인다. 특수 차량은 게걸음같이 진흙밭을

캄차카 화산대지로 안내하는 특수 차량. 바퀴가 10개 달린 거대한 트럭을 개조한 차량이다.

1시간 30분 달려 뚜르 바잘이라 불리는 통나무 산장에 내려놓았다. 트레킹은 여기서부터 시작되었다.

바짐은 트레킹을 출발하기 전 오늘 일정을 알려 주었다. 정상까지 7~8시간, 하산하는 데 1~2시간 걸린다고 한다. 그의 표현에 의하면 거리가 멀어서 시간이 오래 걸리는 게 아니라 원뿔 형태의 성층화산이기 때문에 정상에 다가갈수록 경사가 급해지고, 경사가 급해질수록 발이 뒤로 밀려 시간이 오래 걸린다고 한다. 모래사구는 세 발 디디면 한두 발이 뒤로 밀리고 그래서 거리가 그리 멀지 않아도 몇 배 피곤하고 시간이 오래 걸린다. 또 발 아래 지면이 단단히 고정되어 있지 않으니 발가락에 힘을 주어야 하고, 디딜 때마다 바닥이 밀리니 한 걸음 옮길 때마다 힘이 배로 든다.

아바차 화산 트레킹이 그랬다. 6시간을 걸어 정상이 멀지 않은 지점에 다다랐다. 그런데 나는 언제부터인지 한 여성의 뒤를 따르고 있었다. 언뜻 보기엔 여성을 뒤에서 돌봐 주며 가는 것 같지만, 사실은 그 여성이 디뎌 다져진 곳을 내가 딛고 오르는 형국이었다. 그러니 내가 도움을 받고 있었다.

모양이 좋아 보이지 않아 내가 앞서가며 발디딤을 만들어야겠다는 생각이 들었다. 그래서 추월하려 옆으로 벗어났다. 하지만 쉽지 않았다. 두세 걸음이면 추월하기 충분한 거리였으나 발이 미끄러지면서 무려 열 걸음쯤 걸어야 했고, 그러느라 숨이 목까지 차올라 걸을 수가 없었다.

"잠시만요, 좀 쉴게요."

이젠 여성이 나보다 여유로워 보였다.

한숨 돌리고 나니 나와 그 여성 둘뿐이었다. 바짐은 8명을 이끌고 정상이 멀지 않은 지점에 다다른 듯하고, 보조 가이드로 따라온 청년은 여성 한 명을 데리고 하산했기 때문이다. 정상이 멀어 보이지 않아 조금만 힘을 내면 닿을 것 같았다. 그때 출발 전 바짐이 강조한 말이 떠올랐다. 그가 강조한 주의사항은 세 가지였다.

"정상이 보인다고 끝이 아니다. 정상에서 30분만 체류하다 하산한다. 시간 안에 정상에 못 올라온 사람은 그 자리에서 하산해야 한다."

나는 주저앉은 채 정상을 힐끗 쳐다보았다. 바짐은 올라가는 데 7~8시간 걸린다고 했다. 그의 설명대로라면 아직 1~2시간이 남았으나 정상은 보이는 것과 달리 거리가 꽤 남아 있었다. 계속 가야 할까? 그만 갈까? 혼란스러워 그녀를 쳐다봤다.

"바짐이 곧 내려오겠죠?"

"네."

"올라가요?"

"아뇨. 여기 있다가 바짐이 내려오면 내려가려고요."

"그렇죠? 제 시간에 정상까지 못 가겠죠?"

그녀는 가볍게 고개를 끄덕였다. 바짐은 세 가지 원칙을 강조하며 '자기가 모두를 안전하게 책임져야 하기 때문'이라고 했다. 그가 책임지려는 것은 무슨 상황을 의미할까?

산악 가이드의 책임과 의무는 어디까지인가. 나는 존 크라카우어가 쓴 『희박한 공기 속으로(Into the Thin Air)』라는 책을 생각했다. 1996년 에베레스트 베이스캠프에 두 팀의 상업등반대가 있었다. 두 팀의 리더는 정상으로 향하기 전날, 안전을 위해 오후 2시까지 정상에 오르지 못한 사람은 그 자리에서 하산하기로 약속했다.

그런데 뉴질랜드 상업등반대 리더 로브 홀은 오후 2시가 되었으나 한 명의 고객을 기다리느라 하산할 수가 없었다. 등반객은 큰 비용을 지불하고 참가한 고객들이고, 로브 홀은 그들을 상대로 비즈니스를 하는 처지였기 때문이다. 로브 홀은 두 번이나 에베레스트 상업등반대에 참가했으나 정상에 오르지 못한 한센이 특히 마음에 걸렸다. 한센은 이번이 세 번째 참가였으며, 로브 홀은 머뭇거리던 한센에게 이번엔 꼭 정상에 갈 수 있게 해 주겠다고 약속까지 했었다. 그런 부채 의식이 로브 홀의 발목을 잡았고 하산을 미루게 했다. 한센은 탈진 상태로 3시 40분이 되어서야 정상에 올랐다. 그러나 너무 지쳐서 스스로 하산할 수 없는 상태였다.

로브 홀은 혼자서는 살아서 내려갈 수 있었으나 한센을 버리고 하산하는 결정이 쉽지 않았다. 어떻게든 한센을 데리고 하산하려는 그에게 악몽 같은 일이

닥쳐왔다. 인도양에서 발생한 폭풍이 다가온 것이다. 결국 두 사람은 에베레스트에서 내려오지 못했다. 로브 홀은 스스로 정한 원칙을 지키지 않았다. 그가 2시에 하산을 시작했다면 비즈니스는 위축되었겠지만 자신은 물론 한센도 구하지 않았을까? 로브 홀은 스스로 정한 규칙을 깼고, 그 보상은 두 사람의 죽음이었다.

바짐도 정한 규칙이 있다. 그는 스스로 정한 규칙을 지킬까? 만약 그가 자신이 말한 대로 규칙을 지킨다면 나는 정상에 오르기 전 하산을 하게 될 것이다. 여기서 바짐을 기다렸다가 하산하나 조금 더 오르다 하산을 시작하나 무슨 차이가 있을까? 나도 자리에 앉아 바짐을 기다리기로 했다.

아바차에서 내려다본 대지는 순차적 질서를 표현하고 있다. 상층부의 메마른 화산대지, 초본류가 뒤덮인 산비탈과 관목이 자리잡은 산허리, 그리고 끝없이 펼쳐진 자작나무 평원, 화산의 정점에서부터 생명의 질서가 순차적으로 대지를 가름하고 있다. 모두 아바차 화산에서 뿜어져 나온 마그마를 근본으로 하지만, 생육의 질서는 대기와 마그마의 변성에 따라 각양각색이다. 이렇게 작은 화산 하나도 대지의 질서를 변화시키는데, 거대 화산은 어떤 질서를 만들어 냈을까?

태양계에서 가장 높은 화산은 화성에 있는 올림포스 산이다. 높이는 27km, 에베레스트의 3배가 넘고 너비는 540km, 우리나라를 통째로 화산 안에 넣을 수 있다. 칼데라 너비도 60km, 웬만한 소도시가 자리잡을 만한 크기다. 그런데 화성은 면적으로 보면 지구의 절반이고 질량은 지구의 1/10밖에 안 된다. 그런 화성에 이렇게 큰 화산이 만들어졌는데 지구에는 없었을까?

지구의 운명을 바꾼 화산이 여럿 있었다. 빙하기를 초래한 주원인이 거대한 화산 폭발이었기 때문이다. 7만 년 전 분화한 인도네시아 토바(TOBA) 화산은 현생 인류가 아프리카를 떠나 유라시아로 퍼져 나가는 원인이 되었던 기념비적인 화산 분화였다. 그날의 분화로 산 정상이 1천 미터 이상 날아갔고, 보트를 타고 한 시간을 달려도 끝에 닿지 않는 거대한 칼데라 호수를 남겼지만, 그래 봐야 올림포스 화산의 절반이다.

토바 화산은 Vei7로 지구에 나타난 초대형 화산 중 하나일 뿐, 지구에는 지난 1억3,200만 년 동안 Vei7의 10배 규모인 Vei8로 예측되는 초대형 화산이 40여 개 존재했다. 그러니 올림포스 화산보다 큰 화산도 있었을 것이다.

현존하는 가장 큰 화산은 캄차카 연안에서 멀지 않은 심해에 숨겨져 있는 타무 매시프(Tamu Massif)다. 이 화산은 단일 화산임에도 크기가 우리의 상상을 뛰어넘는다. 오랜 침식 결과 현재의 높이는 4,460m로 그리 높지 않지만, 면적은 한반도의 1.5배에 달한다. 화산 너비는 650km로 올림포스 화산보다 110km나 크고 칼데라 너비는 올림포스의 11배나 된다. 화산의 뿌리가 땅속 30km인 것을 고려하면 화산 분화 직후의 높이는 올림포스 산보다 더 높았을 것이다.

화성에는 대기가 없어서 올림포스 산이 처음 탄생했을 때 높이 그대로 유지되었지만, 지구에는 대기가 있고 대기는 침식과 풍화를 일으키기 때문에 타무 매시프는 세월만큼 깎이고 파였다. 지금은 심해에서 깊은 숙면에 빠져 있지만 타무 매시프는 대단한 위력을 가진 화산이었고, 타무 매시프가 폭발했을 때 지구는 극심한 몸살을 앓았다. 이 화산이 폭발하면서 지구엔 중생대 빙하기가 시작되었기 때문이다. 인류가 탄생하기 전에 벌어진 폭발이었으니 망정이지, 한 템포만 늦었으면 인류가 지구에 정착하지도 못하고 사라질 뻔한 대사건이 아니었을까?

나는 바짐을 따라 내리막을 내달렸다. 하산은 아주 수월해서 몇 발짝 걷지 않아도 슬슬 미끄러져 한 시간도 걸리지 않았다. 화산에서 내려오니 아바차를 들어올린 자연의 에너지가 위대해 보였다. 인간은 이런저런 방식으로 에너지를 만들어 내지만, 땅을 들어올려 2,741m의 화산 하나를 만드는 것은 불가능하니 아직도 인간의 힘은 자연 앞에서 미약하기만 하다.

유발 하라리는 『호모 데우스』에서 2050년이면 인간이 신이 될 거라고 도발적인 예언을 하고 있다. 예시로 든 근거가 "신은 자연을 마음대로 개조하는데, 완벽하지는 않지만 인간 역시 자연을 개조할 수 있게 되었다는 것"과 "2050년이 되면 인간 중 일부는 죽음으로부터 해방될 것"이라고 했는데, 과연 그의 예언은 실현될까? 타무 매시프는 고사하고 아바차 화산 하나도 만들어 내지 못하는 인간이 자연의 질서를 지배하는 시간이 올까?

3. 영생을 포기하고 얻은 환희의 제전, 쿠릴 호수

성(SEX)은 영생을 포기하고 얻은 환희라고 한다. 세균은 자신을 똑같이 복제해서 둘이 되고 다시 복제해서 넷이 되고 넷은 여덟이 된다. 이렇게 복수로 복제를 거듭하며 증식하지만 결국 모두 똑같다. 즉 나는 나를 복제한 무수한 나로 존재한다.

반면, 인간은 남자인 X와 여자인 Y가 만나 자손이라는 C를 만든다. C는 X와 Y의 일부를 지니고 있으나 X도 Y도 아닌 새로운 존재다. 동일하게 자신을 복제하는 세균은 치명적인 독성을 만나면 자손을 남기지 못하고 전멸한다. X와 Y의 형질을 가지고 있지만 X도 아니고 Y도 아니다. 그렇다고 C가 모두 동일하지도 않다. 그렇게 81억이나 되는 인구는 모두 다르다. 그래서 X나 Y에 치명적인 독성이 들어와도, 심지어 특정 C에 치명적인 독이 들어와도 여전히 일부는 생존한다.

인간은 생명력이 긴 C를 만들기 위해 자신의 영생을 포기했고, 그 대가로 섹스의 환희를 얻었다. 물론 인간에게만 허용된 축복이 아니다. 대부분의 고등 생명체가 영생을 포기하고 신으로부터 받은 선물이다. 영생을 포기한 대가로 얻은 성의 쾌락. 그런데 쾌락으로 끝나지 않는다. 쾌락의 대가는 더 혹독하다. 생육이라는 전혀 다른 업보가 주어졌기 때문이다. 나의 분철이 아닌 나의 소멸로 탄생하는 새로운 존재, 그래서 그런지 생식 과정은 절절하다 못해 숭고하기까지 하다. 삶과 죽음의 향연이 생식 과정에 펼쳐지기 때문이다. 쿠릴 호수는 그런 곳이었다. 삶과 죽음의 향연이 격렬하게 대치하는.

쿠릴 호수는 접근할 수 있는 육로가 없어서 헬기를 타고 가야 한다. 20인승 대형 헬기에 오르면 쿠릴 호수까지 40분쯤 비행한다. 수송용 헬기라서 그런지 작고 둥근 창문밖에 없다. 뉴질랜드에서 탄 헬기처럼 창문이 시원스러웠으면 좋겠지만, 로마에 가면 로마의 법을 따라야 하니 좁은 창문으로 번갈아 내려다보는 것에 만족해야 한다.

창문을 통해 내려다본 툰드라 대지는 묵직하고 강단 있어 보인다. 빽빽한 타이가 삼림지대는 자작나무로 가득해 시베리아 하늘을 나는 기분이 든다. 화산 분화구는 와인잔같이 부드럽고 그 안에는 에메랄드빛 액체가 가득 차 있다. 그래서 툰드라와 타이가 사이에는 코끝을 찡하게 하는 환상이 자리잡고 있다.

20인승 수송용 헬기. 여객용이 아니라서 편안하지는 않지만 쿠릴 호수를 갈 수 있는 유일한 교통수단이다.

헬기는 화산 분화구 위를 날아 초지에 내려앉았다. 연어의 에덴 동산이라고 불리는 쿠릴 호수에 도착한 것이다. 쿠릴 호수는 너비 9km, 길이 12.5km, 최대 깊이 361m에 달하는 화산 호수이며, 캄차카로 회귀하는 연어의 20%가 산란하는 자연 부화장이다. 연어는 자신이 태어난 장소로 회귀해서 자손을 낳으니, 한여름의 쿠릴 호수는 에덴 동산으로 돌아가려는 연어 떼의 외침이 쩌렁쩌렁하다.

반면, 겨울을 준비하는 곰에게는 잔칫상이다. 한여름의 잔칫상이 곰에게는 아주 중요하다. 잔칫상이 없으면 곰이 동면에 들어갈 수 없기 때문이다. 충분히 먹고 지방을 비축해 놓지 않으면 동면 중 굶어 죽을 테니 쿠릴 호수는 연어에게도 곰에게도 피할 수 없는 격전장이다. 곰이 펼쳐 놓은 전선을 무사히 지나야 자손을 낳을 수 있다. 자식을 낳으려는 어미는 몸이 해지도록 물살을 가른다. 곰은 물살을 가르느라 지친 연어를 손쉽게 낚아 한입에 털어 넣는다. 그것으로 연어의 꿈은 끝이 난다. 나도 자손도 사라진 것이다.

쿠릴 호수에서 벌어지는 삶과 죽음의 향연은 그렇게 가을 문턱을 달군다. 캄차카는 그런 땅이었다. 모든 게 자연 그대로이고 생명체는 자연의 법칙대로 살아간다. 캄차카에서는 인간마저도 자연의 법칙을 왜곡하려 하지 않는다. 그래서 여전히 지상 최고의 자연 여행지로 남은 듯하다.

유라시아 횡단을 캄차카에서 시작한 것은 아주 잘한 선택이었다. 자연의 질서가 여전히 대지를 지배하는 캄차카. 인간의 역사를 좇아가려 한 나의 여행에 자연이라는 밥상을 하나 더 놓았기 때문이다. 나는 캄차카에서 잔칫상을 잘 즐겼다. 잔치는 이어질 것이다. 유라시아를 횡단하는 내내….

화산 분화구는 와인잔같이 부드럽고 그 안에는 에메랄드빛 액체가 가득 차 있다.
그래서 툰드라와 타이가 사이에는 코끝을 찡하게 하는 환상이 자리잡고 있다.

2장
-
시베리아

1. 대멸종을 담보로 한 시베리아의 탄생

토론토에서 인천으로 오는 비행기의 작은 창문을 통해 내려다본 대지를 잊을 수 없었다. 새벽잠에서 막 깨어나 정신이 몽롱했지만 거대한 굽이침에 취해 한동안 눈을 떼지 못했던 대지. 여기가 어디일까? 오랫동안 궁금했는데, 항로 지도를 보고 비로소 알 수 있었다.

비현실적인 땅은 바로 북극해와 만나는 시베리아 끝단이었다. 시베리아를 가르며 흐르던 레나 강이 북극해와 만나 폭 400km의 델타(Delta)를 만든 것이다. 레나 델타(Lena River Delta)로 불리는 검은 대지에는 레나 강이 유유히 흐르고 강 주변에는 수많은 물웅덩이가 첨벙거린다. 나의 새벽을 깨운 대지는 아레랄(Aerial)이라 불리는 검은 습지였고, 그 땅은 자유가 넘쳐났다. 시베리아의 심장은 어떤 모습일까? 시베리아 심장으로 향하며 가슴이 두근거렸다.

야쿠츠크에 도착한 날, 시베리아를 상상하며 경비행기에 올랐다. 하늘에서 내려다본 시베리아는 초록색 대양같이 출렁거린다. 생명이 넘치는 푸른 대지와 죽음 같은 검은 뻘의 대비, 오래전 만난 시베리아의 끝단과 오늘 만난 시베리아의 내륙은 색과 대지의 구조가 극명하게 대비된다. 이렇게 극명한 시베리아를 누가 언제 만든 것일까? 위대한 탄생에는 고통과 희생을 승화시키는 신화가 뒤따른다. 신화는 인간에게만 한정하지 않으니.

시베리아의 탄생에도 예외 없이 신화가 뒤따른다. 시베리아의 탄생은 지구적 희생과 맞바꾼 거대한 역사였다. 역사는 판게아의 형성과 함께 시작되었다. 3억 년 전 지구는 하나의 초대륙인 판게아를 만들려는 움직임이 시작되었고, 2억5,000만 년에는 그 움직임이 극에 달해 지구 곳곳에서 지진과 화산 분출이 거세게 일어났다. 2억5,000만 년 전 시베리아는 지구적 변화가 극렬하게 일어난 현장이었다. 지각의 얇은 곳에 균열이 생기고 대지의 찢어진 틈으로 마그마가 흘러나와 대지에 축적되기 시작했다. 마그마 분출이 100만 년이나 지속되면서 흘러나온 용암은 한반도 8배의 면적에 달하는 대지를 만들었으며, 용암대지의 높이는 무려 1,750m나 되었다. 즉 높이가 1,750m에 달하는 용암대지인 시베리아가 탄생한 것이다. 시베리아의 탄생이 대단했던 만큼 지구의 산통 역시 어마어마했다.

마그마와 함께 지각을 뚫고 나온 이산화탄소는 대기를 가득 메워 기후 온난화가 1천만 년 동안 지속되었다. 대기에 축적된 이산화탄소가 산성비가 되어 내리면서 해양은 황화수소로 가득한 독극물이 되었고, 당시 지구 생명체의 대부분은 바다에 살고 있었으므로 생명체의 멸절을 피할 수 없었다. 지구 생명체의 96%가 멸절하는 최악의 대멸종 사건은 그렇게 일어났다. 전대미문의 대사건이었고 지구가 감당할 수 있는 수준을 넘은 충격이었다.

지구에는 20여 번의 멸종이 있었으나 5번의 대멸종을 제외하고 종(種)의 교체 내지 순환 과정이라고 하지 대멸종 사건이라고 하지 않는다. 하지만 5번의 멸종은 지구 생명체에 치명적인 영향을 미쳐 대멸종이라고 부른다. 그런 5번의 대멸종 중에서 시베리아의 탄생은 가장 심각한 대멸종을 동반했다. 지구는 96%의 생명체가 사라지는 고통을 감수하며 시베리아를 만들었다. 지구는 무슨 이유로 이런 무리한 일을 감행했던 것일까? 시베리아를 미래의 해결책으로 본 것은 아닐까?

시베리아가 탄생했을 때 대지의 높이는 1,750m였고 날카롭고 울퉁불퉁한 고원이 한반도의 8배에 달했다. 하지만 2억5,000만 년이 지난 현재는 300~500m 높이의 잔구와 습지가 대부분이다. 웅장한 시베리아를 무기력하고 온순한 대지로 변모시킨 주인공은 빙하였다. 지구에 5번의 빙하기가 있었지만 대빙하기 외에도 시베리아는 고위도에 자리잡고 있어 빙하의 진퇴가 수시로 일어났고, 그럴 때마다 빙하에 의한 침식을 강하게 받았다. 빙하는 모난 곳부터 깎아 냈는지 2시간의 비행 동안 산을 찾을 수가 없었다. 2억5,000년의 시간이라면 무엇인들 가능하지 않았을까?

하늘에서 조망하는 대지는 푸르고 곱게 다듬어져 있어 포근하기만 했다. 이렇게 포근한 대지가 지구 생명체의 대멸종을 불러온 현장이었다니, 비행 내내 혼란스러웠다. 시베리아는 지구의 지킴이인가, 아니면 생명 파괴의 주범인가? 가치는 시대를 반영한다고 한다. 2억5,000만 년 전 지구는 어떤 가치를 추구하였기에 시베리아를 만들었던 것일까?

시베리아의 탄생과 함께 지구에는 고생대가 끝나고 중생대의 서막이 열렸다. 시베리아의 탄생과 함께 대멸종이 시작되었고, 시베리아가 완성된 뒤 빙하기가 시작되었다. 그렇게 혹독한 시련을 겪으며 고생대가 끝나고 새롭게 중생대가 열렸으며 시대의 주인은 공룡이었다.

공룡에게 새 시대를 선물한 시베리아의 탄생, 지구 생명체의 96%에 멸절을 요구하며 공룡에게 주인 자리를 몰아준 지구. 지구의 의도는 무엇이었을까? 그 안에 인간에 대한 배려도 있었던 게 아닐까? 시베리아는 여전히 산소를 만들어 내는 3대 공장이고, 인류의 미래는 점점 더 시베리아로 옮겨가고 있으니 말이다.

2. 타이가 숲을 찾아서

시베리아는 대부분 타이가 삼림지대이고 일부가 툰드라다. 타이가는 춥고 습해 열대보다 나무의 생육 조건이 나쁘고 생육에 걸리는 시간이 몇 배 더 길다. 그래서 삼림이 훼손되면 복원이 쉽지 않다. 도시 문명과 나무와의 관계는 상극이다. 인간이 문명 도시를 만들기 전 지구는 나무로 가득했다. 나무와 물이 많은 곳에서 도시 문명이 시작되었고, 나무는 서서히 사라졌다. 도시는 나무를 먹고 성장했기 때문이다.

인간은 숲을 해체하며 문명을 발전시켰지만, 나무가 사라지면 문명도 쇠퇴했다. 이런 예는 여러 대륙에서 찾을 수 있다. 역사가 가리키는 교훈 중 하나는 나무는 인류 운명의 흥망을 결정했다는 것이다. 오늘날의 인류는 시베리아의 삼림을 지킬 수 있을까? 시베리아가 사라지면 인류의 문명 성장도 멈추게 되지 않을까?

타이가 삼림은 전 세계 삼림의 29%를 차지하며 대부분 시베리아에 몰려 있다. 지구 삼림의 30%가 몰려 있음에도 타이가 토양은 척박해 나무 생육에 이롭지 않다. 타이가 지대는 일조량이 적고 날씨가 추운 탓에 나무는 태양이 아닌 토양에서 영양분을 뽑아 생존한다. 그래서 시베리아의 토양은 영양분이 적은 빈토일 수밖에 없다. 미생물의 사체와 나뭇잎의 부식이 토양을 만들지만, 타이가 기후대에는 미생물의 활동이 미미하여 토양 생산이 더디고 이에 더해 주요 수종인 침엽수 낙엽에는 스포드졸(spodosol)이 함유되어 있어 시베리아의 토양은 강한 산성을 띤다. 빈토인 데다 산성 토양이고 날씨도 차고 강수량

경비행기 투어 중 하늘에서 내려다본 시베리아 대지. 푸른 융단을 깔아 놓은 듯하다.

마저 적다. 무엇 하나 나무의 생육에 유리한 것이 없다.

참으로 이해하기 어려운 역설이지만, 생육에 최악의 조건인데도 시베리아는 나무로 가득하다. 인간이 거주하기에 적합하지 않다는 단 하나의 이유 외에 다른 이유가 있을까? 인간이 없는 대지는 환경이 나빠도 천천히 나무를 키워 낼 수 있다는 걸 시베리아는 보여 주고 있다. 인간의 무관심이 키워 낸 시베리아의 울창한 삼림. 인간의 무관심은 자연에는 최고의 선물이자 축복이지만, 인간은 시베리아를 사랑하기 시작했다. 인간이 시베리아를 사랑할수록 삼림 파괴는 가속화되고 있다. 시베리아는 현재의 모습을 얼마나 더 지켜갈 수 있을까?

시베리아를 이해하기 위해 타이가 숲 트레킹을 했다. 타이가의 주인은 순록인이라고 하지만 순록인을 찾기 어렵다. 순록인은 도시에서 멀리 떨어진 숲속에 살고 있기 때문이다. 그에 더해 대부분의 순록인이 유목을 버리고 정착하면서 이동하는 순록인이 사라지고 있다. 타이가 숲을 걷는 동안 순록인을 만나지는 못했지만, 순록인이 거주하는 숲 속 마을을 방문했으니 그리 아쉽지는 않았다. 정처 없이 유랑하는 순록인을 만나는 건 반나절의 숲 트레킹으로 얻을 수 있는 수확이 아닌 영화 같은 일일 테니까.

야쿠츠크 시내로 돌아와 멜니코프 동토연구소를 방문했다. 소련 연방 시대 러시아의 기초과학은 탄탄했다고 한다. 1942년에 설립된 이 연구소는 그런 단면을 여실히 보여 주었다. 툰드라 지하 5~12m 깊이에 여러 층의 터널을 만들어 생물체와 암석이 동토층에서 어떻게 변화하는지를 연구하는 곳인데, 이제 툰드라에 관한 연구는 접어도 될 것 같다. 툰드라가 급속히 녹고 있기 때문이다.

북반구의 24%를 차지하는 툰드라는 영구 동토. 여름 한철 대지 표면의 토양이 녹아 이끼 등 지의류가 자라지만 땅속 세상은 변함없이 얼어 있기 때문

툰드라엔 나무 하나 없지만 여름 한철 습기 먹은 이끼류와 지의류로 대지를 가득 채운다.

이다. 그런 툰드라에 변화가 일어나고 있다. 지구 온난화로 얼어 있던 땅이 녹기 시작한 것이다. 툰드라가 녹으면 불모지를 활용할 수 있으니 좋은 일이라고 반기는 사람이 있다. 땅이 녹으면 나무가 뿌리를 내릴 수 있으니 삼림지대가 북으로 더 넓어질 것이고, 나무가 이산화탄소를 더 많이 포집할 테니 지구 온난화를 막는 데 큰 보탬이 될 것이라는 희망이다.

그런데 현실에서는 정반대 현상이 벌어지고 있다. 유기체는 성장 과정에 이산화탄소를 흡입하고 흡입한 이산화탄소(CO_2)에서 탄소(C)를 분리해 생명 유지와 성장에 사용하고 부산물로 산소(O_2)를 배출한다. 탄소는 생명 유지에 필수물질인 단백질과 탄수화물을 만드는 데도 사용되고, 나무 줄기와 잎을 만드는 데도 사용되기 때문에 유기체는 생존하는 동안 탄소를 여러 방식으로 몸 안에 축적한다. 반면, 생명 활동이 끝난 유기체는 사체가 분해되면서 몸 안에 저장된 탄소가 대기 중에 방출되는 정반대 현상이 일어난다.

툰드라에서는 이런 현상이 매우 미약하다. 너무 추워서 미생물의 활동이 미약하고 생명체의 사체가 완전히 분해되지 않은 채 땅에 축적되기 때문이다. 분해되지 않은 사체는 다른 유기체의 영양분으로 흡수되며 새로운 생명 탄생을 돕기도 하지만 대부분 땅속에 묻혀 있다. 즉 툰드라의 지하는 거대한 탄소 저장고인 것이다. 기온이 상승하면서 탄소 저장탱크 밸브가 열리려고 한다. 툰드라가 녹기 시작하고 덩달아 미생물의 활동이 활발해지면서 유기체의 분해가 시작된 것이다.

지구 온난화로 식물의 성장 지역이 확대되고 식물은 더 많은 탄소를 흡수하고 있는 반면, 툰드라가 녹으면서 지하에 저장된 탄소가 대기로 방출되고 있다. 균형을 이루면 좋을 텐데, 둘 간에는 불균형이 심각하게 벌어지고 있고 이것이 지구 온난화를 부추기고 있다. 현재도 툰드라의 수림은 툰드라에서 발생하는 이산화탄소를 60%밖에 흡수하지 못하고 40%는 대기로 방출하고 있다. 온난화로 탄소 배출량은 계속 증가하고 불균형은 더욱 심화될 것이다. 식생의 확대는 국지적이고 제한적이지만 툰드라의 해동은 광범위하기 때문이다. 균형은 이미 깨졌고 기울기는 매우 가팔라지고 있다. 둘의 경쟁에 결과가 훤히 보인다. 이 경기에 인간은 관중으로 남아야 할까, 선수로 참여해야 할까?

타이가 숲 트레킹 가이드는 등짐에서 손도끼를 꺼내 나무를 쪼개어 불을 지핀다. 그러고는 작은 코펠을 얹어 나에게 줄 커피를 끓인다. 나무는 불에 타면서 탄소를 방출한다. 알면서도 나는 외면할 수밖에 없었다. 이런 일이 일상이 된 가이드에게 하던 일을 멈추라고 말할 수도 없고, 말을 한다고 그가 들을 것도 아니지 않은가. 커피를 받아 마시는 내내 마음이 착잡했다.

중국 고사에 '필부유죄 회벽기죄(匹夫有罪 懷璧其罪)'라는 말이 있다. 필부는 죄가 없어도 좋은 옥(玉)을 가지고 있으면 그것이 죄가 된다는 말이다. 가이드는 죄가 없지만 기후 변화가 그를 죄인으로 만들 수 있다. 지금까지는 죄가 아니었지만, 이제는 죄라고 하니 그도 억울하지 않을까?

3. 시베리아를 적시는 레나 강

시베리아에서 마지막 날 레나 강 크루즈에 올랐다. 사람이 접근할 수 없는 시베리아의 이면을 보고 싶었기 때문이다. 레나 강은 바이칼 산맥에서 발원하여 북극해로 흐르며 시베리아를 적시는 두 개의 강 중 하나다.

하이랜드에서 시작해 스텝과 타이가, 툰드라를 거쳐 북극해로 유입되는 레나 강의 길이는 4,270km, 러시아에서 가장 길다. 예니세이 강이 서쪽으로 흐르며 스텝과 툰드라의 경계를 이루는 반면, 레나는 철저하게 타이가와 툰드라 대지를 파고든다. 그래서인지 예니세이 강역엔 키르기스인이 살았고, 흉에 의해 쫓겨난 월지와 오손, 한나라에 쫓긴 흉노(동흉과 북흉) 등 스키타이와 투르크계 유목 부족이 서천 과정에 이 지역을 경유했다. 예니세이 강역은 스텝과 타이가의 경계였기 때문이다.

반면, 레나 강의 주인은 퉁구스인이다. 시베리아의 대부분을 차지하는 사하 공화국 수도 야쿠츠크는 겨울철이 약 7개월 동안 지속되며, 210일 정도는 결빙되어 있는 세계에서 가장 추운 도시다. 이런 기후엔 초원이 있을 수 없으니 유목민이 거주할 수 없는 땅이다. 이와 같은 혹독한 추위에 생존할 수 있는 건 순록밖에 없어서 이 땅의 주인은 순록인, 즉 퉁구스인이다. 그럼 야쿠츠크 주민도 퉁구스인이어야 하는데, 사실은 그렇지 않다.

야쿠츠크에 사는 야쿠트족은 퉁구스인이 아닌 고대 투르크인이다. 야쿠트족은 바이칼 주변에 살았으나 13세기 칭기즈칸이 바이칼을 침공하자 칭기즈칸을 피해 야쿠츠크로 이주하였기 때문이다. 야쿠트족은 몽골을 피해 달아날 때 레나 강을 따라 북상했으니 레나 강은 야쿠트족을 살린 은인이었다.

레나 강은 야쿠트인에게만 도움을 준 게 아니다. 러시아 제국이 시베리아로 모피 교역을 확대하던 시기, 러시아는 유목 왕국과의 충돌을 원하지 않았기 때문에 중앙아시아와 인접한 지역이 아닌 순록인들의 이동 루트를 따라 동쪽으로 세력을 확장해 갔다. 순록인들은 예니세이 강과 레나 강의 지천을 따라 시베리아를 동서로 이주하며 살았다. 이는 예니세이 강과 레나 강의 지천이 시베리아 전역을 거미줄같이 이어 주었기 때문이다.

차르(러시아 황제)가 파견한 탐험대는 순록인의 이동로를 따라 시베리아를 횡단했으며, 스텝 지대 유목민과 충돌 없이 극동까지 영토를 넓힐 수 있었다. 레나 강은 시베리아로 세력을 넓히려는 러시아에게도 보배였던 것이다.

기회와 순환의 강, 레나 강의 진실을 찾아 쾌속선에 올랐다. 레나 강을 거슬러 오르는 크루즈는 사람이 접근할 수 없는 타이가의 깊은 속살로 이끈다. 쾌속선은 레나 필라(Rena Pilla)를 순환점으로 해서 뱃머리를 돌린다. 레나 필라에서 내려 전망대까지 트레킹을 했다. 절벽 끝에 칼끝을 세운 듯 날카롭게 줄지어 선 레나 필라는 마치 병정들의 도열 같다. 고독한 대지의 지킴이같이 위풍당당하게 도열한 레나 필라는 거대한 규모임에도 노쇠한 병정같이 힘겨운 숨을 몰아쉬고 있다. 더 이상 시베리아를 지키기에는 한계여서일까? 레나 필라는 위태위태한 시베리아같이 불안정하게 서 있다.

3장
–
바이칼 호수

1. 바이칼을 찾아서

1991년 소련 연방이 해체되는 혼란기에 나는 그 현장으로 여행을 떠났다. 무참히 무너지는 소련과 사회주의 연방이 궁금해서였다. 극동의 블라디보스토크에서 시작해 20일쯤 지나 이르쿠츠크에 도착했다.

이르쿠츠크에서 둘째 날이 되었지만, 어디 가겠다는 계획을 세우지 않아 어제나 오늘이나 다를 게 없었다. 10시쯤 호텔을 나와 버스 정류장에 앉아 있었다. 목적지가 없었기에 아무 버스나 타고 종점까지 갔다 오며 하루를 보내려 했다. 그때 익숙한 얼굴이 다가와 내게 질문을 던졌다.

"한국에서 왔어요?"

"네."

나랑 비슷하게 생긴 이르쿠츠크 거주 고려인이었다. 더 우스운 건, 통성명을 하고 보니 성뿐만 아니라 본도 같았다.

그는 이런 우연이 있냐며 나를 끌고 집으로 갔다. 그 덕에 비싼 인투리스트 호텔에서 나와 민박, 아니 친척집에 체류하게 되었다. 그리고 사람도 소개받았다. 이골(Igol)이라는 고려인이었다.

"이 사람이랑 여행해요, 차도 있으니까."

"얼마 드려요?"

"하루 10달러만 줘요."

그렇게 이르쿠츠크에서의 생활이 시작되었다. 성이 같다고 해도 한두 끼 식사면 모를까 폐가 되지 싶어 숙소를 다시 호텔로 옮겼다. 당시 외국인은 인투리스트 호텔에만 묵어야 하고 호텔비는 하루 83달러로 고정되어 있었으며, 호텔비도 달러로만 지불해야 했다. 하지만 자국민이 묵는 호텔은 루블로 지불이 가능하고, 루블은 하루가 다르게 폭락하고 있었다. 블라디보스토크에서 1달러를 36루블에 바꾸었는데, 20여 일 지난 뒤에는 76루블에 바꿀 수 있었다. 환율이 하루가 다르게 바뀌니 달러를 가지고 있는 나는 횡재한 기분이지만, 당시 소련 사람들은 하루하루가 고통스러웠을 것이다.

이골은 나 대신 호텔을 예약하고 호텔비를 냈고, 나는 이골에게 5달러를 건네는 것으로 마무리했다. 그때 숙박한 앙카라 호텔은 지금도 이르쿠츠크에서 가장 크지만, 1991년 당시 외국인은 묵지 못하는 호텔이었다. 나의 불법을 알고 있을 텐데, 리셉션의 직원은 개의치 않았다. 객실 층마다 중년 아줌마도 앉아 있었지만 그들도 별 관심이 없었다. 불법과 편법은 일상이고 정부의 통제는 한계에 다다른 사회주의 말기, 나는 그런 상황을 잘 이용한 여행자였다.

이르쿠츠크에 머물던 어느 날 바이칼 여행을 부탁했다. 이골은 자기 차는 낡아서 안 된다며 신형 라다(Lada) 자가용이 있는 러시아 친구를 데려왔다. 나는 그의 차를 타고 일직선으로 뻗은 자작나무 숲길을 달려 리스트비얀카에 도착했다. 한겨울이라 리스트비얀카에 묵을 수 있는 숙소는 한 곳밖에 없었다. 언덕 위에 자리잡은 휴양소는 크고 위치도 좋은데 관리가 되지 않아 낡고 난방도 되지 않았다. 너무 추워서 가져온 보드카 한 병을 관리인에게 건네며 부탁했다. 그제서야 방을 바꿔 주고 온수 밸브도 열어 주었다. 여기서도 구멍 난 사회주의 민낯이 여실히 드러났다. 이골과 러시아 친구는 러시아의 현실을 한탄하며 보드카를 들이켰다. 그들은 지금 어떻게 살고 있을까?

20년이 지나 바이칼 트레일을 걸어 보려고 리스트비얀카를 다시 찾았다.

5월 초 바이칼은 이르쿠츠크와 달리 바람이 쌀쌀했다. 바이칼의 표면은 5월 초까지 얼음에 덮여 있기 때문이다. 반면, 앙카라 강은 여름을 맞은 듯 재잘댄다. 샤먼 바위를 경계로 얼어 있는 바이칼과 재잘거리는 앙카라 강.

5월 초 바이칼은 새로운 시작이었다. 호수와 강의 경계인 샤먼 바위에선 인신 공양이 행해졌다. 어부들은 한 해의 무사를 바라며 바이칼 신인 '바이칼 하란'에게 소녀를 바쳤고, 치마를 뒤집어 쓴 소녀는 속절없이 물로 뛰어들었다. 바이칼에서 시작된 인신 공양은 몽골 고원을 거쳐 한반도로 내려와 심청으로 다시 환생했다. 심청은 용왕의 보살핌을 받아 생명을 건졌고 왕의 아내가 되었다. 바이칼에 몸을 던진 소녀는 어찌 되었을까? 시린 바람을 맞고 서 있으니 진저리가 쳐진다. 몸을 던진 소녀는 찬 호수에서 살아나오지 못했을 것이다.

바이칼은 무서운 호수다. 호수를 품고 있는 바이칼 산맥은 가파르고 좁아 골짜기를 돌아 나오는 바람이 순간 돌풍을 일으킨다. 그럴 때면 평온하던 바이칼에 거대한 파도가 일어나 호수를 건너던 배는 난파당하기 일쑤였다. 소녀는 그런 혼란과 파도를 일으키는 바이칼 하란의 밥이 되었고, 호수는 소녀 덕에 평온해졌다.

바이칼에 전해 오던 이야기가 한반도에서 재현된 걸 들어 우리 민족의 시원을 바이칼 주변으로 풀이하기도 한다. 그런데 바이칼은 우리 민족만의 시원이 아닌 아시아인의 기원이다. 7만 년 전 아프리카 동부에 모여 살던 현생 인류는 심각한 가뭄으로 대량 멸종에 이르렀으며, 겨우 1만 명이 살아남았다. 이들은 앞으로 어떻게 할지 깊은 고민에 빠졌다. 떠날 것인가 머무를 것인가.

이들 중 일부는 떠나는 선택을 하였고, 아프리카를 벗어나 시나이 반도에 이르렀다. 그곳에 머물던 인류는 다시 서쪽, 북동쪽, 남동쪽을 택해 새로운 여정

알혼섬의 부르한 바위. 바이칼을 유라시아의 자궁이라고 부른다면 부르한 바위는 바이칼의 음핵(클리토리스)이라고
한다. 그래서 생명의 탄생을 기원하는 굿이 열린다.

을 시작했다. 인류는 그렇게 여행을 업으로 삼고 살아온 집단이었다. 다시 말해 여행을 통해 생존하고 번성했으며, 여행을 통해 곳곳으로 퍼져 나갔고, 지구촌의 주인이 되었다.

북서쪽을 택한 사람들은 스텝 지대를 정처 없이 걸었다. 한 발 내디딜 때마다 미지의 공간이었고 새로운 세상이었다. 이들은 시베리아에 이르렀으며 추위를 피해 바이칼과 알타이 주변의 석회암 동굴을 주거지로 삼아 빙하기를 견뎠다. 최초의 아시아인은 그렇게 탄생했다.

빙하기가 물러나고 따뜻한 간빙기가 찾아왔을 때, 빙하 녹은 물이 저지대의 바이칼 주변으로 몰려들었다. 바이칼 주변에 살던 이들은 생활 터전을 고지대인 몽골 고원으로 옮겨야 했다. 이때 몽골계와 튀르크계로 인종적 분지가 일어났다. 튀르크계는 서쪽 중앙아시아로 퍼져 나갔고, 몽골계는 동쪽 만주를 거쳐 한반도와 일본은 물론 아메리카 대륙으로 퍼져 나갔다. 그렇게 인류는 지구촌 곳곳으로 퍼져 나갔고, 아시아에서는 그 시작이 바이칼이었으니 한민족만의 고향이 아닌 아시아인의 고향 아닌가?

그런 연유로 바이칼 트레일을 걷지 않고 유라시아 여행을 이어 갈 수 없었다. 유라시아 대륙의 심장이자 배꼽이며 아시아인의 모태이기 때문이다.

2. 그레이트 바이칼 트레일(GBT)

리스트비얀카에서 볼쇼이 콕티로 향하는 쾌속선을 타려고 부두로 갔다. 쾌속선은 이르쿠츠크를 출발하여 리스트비얀카에서 한 번 서고 볼쇼이 콕티가 종착점이다. 이르쿠츠크에서 배표를 미리 구입하지 않아 승선자 맨 뒤에 섰다. 배에서는 여섯이 내렸고 내 앞에 선 사람이 일곱이었다. 불안해서 승무원에게 말을 건네니 만석이란다. 빈자리 하나쯤 있으려니 기대했는데, 기대가 무너지는 순간이었다.

여기서부터 볼쇼이 콕티까지 거리는 20km, 못 걸어갈 거리는 아니지만 그래도 바이칼을 시원스레 달리다 보면 혹시 꽃이 되었을 소녀를 만날까 싶어서 꼭 배를 타고 싶었다. 차장은 내가 안 되어 보였는지 문을 닫으려다 말고 타라는 시늉을 했다. 자리가 있든 없든 규정을 어겼든, 어쨌든 나에겐 행운이었다.

바이칼은 약 2,500만 년 전 지각의 균열로 생성되었으며, 지구에서 가장 오래되고 깊은 호수로 꼽힌다. 보통의 호수는 퇴적물이 쌓여 수만 년을 주기로 생성되었다가 사라지는 생명 주기를 가지고 있다. 하지만 바이칼에서는 이런 도식이 무색하다. 2,500만 년이 지났음에도 건재할 뿐 아니라 아직도 성장하는 유년기의 호수이기 때문이다.

바이칼은 북쪽의 땅이 융기하고 남쪽의 땅이 벌어지는 단층운동이 반복되며 탄생했다. 단층운동은 현재도 지속되고 있어, 바이칼은 매년 1cm씩 깊어지고 2cm씩 넓어지고 있다. 그래서 일부 학자는 바이칼이 바다가 되어 가는 과정이라고 한다. 호수로는 만족하지 못해 바다가 되려는 호수. 바이칼은 정말로 바다가 되려는 것일까? 그렇게 되면 유라시아 대륙은 어떻게 되는가? 대륙이 두 동강 나야 하는 건 아닐까?

그레이트 바이칼 트레일(GBT)은 미국 애팔래치아 탐방로처럼 바이칼 주변에 자연 친화적인 트레일 시스템을 구축하려는 프로젝트로, 총 540km 트레일 건설을 목표로 하고 있으며 전 세계 후원자와 지원자의 무료 봉사로 진행되고 있다. 볼쇼이 콕티에서 걷기 시작해 몇 시간 지나지 않아 웃음 가득한 젊은이들을 만났고, 삽과 곡괭이를 들고 있는 청소년의 이마에 구슬땀이 맺혀 있었다.

나는 일손을 멈추고 길을 열어 주는 청소년들에게 함박웃음을 지었다.

"고생 많아요. 많이 감사합니다."

그레이트 바이칼 트레일은 마음을 평온하게 해 주는 걷기다. 숲길이 지루할 만하면 호수가 나오고, 호숫가의 비탈길이 불편할 만하면 탁 트인 초원이 펼쳐진다. 호숫가로 내려와 자갈을 사각사각 걷는 재미도 쏠쏠하고 바이칼에 발을 담그면 피로가 개운하게 가신다. 그레이트 바이칼 트레일은 540km를 목표로 하고 있지만 프로젝트는 아직 미완성이다. 암벽에 막혀 일부 구간이 단절되어 있기 때문이다.

첫날 트레킹은 온화했다. 숲길과 호반을 감싸는 산비탈을 걷다가 호숫가로 내려와 자갈밭을 걸었다. 19km, 하루 걷기에는 좀 길지만 그래도 이토록 조용한 길을 언제 호젓이 걸어 볼까 생각하니 아쉬울 게 없는 하루였다.

하지만 둘째 날이 문제였다. 암벽에 막혀 일부 구간이 단절되었고, 트레킹을 이어 가기 위해서는 절벽 구간을 우회할 배를 빌려야 했다. 나는 배를 빌려 35km를 이동하고 남은 거리 25km를 걷기로 하고 게스트하우스 주인에게 도움을 청했다. 주인은 배를 빌리는 데 15,000루블 한다면서 배를 알아봐 주겠다고 했다. 한 시간이 지나 돌아온 주인은 35,000루블(65만 원)이라며 큰 배라서 비싸다고 애써 설명했다. 여기까지 와서 포기할 수도 없고, 하는 수 없이 35,000루블을 건넸다.

바이칼 호숫가는 몽돌이 수북하고 파도에 밀린 포말이 찐득하게 붙어 있다.

유라시아 대륙 심장부를 횡단하다 캄차카에서 아조레스까지

다음 날 부두에서 만난 배는 어제 설명한 것과 달리 FRP(섬유강화플라스틱)로 만든 6인승 작은 배였다. 기분이 좋지 않았지만 그냥 배에 올랐다. 목적지가 가까워지자 선장에게 5km만 더 가서 세워 달라고 요청했다. 선장은 정색하며 5,000루블을 더 내란다. 기름값이 더 든다는 것이다. 그래서 얼마를 받았냐고 물어보았다. 그는 10,000루블을 받고 온 것이다. 25,000루블은 어디로 사라진 것인가?

나는 게스트하우스 주인에게 전화를 걸어 따졌다. 어떻게 25,000루블이나 떼어먹을 수 있냐고. 하지만 그의 답은 간단명료했다. 5km를 더 가려면 5,000루블을 더 내든지, 그렇지 않으면 약속한 지점에서 내리면 돼, 같은 말만 되풀이해 더 이상의 논쟁은 무의미했다. 나는 5,000루블을 주고 5km를 더 갈 수밖에 없었다. 돈을 중간에서 가로챈 사람은 누구일까? 게스트하우스 주인이 25,000루블을 몽땅 먹었다면 보트 주인에게 5,000루블을 주겠다고 흔쾌히 타협하지 않았을까?

나는 바이칼을 걸으며 이 사건을 유추해 보았다. 게스트하우스 주인은 5,000루블만 먹으려 하지 않았을까? 그 정도 금액도 구전으로는 적지 않은 돈이다. 그런데 누군가와 통화를 하고 배를 수배하는 과정에 비용이 두 배 이상 높아졌다. 그가 배를 알아보는 과정에 누군가가 끼어든 것이다. 아침에 나를 데리러 온 건 어제 저녁을 먹은 카페 여주인이었다. 그녀는 지프로 부두에 데려다 주었다. 요청도 하지 않았는데 교통편을 제공한 것이다. 또 시간이 충분하다며 부두로 가기 전에 카페에서 차와 아침을 주었다.

그녀는 왜 그런 친절을 제공했을까? 난 그저 고마워만 했는데 지나고 보니 모든 비밀이 그 안에 있었다. 선장 몫은 10,000루블이고 25,000루블은 카페 여주인과 게스트하우스 주인의 몫이었다. 바이칼은 사기극마저도 규모가 달랐다. 구전 몇 푼이 아닌 본전의 몇 배였다. 그게 진정한 사기지, 500톤의 금괴가 사라진 호수인데.

3. 바이칼이 들려주는 이야기-사라진 금괴

그리스 정교는 로마에 대립한 그리스식 기독교라고 할 수 있다. 그런데 정교 총본부인 콘스탄티노플이 이교도인 오스만에 정복당해 그리스 정교는 명맥을 유지하기 어려워졌다. 이런 때 그리스 정교의 적통을 이어받은 게 러시아였다.

그래서 그런지 러시아엔 정교 사원이 많다. 호텔을 나와 러시아 정교 교회인 즈나멘스키 수도원을 찾았다. 교당에 잠시 앉았다가 수도원을 나오니 맞은편에 동상 하나가 우두커니 서 있다. 격변기 러시아의 풍운아 콜차크 제독이다. 콜차크 제독은 마지막 차르인 니콜라이 2세의 명을 받아 백군을 이끌고 볼셰비키 적군에 맞섰던 인물이다. 절박했던 니콜라이 2세는 황실의 모든 금을 보내며 황실의 재건을 부탁했고, 콜차크는 옴스크에서 25만 대군을 조직했다.

하지만 백군은 적군에게 밀리기 시작했고, 콜차크는 백군의 근거지를 블라디보스토크로 옮겨 전쟁을 이어 가려고 했다. 그때 비슷한 이유로 시베리아를 횡단하여 블라디보스토크로 향하는 세력이 있었다. 6만의 체코 군단이었다. 이들은 오스트리아-헝가리 제국의 지배를 받던 체코 지역에서 징발된 군인들이었다.

1차대전은 영국-프랑스-러시아가 한 팀이 된 협상국과 독일-오스트리아-헝가리 제국이 한 팀이 된 동맹국 간의 유럽 대륙 국지전이었다. 체코는 오스트리아-헝가리 제국의 지배를 받았기 때문에 많은 체코 젊은이들이 동맹국 병사로 징집되어 러시아 전선에 배치되었다. 하지만 체코 병사들은 러시아군과의 전투를 원하지 않았고, 많은 병사가 전선을 이탈하여 러시아군에 항복했다. 러시아는 이들을 재편성하여 체코 군단이라고 이름 붙이고 독일과의 전선에 배치했다.

이 와중에 러시아에서 볼셰비키 혁명이 일어났다. 레닌은 혁명을 완성하기 위해 독일과 평화조약을 맺고 전쟁을 종식하였다. 독일 전선에 배치되었던 체코 군단은 독-소 전쟁이 종식되자 입장이 모호해졌다. 더군다나 백군과 적군의 내전이 발발하며 러시아에도 머물 수 없게 되었다. 고향인 체코로 돌아가야 하는데, 적지인 독일 전선을 통과할 수는 없었다. 러시아 내전 당사자인 백군이나 적군의 편을 들 수도 없었다. 체코 군단의 목표는 협상국의 일원으로서 독일 전선에 재배치되어 전쟁을 지속하고 체코의 독립을 이루는 것이었기 때문이다.

체코 군단이 유럽 전선으로 가는 방법은 태평양을 건너 미국을 경유하는 길밖에 없었고, 그 길을 선택한 체코 군단은 블라디보스토크로 향하고 있었다. 블라디보스토크로 향하던 콜차크는 그런 체코 군단에 동행을 요청했고, 체코 군단이 통제하는 시베리아 횡단열차를 얻어 타고 이동 중이었다.

체코 군단을 실은 열차가 이르쿠츠크에 다다랐을 때, 이르쿠츠크는 볼셰비키의 통제 하에 들어갔다. 당황한 체코 군단에게 볼셰비키는 제안을 해 왔다. 콜차크 제독을 넘기면 안전 통과를 보장한다는 것이었다. 결국 콜차크 제독은 볼셰비키에 넘겨졌고 이르쿠츠크에서 사형이 집행되었다.

콜차크의 일대기는 러시아가 제작한 영화 「제독의 연인」에 흥미롭게 소개되어 있다. 영화는 첫 장면부터 짜릿하다. 발트해전의 승전을 기념하는 연회장에서 제독의 부관들은 연회장 문을 열고 들어오는 사람이 여성이면 키스하라는 제안을 하고, 제독은 대수롭지 않게 제안을 받아들인다. 잠시 후 부관 티미레프의 아내 안나가 들어오고 콜차크는 약속을 지키기 위해 정중하게 키스를 제안한다. 둘은 쑥스럽게 키스하지만 그건 숙명이었다.

그렇게 시작된 운명적인 사랑. 혁명도 전쟁도 갈라 놓지 못한 사랑이었지만 바이칼에서 안나는 콜차크의 죽음을 지켜봐야 했다. 콜차크가 사형당하고 그녀의 삶 역시 평탄하지 않았다. 볼셰비키에 체포되어 긴 수감 생활을 했으며, 영화 「제독의 연인」에서는 50년 전을 회상하는 카메오로 출연했다.

마지막 차르 니콜라스 2세가 보내 준 군자금은 어떻게 되었을까? 차르가 보내 준 금은 기차로 5량이나 되었을 정도로 어마어마한 양이었다. 러시아 황실의 존폐가 달린 상황이었으니 돈을 아끼지 않았을 것이다. 그런데 그 많은 금이 콜차크와 함께 사라졌다. 콜차크가 죽고 백군은 카펠 중장이 이끌었다. 그는 이르쿠츠크를 피해 바이칼의 작은 마을에 도달했다. 뒤에서는 볼셰비키군이 추격해 오고 앞에는 얼어붙은 바이칼이었다. 카펠 중장에게는 바이칼을 건너는 것 외에 다른 선택이 없었다. 그나마 겨울 바이칼은 3m 두께로 얼어 있어 도강에는 문제가 없다는 게 위안이었다.

하지만 그들은 바이칼을 무사히 건널 수 없었다. 매서운 바람과 추위가 이들을 놓아주지 않았다. 그렇게 3만의 백군은 바이칼에서 얼어죽고, 봄이 되어 바이칼이 녹으면서 호수 깊숙이 수장되었다. 니콜라이 2세가 보내 준 500톤의 금도 이들과 함께 바이칼 깊숙이 사라졌다.

이게 진실일까? 3만의 백군은 아무 저항이 없었음에도 바이칼을 못 건넌 것일까? 혹시 누군가의 방해로 바이칼을 건널 수 없었던 건 아닐까? 500톤의 금괴는 사라진 게 아니라 누군가가 가져간 건 아닐까? 70년이 지나 금을 찾는 탐사가 바이칼 곳곳에서 진행되었지만, 금속탐지기로도 금의 존재를 찾아내지 못했다. 기차 5량의 금괴가 금속탐지기에 잡히지 않는 것이 도리어 이상한 일이 아닌가?

체코 군단은 무사히 블라디보스토크에 도착해 미국과 영국이 제공한 배를 타고 유럽으로 향했다. 하지만 그들이 유럽에 도착했을 때 1차대전은 이미 끝이 났고, 체코는 독립을 얻은 뒤였다. 프라하에 도착한 체코 군단은 열렬히 환영을 받으며 귀국 행진을 했다. 그들의 행진은 전리품을 가득 싣고 행군하는 로마 군단과 같았다. 빈손으로 떠난 체코 젊은이들이 어떤 선물이라도 가져온 것인가? 로마 시민이 로마 군단의 개선 퍼레이드에 열광했던 이유는 전리품 때문이었다. 로마는 약탈 경제였고, 군단의 귀향은 풍요를 의미했다. 그래서 로마 군단의 행진을 로마 시민은 열렬히 환호했다.

체코 군단의 귀향 퍼레이드가 로마 군단의 퍼레이드였다면 전리품은 무엇이었을까? 모든 건 추측이지만, 바이칼에서 사라진 금을 체코 군단이 가져갔고 그 사실을 숨기기 위해 3만이나 되는 백군을 바이칼에 수장시킨 건 아닐까? 체코 군단은 빈손으로 고국을 떠났으며 헐벗고 굶주린 채 전선을 전전했다. 전쟁으로 얻은 보상도 전혀 없었다. 그럼에도 그들이 고국으로 돌아오고 얼마 되지 않아 체코 최초의 은행인 체코 군단 은행이 프라하에 설립되었다. 체코 군단의 귀향 퍼레이드는 로마 군단의 귀향 퍼레이드였던 것이다.

4. 바이칼이 들려주는 이야기-데카브리스트

두 번째 방문지로 데카브리스트 기념관을 찾았다. 데카브리스트 기념관은 이르쿠츠크를 시베리아의 파리로 만들려 한 젊은 귀족의 집이다. 그 남자는 파리를 사랑했고 그리워했다. 그가 그리워한 게 파리의 무엇이었을까? 파리에서 나눈 사랑이었을까, 파리의 공기였을까, 아니면 파리의 정신이었을까? 무엇이 그토록 그리웠기에 시베리아 한복판에 파리를 재현하려 했을까?

1812년 9월, 나폴레옹은 60만 대군을 이끌고 러시아를 침공했지만 군영에 발진티푸스가 창궐해 모스크바에 입성했을 때 남은 병사는 겨우 8만에 불과했다. 나폴레옹은 모스크바를 신속히 점령하면 러시아가 항복할 것이라고 생각했으나 러시아의 땅은 넓고 도망갈 곳도 많았다. 그는 러시아의 광활함에 굴복하고 철수를 결정했다.

러시아군의 반격은 그때부터 시작되었다. 러시아군은 철수하는 나폴레옹을 추격하며 파리에 입성했다. 점령군으로 파리에 입성했지만, 러시아의 청년 장교들은 절망해야 했다. 승리자였음에도 절망할 수밖에 없었던 러시아 청년 장교들, 이들을 절망하게 만든 건 무엇이었을까? 파리의 지성과 자유를 향한 열망이 아니었을까? 러시아 청년 장교들은 파리의 공기와 정신에 취한 채 돌아왔다. 그리고 낙후된 조국의 현실을 직시하고 러시아의 미래를 위해서는 프랑스 시민혁명과 같은 혁명이 필요하다는 인식을 갖게 되었다.

그들은 전제정치와 농노제 폐지를 목표로 거사를 계획했다. 하지만 거사는 사전에 발각되었고, 혁명군 3천 명이 모두 체포되었다. 혁명에 참여한 600명의 장교 중 121명이 재판에 회부되었으며, 재판 결과 주동자 5명은 교수형, 적극 가담자 36명은 시베리아 유배형이 내려졌다. 이들이 혁명을 꾀한 것이 12월이었기 때문에 이들을 데카브리스트(12월)라고 불렀다.

시베리아 유배형에 처한 남편을 따라가려는 귀족 부인들이 있었고, 차르는 그녀들에게 선택을 종용했다.

"반역자인 남편을 버리고 재가하면 귀족 신분을 유지해 주겠다. 아니면 남편을 따라 유형지에 함께 가도 좋다. 그 경우 귀족 신분과 특권은 박탈된다."

데카브리스트 기념관은 톨스토이의 원작 「전쟁과 평화」의 주인공 볼콘스키의 집이었다.
기념관엔 남편을 쫓아 시베리아를 달려온 11인의 부인 초상화가 걸려 있다.

젊은 부인 11명은 40일간 밤낮없이 썰매를 달렸다. 그들은 이르쿠츠크에 도착하여 남편을 만났고, 남편의 발목에 채워진 쇠사슬에 입을 맞추며 속삭였다.

"이제 나는 희망의 나라에 왔어요."

희망의 땅은 그렇게 시베리아에 건설되기 시작했다. 데카브리스트의 아내들은 형기를 마친 남편과 이르쿠츠크에 정착했다. 암울한 제정 말기 러시아엔 희망이 없었지만, 이르쿠츠크에는 희망이 싹튼 것이다. 이들에 의해 이르쿠츠크는 모피 교역을 위한 군사 요새에서 시베리아의 파리로 다시 태어났다.

기념관에는 목숨 걸고 시베리아 설원을 달려 남편을 찾아온 11명의 젊은 부인의 초상화가 걸려 있다. 나는 초상화 앞에서 한참을 머뭇거렸다. 남편을 따라온 것일까, 남편의 이상을 찾아온 것일까? 무엇을 선택했든 다시는 돌아갈 수 없는 길을 택한 용기 있는 여성들이었다. 귀족의 권위와 편의를 모두 포기하고 가장 낮은 생활을 받아들인 여성들이 건설한 이르쿠츠크. 이곳은 희망 위에 세워진 도시였다.

4장
–
몽골 고원과
알타이

1. 우연을 가장한 필연, 몽골은 필연이었다

1991년 나의 유라시아 횡단 여행 계획에 몽골은 없었다. 알타이를 여행하게 된 건 우연한 사고 때문이었다. 여행이 길어질수록 저녁 시간은 큰 짐이자 숙제였다. 혼자 보내는 시간이 많아졌기 때문이다. 사회주의 소련에는 저녁을 신나게 보낼 클럽이나 바(bar)도 신통치 않았고, 무엇보다도 언어 소통이 문제였다. 여행이 길어지며 저녁 시간의 지루함은 큰 부담이 되었고, 지루함을 보드카로 달래는 일이 잦아졌다.

그날은 자연스럽게 몽골 사람과 동석하게 되었다. 생김새가 비슷한 사람을 보니 마음이 편안했는지 술이 과해 필름이 끊겼다. 아침에 되어서야 옷을 벗고 침대에 누워 있는 나를 발견했다. 어떻게 방에 왔는지, 옷은 누가 벗겼는지 도무지 기억에 없었다. 다행인 것은 지갑이 아직 목에 걸려 있는 것이었다. 2년간 직장생활을 하며 모은 돈을 전부 바꿔서 떠난 여행이었다.

1990년대 한국 사회가 어리숙했고 뒷돈도 꽤 많이 생겼다. 그래서 2년 치 월급보다 많은 돈을 모았다. 그 돈으로 비행기표를 사고, 각 나라의 비자를 받고, 카메라를 구입하고 남은 돈은 전부 환전했다. 그 결과 내 목엔 8,350달러가 들어 있는 지갑이 걸려 있었다. 1991년 소련 여행에서 하루 10달러면 차가 딸린 사람을 안내자로 쓸 수 있었고, 민박도 10달러로 해결했다. 밤에 지나가는 차를 향해 지폐를 흔들면 달리던 차가 멈춰 섰다. 그들에게 5달러를 건네면 30분이 지나 보드카 두 병과 그루지야 코냑 한 병을 가져왔다. 배급품을 빼돌려 마을 밖 눈구덩이에 감춰 두었다가 가져온 것이다.

배급품이 빼돌려지고 배급을 받지 못하는 일이 빈번했던 1991년의 소련.

체제 붕괴는 사회를 혼란으로 급속히 몰고 갔다. 치안이 무너지며 호텔 문을 도끼로 부수고 들어와 여행객의 달러(USD)를 빼앗아 갔다는 이야기가 간간이 들리기까지 했다. 그런 불안한 시기에 큰돈을 몸에 지닌 채 인사불성이 되었으니 지난밤은 목숨이 위태로울 수도 있었다.

그런데 인사불성인 나를 보호하고 구해 준 사람이 있었는데, 누구였을까? 스타킹과 보드카를 선물로 받은 숙박 층을 관리하는 아주머니? 내가 숙박하는 층까지 스스로 올라왔다면 아주머니가 나를 보호해 주었을 것이다. 취했어도 식당에서 엘리베이터를 타고 방까지는 올 수도 있었을 테니 말이다.

나는 스스로 방까지 무사히 왔을 것으로 추측했다. 그런데 탁자에 메모가 놓여 있었다.

"Welcome to Mongol!"

그가 방까지 나를 데려다준 것이었다. 옷까지 벗겨 주었을까? 그랬다면 돈지갑을 보았을 텐데. 목에서 식은땀이 났다. 나의 돈을 탐내지 않은 칭기즈칸의 후예, 몽골 사람은 어떤 사람일까? 잃어버릴 뻔한 목숨을 생각하며 몽골을 가 봐야겠다고 생각했다. 그렇게 여행 행로는 변경되었다.

해가 중천에 이르렀을 때 일어나 몽골대사관을 찾았다. 몽골 비자를 신청하고 대기 의자에 앉아 있는데, 영사가 들어오라는 손짓을 했다. 그를 따라 집무실에 들어가니 질문이 쏟아졌다.

"몽골을 왜 가느냐?"

"여행하려고 합니다."

나는 북한산을 갈 때 메고 다니던 작은 배낭을 메고 여행을 시작했다. 배낭 안에는 소고기 슈트 캔 5개, 슬라이드 필름 80통, 카메라까지 들어 있었다.

옷은 입은 것 외에 속옷 몇 개밖에 배낭에 넣을 수 없었다. 가져간 옷이 없으니 나의 차림은 추레했을 테고, 영사는 그런 내가 궁금했던 모양이었다. 장사치로 보이지도 않고 그렇다고 비즈니스맨은 아니고, 배고프고 헐벗은 무전취식 여행자로 보지 않았을까?

그는 50달러를 낼 수 있겠느냐고 물었고, 나는 용도를 묻지도 않고 50달러를 선뜻 내주었다. 그러자 의외라는 듯 여권과 돈을 들고 안으로 들어갔고, 다시 나올 때는 여권에 비자가 붙어 있었다. 영사는 여권을 건네며 몽골 어디를 여행하려 하느냐고 물었다. 나는 아이디어가 없었다. 몽골을 잘 몰랐고 여행 계획에도 없었기 때문이다.

나는 내 여행 이야기를 들려주었다. 인투리스트 호텔에서 앙카라 호텔로 숙소를 바꾼 일, 버스 정류장에 앉아 있다가 성이 같은 고려인을 만난 일, 몽골 사람과 술을 마시다가 기억을 잃고 쓰러진 어제의 일까지. 영사는 내 이야기를 꽤 진지하게 듣더니 쥴친(ZULLICHIN)이라고 쓰인 팸플릿을 건넸다. 쥴친은 몽골어로 '여행'이라는 말이고, 유일한 국영 여행사 상호였다.

팸플릿 안에는 익숙하지 않은 몽골의 초원 풍경과 유목민 사진이 들어 있고 여행 일정이 빼곡했다. 나는 팸플릿을 가방에 넣으며 영사에게 물었다.

"산에 가고 싶은데, 어느 산에 가면 좋을까요?"

"겨울이라 산에 가는 건 어려울 텐데요."

"저는 산 전문가예요. 걱정하지 마세요."

"그렇다면 알타이로 가 보세요. 뭉크하이한(Munkhairkhan)이 유명해요."

그렇게 나는 알타이로의 여행을 꿈꾸게 되었다. 등산 장비 하나 없이 막무가내로.

영사가 연락했는지 울란바토르역에 내리자 나이 지긋한 노인이 플랫폼에서 기다리고 있었다. 영국 대사관에서 근무했다는 은퇴 외교관이었다. 그분의 안내로 바얀골 호텔에 방을 잡고 안내자로 나온 아들을 소개받았다. 울란바토르대학 영문학과 1학년, 이름은 바이라였다. 나는 그에게 알타이에 함께 갈 수 있겠느냐고 제안했고, 그는 흔쾌히 수락했다.

하루 안내비가 얼마냐고 조심스레 물으니, 그는 5달러를 달라며 쭈빗쭈빗했다. 5달러로 만족하는 몽골 청년, 1991년 몽골은 얼마나 어려움을 겪고 있는 것인가 하는 생각이 들었다. 사회주의의 실패는 고스란히 국민의 몫이었다. 특히 연금 생활자나 공기업이 무너지며 실업자가 된 가장들에게는 크나큰 고통이었다. 저녁에 만난 바이라의 형은 우리나라 경제기획원 과장급에 해당하는 고급 관료였다. 그는 지금의 현상을 이렇게 표현했다.

"전쟁 시기엔 여성이 피해자고 변혁기엔 남성이 피해자다. 여성들은 새로운 환경에 천천히 적응해 가지만 남성들은 서서히 도태될 뿐, 적응하기 어렵다. 그들은 경쟁력이 없고, 지금까지 살아온 방식을 바꾸기 어렵기 때문이다. 국민을 그렇게 만든 건 정부이고 체제였다. 정부는 이들을 구제해야 한다. 하지만 정부는 그럴 돈이 없다. 그래서 그 짐을 개인이 짊어지고 있다. 현재 가장 큰 피해자는 몽골의 가장들이다."

그의 말은 이해하기 어렵지 않았다. 사회주의는 물가가 기가 막히게 싸다. 정부가 보조해 주기 때문이다. 공산주의가 멸망하고 민주 정부가 들어서면서 공산주의식 지원과 통제가 사라지고 물가는 무지막지하게 뛰기 시작했다. 반면, 수입은 늘지 않고 도리어 끊겼다. 그 결과 존엄성은 물론 팔 수만 있다면 자신마저 싼값에 팔아야 하는 생존 게임이 펼쳐졌다.

1991년 나는 이 혼란한 사회에서 불공정한 혜택을 누린 여행자였다. 100일 간 몰락해 가는 사회주의 7개국을 여행하고 돌아올 때 2,000달러를 남겨 왔으며, 그 돈으로 새로 산 자동차 계약금을 치렀다. 돌이켜보면 정당하지 못한 일이었다. 사회주의 구성원이 아니면서 사회주의가 제공한 혜택을 넘치게 받았고, 그러면서도 감사하기는커녕 작은 돈을 앞세워 교만했다. 참으로 부당하고 창피스러운 일이었지만, 스물아홉 살 청년이 그걸 깨닫기엔 미숙했다.

그런 일이 알타이로 향하는 비행기에서도 일어났다. 호보트로 가는 비행기표를 사러 바이라를 따라 항공사에 갔다. 바이라는 무슨 생각을 했는지 자기가 비행기표를 살 테니 나중에 자기에게 50달러를 달라고 했다. 외국인은 달러로만 구매해야 하고 1인 항공료가 125달러인데, 표 두 장 값으로 50달러만 달라는 게 이해가 되지 않았다. 그런데 다음 날 공항에 도착해서야 그의 의도를 알 수 있었다. 형의 여권이라며 나랑 전혀 다르게 생긴 남자의 여권을 건넸고, 개찰구에서 누가 질문하면 청각장애인이라고 이야기하라며 몽골어를 가르쳐 주었다.

"바이라, 벙어리가 어떻게 말을 해?"

"아, 그러네요. 그럼 그냥 우우우 해요."

그렇게 나는 개찰구를 통과해 비행기에 올랐지만, 비행기에는 빈 좌석 하나 없이 꽉 차 있었다. 승무원은 거침없이 두 사람을 지적하며 내리라고 명령하고 그 자리에 우리를 앉혔다. 무임승차였을까? 아니면 뭐지? 비행기에 탄 사람을 끌어내리다니. 1991년 나의 알타이 여행은 그렇게 우여곡절 끝에 시작되었다.

2. 몽골 전사를 꿈꾸며 도전한 알타이 승마 여행

2019년 울란바토르 거리는 차량으로 가득하고, 조각구름이 떠다니던 맑은 하늘은 사라지고 짙은 매연이 대기층을 내리누르는 도시로 바뀌었다. 울란바토르는 더 이상 머물고 싶은 도시가 아닌 피하고 싶은 도시였지만, 비행기 일정상 하루를 울란바토르에 머물고 알타이로 향했다.

28년 전 알타이로 향하던 나는 아는 게 하나도 없었다. 알타이가 몽골리아 서쪽 끝에 위치한 산맥이라는 게 전부였다. 28년이 지났으니 나의 지식도 늘어 새로운 사실을 보게 되었다. 이 땅은 몽골 고원의 최후 승자를 가른 땅이었다. 자무카와 테무친은 어린 시절부터 안다(의형제)의 결의를 맺은 사이였으며 어려운 고비를 함께 넘긴 전우였다. 테무친은 자무카의 보호를 받는 작은 세력이었지만, 자무카 밑에서 안주할 인물이 아니었다. 테무친은 몽골의 뼈대 있는 집안의 자손으로 칸의 계승자였기 때문이다.

테무친의 증조할아버지는 부족 단위로 흩어져 있던 몽골 울루스(공동체)를 하나로 묶어 최초로 몽골 왕국을 세우고 칸에 오른 카불칸이었다. 한마디로 테무친은 왕가 자손이었다. 둘은 의형제였고 전우였으나 칸이 되려는 두 남자는 갈라설 수밖에 없었다. 자무카와 테무친이 몽골리아를 두고 벌인 경쟁은 상남자들의 대결이었다.

첫 대결에서 테무친은 대패했다. 그는 살기 위해 4년이나 초원을 떠나 금나라로 도피해야 했다. 두 번째 대결에서 테무친은 신승했다. 이번엔 자무카가 몽골 중앙초원을 떠나 서쪽 나이만의 땅으로 몸을 피했다. 둘의 마지막 대결은 몽골리아 서부에서 펼쳐졌다. 이는 몽골리아 중부의 몽골족과 서부 튀르크족의 대결이었다. 나이만은 10세기 위구르가 몽골에서 쫓겨날 때 위구르의 전통을 계승하여 알타이 주변에 세워진 튀르크계 왕국이었다. 몽골리아는 두 세력이 평화롭게 공존하기에 충분히 넓었지만 주인이 되려는 두 남자가 존재하는 한, 두 세력의 대결은 피할 수 없었다.

몽골리아의 주인 자리를 두고 벌인 마지막 전쟁은 테무친의 승리로 끝났다. 모든 세력을 잃은 자무카는 산하를 전전하며 도피 생활을 할 수밖에 없었다. 몽골리아가 테무친의 천하가 된 상황이라 재기도 불가능했다. 희망과 의욕을 잃고 도피 생활을 이어 가자 추종하던 부하들이 그를 포박하여 테무친에게 바쳤다. 테무친은 자무카를 배신한 부하에게 상을 내리기보다 죽음으로 안다의 배신을 갚아 주었으며, 돌아온 형제를 따뜻하게 맞아 주었다.

"자무카, 이제 함께 지내며 자신이 잊은 것을 서로 일깨워 주며 지내세."

"천하가 자네를 위해 준비되어 있는데 내가 무슨 도움이 되겠나? 내가 살아 있다면 오히려 자네 옷깃 아래의 가시가 될 것이네."

자무카는 테무친의 호의를 거절하고 전사의 영광스러운 죽음을 부탁했다. 몽골리아를 두고 대립한 두 남자의 대결은 그렇게 끝이 났다. 테무친은 피를 흘리지 않고 죽는 전사의 죽음을 베풀었으며, 자무카는 등뼈가 부러지는 형을 받아 생을 마감했다.

테무친은 평생을 전쟁터에서 보냈지만, 자무카와 대결할 때만큼 절박하고 죽음 직전까지 몰린 적이 없었다. 자무카는 자신을 위협한 유일한 라이벌이었으나 테무친은 그런 자무카마저도 받아들였다. 전쟁은 증오가 필요하지만, 정치는 사랑과 포용이 필요하기 때문이 아닐까.

두 남자가 몽골리아의 미래를 두고 치열하게 다투었던 땅, 알타이를 향해 비행기에 올랐다. 알타이 여행의 시작 도시인 올기(Olgii)는 옛 모습 그대로여서 정겨웠다. 여기서 지프를 타고 5시간을 달려 보그다(Bogda) 국립공원 입구이자 투반족 샤먼이 살고 있다는 마을에 닿았다. 투반족 샤먼은 시베리아 튀르크의 계보를 잇는 영적 부족으로 브랴트족 샤먼과 함께 시베리아 전통 샤머니즘을 이어 가는 마지막 존재로 불린다. 한마디로 영적 세계와 소통하고 자연의 영(靈)을 존중하며 살아가는 화석 같은 사람들이다.

마을에 여장을 풀고 투반족 샤먼을 찾았다. 하지만 샤먼은 알타이 계곡에 기거하며 기도로 영을 달래는 삶을 살고 있다고 한다. 만나볼 수는 없었지만 때로는 독수리의 눈이 되고 때로는 표범의 몸이 되어 대지와 호흡하는 샤먼을 생각하며 잠을 청했다. 아침에 일어나니 며칠 동안 함께할 말이 겔 밖에서 기다리고 있었다. 첫 대면이지만 말은 콧김을 내며 정겹게 나를 맞이했다. 말을 보니 반갑기도 하고 걱정도 되었다. 전혀 승마 경험이 없는데, 이틀간의 승마 여행을 할 수 있을까?

몽골 전사들은 말 위에서 먹고 자며 며칠이고 이동했다고 한다. 그 속도가 얼마나 빠른지 적은 예측 불허의 기마병에 무방비로 당했다. 디스커버리 채널은 몽골 전사의 이동 속도를 비교하는 실험을 했다. 그 결과 일일 평균 이동 거리는 90~100km였고, 러시아 원정 기간 몽골군의 일일 이동 거리는 58~62km였다. 몽골 기병이 전쟁을 수행하며 이동하는 속도는 여타 군대의 이동 속도보다 훨씬 빨랐음을 알 수 있다. 보통의 군대는 때가 되면 밥을 해 먹고 밤엔 잠자리를 마련해야 하지만, 몽골 전사는 며칠을 말에서 내려오지 않고 이동할 수 있었다.

더구나 몽골군은 보르츠(borcha)라는 전투 식량을 지니고 다녔다. 보르츠는 건조한 소고기를 가루로 만들어 말린 소 방광에 가득 채운 고기 주머니다. 하나의 보르츠는 병사 10명이 보름 동안 먹을 수 있는 양인데, 전사들은 보르츠를 2개 이상 가지고 전쟁에 참여했다고 한다. 대충 봐도 일 년 치 식량을 가지고 전쟁에 출전한 것이다.

보급 없이 일 년간 전쟁할 수 있는 군대는 21세기에도 존재하지 않는다. 하지만 몽골 기병은 보급 없이 한 달 두 달, 심지어 일 년 동안 이동과 전쟁을 수행했다. 이렇게 상식을 뛰어넘는 기동력과 전투 능력을 지닌 몽골 기병은 번개를 타고 이동하는 악마의 군대로 불렸다. 그런 군대를 바라보는 사람들은 극도의 공포를 느꼈을 것이다.

잉카의 8만 군대가 피사로와 162명의 무뢰배에게 속절없이 무너진 건 공포였다. 대포 소리는 하늘에서나 들려오던 천둥소리였고, 말이 없었던 남미에서 말은 천상의 군대나 타는 도구였다. 잉카인들은 하늘의 군대에 대적하기보다 순응을 택했다. 잉카와 아스텍은 그렇게 스스로 멸망했다. 13세기 몽골 기병과 마주한 군대도 비슷한 공포를 느꼈을 것이다. 몽골 기병은 도저히 상대할 수 없는 신의 군대였다. 상상할 수 없는 능력을 갖췄기 때문이다.

몽골리아는 알타이를 경계로 남쪽은 고비 사막이고 동부는 울창한 타이가 삼림지대가 북만주까지 연결되어 있다. 중앙부는 초원이 끝도 없이 펼쳐져 있으며, 서부 알타이는 산악지대와 드넓은 알파인 초지가 어우러져 있다. 그래서 알타이는 밋밋한 몽골리아에서 가장 다이나믹하고 역동적인 대지라 할 수 있다.

역동적인 땅에 왔으니 나도 역동적인 도전을 시작했다. 포타닌 빙하(Potanin

11월의 알타이. 알타이는 대부분 낮은 구릉이지만 서부 알타이는 그래도 웅장한 산세를 갖추었다.

매 사냥꾼을 따라 포타닌 빙하로 향하는 승마 여행. 하루종일 말을 타는 일은 걷는 것보다 훨씬 힘든 고행이었다.

Glacier) 캠프까지 말을 타고 이동하는 승마 여행이다. 포타닌 빙하는 알타이의 최고봉이며 중국, 러시아, 몽골의 경계인 후이틍(4,374m)에서 흘러내린 빙하로, 알타이의 상징과도 같을 뿐 아니라 몽골에서 가장 오지라 할 수 있다. 말을 타고 접근할 수 있는 깊고 내밀한 땅이라서 포타닌 빙하로 이동하는 5시간 동안 말 잔등에서 내려오지 않았다. 몽골 전사를 흉내내려 한 건 아니지만 기마민족의 후예임을 보여 주고 싶었다. 하루가 끝나고 잠자리에 누우니 허리, 허벅지, 엉치까지 쑤시지 않는 데가 없다. 하루를 탔을 뿐인데, 나는 말 잔등을 빌려 무사히 돌아갈 수 있을까, 유목민의 후예답게….

3. 13세기 몽골제국의 고속도로를 따라 준가르 분지로

알타이를 넘어 준가르 분지로 가는 길은 호보트에서 알타이를 넘어 준가르 분지로 이어지는 도로가 유일하다. 국경이 없던 시대에는 말이 갈 수 있는 길이면 모두 통로였지만, 국경을 그어 놓고 그 안에서 살아야 하는 현대에는 허가된 도로만이 유일한 통로다. 21세기 그런 길은 호보트에서만 연결되어 있다. 알타이를 넘어 준가르 분지로 들어가기 위해 호보트로 향했다.

호보트에 도착하고 보니 28년 전 뭉크하이한을 찾아 떠났던 여행이 새록 떠올라 밤을 꼬박 새웠다. 그때 영사는 왜 뭉크하이한을 권했을까? 내가 이런 경험을 하게 되리라 생각이나 했을까?

1991년 4시간을 비행해 호보트에 도착했지만 여전히 난관이 가로막고 있었다. 11월의 알타이는 모든 게 얼어붙은 한겨울이어서 교통편을 찾을 수 없었다. 유일한 교통편은 지프를 대절하는 것인데, 지프를 수배하는 것조차 쉽지 않았다.

이틀을 기다려 소련제 낡은 지프를 200달러에 빌렸다. 그 소문은 작은 도시에 순식간에 퍼져 나갔고, 여러 사람이 내가 머물고 있는 숙소로 몰려들었다. 나는 동행할 사람에 대한 결정을 운전기사에게 일임했다. 나야 앞자리 하나만 있으면 되니 뒷자리야 누가 타고 가든 상관할 일이 아니었기 때문이다.

다음 날 지프에 오르니 방송국에서 일한다는 피디와 일행, 뭉크하이한에 있는 중고등학교 미술 교사, 부모님을 만나러 가는 두 젊은 청년, 이렇게 다섯이 좁은 자리에 엉덩이를 겹쳐 앉아 있다. 나를 포함 일행은 비좁은 공간을 공유했으나 뭉크하이한으로 간다는 기대로 유쾌하게 출발했다.

호보트를 출발한 지프는 넓은 들판을 종일 달렸다. 두리뭉실한 언덕을 넘어 고독하게 혼자 있는 게르를 찾아갔다. 여주인은 안으로 앉으라고 자리를 마련한 뒤 허름한 천을 열어 마른 치즈를 내놓고 화덕에 불을 지펴 차를 따라 주었다. 그러곤 주섬주섬 다정한 대화가 오갔다. 나는 궁금했다. 운전기사는 알고 찾아온 것인가? 아니면 생소한 사람들인가?

모르는 사람의 집에 불쑥 들어갈 수는 없으니 지인일 거라고 생각했지만, 그렇지 않더라도 모두에게 친절할 이유가 있지 않을까? 찾아오는 사람도 자유롭고 대접하는 사람도 최선을 다하는 이들, 나는 이런 생각이 들었다. 가까운 이웃이래야 하루 종일 말을 달려야 만날 수 있는데, 방문자가 악인인지 천사인지 알 수가 없다. 누구에게나 호의를 베풀어야 하는 이유로 충분하지 않을까?

요구하지 않았어도 조촐한 대접을 받았으니 사례를 해야 할 것 같은데, 누구도 사례를 하지 않고 지프에 오른다. 나는 쭈뼛쭈뼛하다 단체사진을 한 장

찍자고 했다. 세상에는 공짜가 없다. 몽골이라고 예외일까?

"손님은 하늘이 내려준 선물

둘째 날까지 머물면 그저 그런 선물

셋째 날에도 눌러 앉아 있으면 악마가 보낸 선물

넷째 날 아침에도 떠나지 않으면 주인은 손님을 들어 게르 밖으로 쫓아낸다."

먹거리가 부족한 대지의 인심이란 길어야 3일이다. 산 중턱에 살며 사냥을 업으로 살아가는 집은 남편이 돌아오기까지 먹을 게 없을지 모른다. 빨리 떠나는 수밖에. 나는 사진을 보내겠다는 말을 남기고 지프에 올랐다. 28년이 지나 다시 찾아왔지만 나는 약속을 지킬 수 없었다.

사냥꾼의 집에서 안주인과 기념 사진. 뒤에 걸린 건 쪽제비 고기를 말리려고 걸어 놓은 것이다.

1991년 내가 탄 지프는 11시간을 달려 뭉크하이한 마을에 도착했다. 미술 교사는 자기 집에 초대해 주었고 그날 밤 축하연이 열렸다. 나는 마을의 손님이 되어 가장 중심자리에 배정되었다. 그리고 술이 돌기 시작했다. 큰 대접에 아이락(말젖을 발효한 술)을 가득 부어 나에게 권한다. 내가 한 모금 하고 건네면 술이 한 순배 돌아 다시 나에게로 돌아오고, 술은 여전히 절반 가까이 남아 있었다. 사람들은 내가 시작했으니 내가 마무리해야 한다고 한다. 나는 남은 술은 다 마셨다. 그렇게 두세 번 돈 듯한데, 이후의 기억이 없다.

새벽에 갈증이 나서 일어나 보니 바지는 벗겨진 채 내복만 입고 침대에 누워 있었다. 둥근 게르에는 3개의 침대가 있는데, 그중 하나를 내가 차지하고 있는 것이다. 내 침대 아래에는 이 집의 안주인이자 미술 교사의 아내가 바닥에 누워 자고 있었다. "내가 이 여인의 침대를 빼앗은 것인가?" 순간 미안했다. 그녀는 내 인기척에 자리에서 일어나 머리맡에 놓인 물을 가져다주었다. 물을 단숨에 마시고 밖에 나가 소피를 보니 정신이 바짝 들었다.

"몽골에서는 부인을 빌려준다는데, 지난밤 뭔 일이 있었던 건 아니겠지?"

조용히 침대로 가서 눕자 그 여인도 바닥에 누우며 잠을 청하는 듯했다. 나는 누워서 내 몸을 더듬었다. 무슨 일이 있어 보이지 않는다. 그런 풍속이 있다지만 나에게는 별일 없이 지나간 밤이었다.

28년 만에 찾은 호보트는 변한 게 그리 많지 않았다. 현대식 호텔이 하나 생겼다는 거, 게르가 많이 사라지고 콘크리트 건물이 좀 늘어났다는 거, 무엇보다 한국말을 하는 아주머니가 한국 식당을 하고 있다는 거, 그녀는 9년을 한국에서 일했으며 그 경험으로 한국 맛집을 운영하고 있었다. 훨씬 여행하기 좋아졌지만 여전히 변방이고 오지인 것은 변한 게 없었다.

호보트는 알타이를 넘어 준가르로 진입하는 유일한 연계 도시다. 알타이를 넘는 여행이 아니라면 굳이 올 이유가 없는 멀고 외진 마을이다. 이렇게 외진 곳을 영문도 모르고 왔으니, 영사는 무슨 이유로 이렇게 무리한 여행지를 추천했던 것일까? 그는 '뭉크하이한'이 어디에 있는지 알고 있었을까?

여행은 질서와 무질서의 반복이다. 한참 지나 돌아보면 모든 사건은 원인이 있고 결과가 합리적이지만 막상 닥쳤을 때는 무질서하고 연관성을 찾기 어렵다. 그때는 몰랐지만 영사는 의도가 있었을 것이다. 28년이 지나 다시 와야 할 이유를 간파한 것이겠지.

하룻밤이었지만 호보트는 나를 꽤 오래 지난 시간에 묶어 두었다. 밤을 꼴딱 새워 눈이 껍껍하지만 대절한 지프에 올라탔다. 몽골 쪽 마지막 국경 마을인 불간골(Bulgangol)로 향하기 위해서.

불간골에서는 중국 마을인 야르틴을 연결하는 국제버스가 오전에 한 번, 오후에 한 번 출발한다. 이 길은 2012년에야 외국인의 통행이 허가되었고, 그나마도 일 년에 3개월만 국경이 개방되었다. 지금같이 아스팔트 도로가 시원하게 뚫리고 국경이 일 년 내내 열린 건 2018년부터였으니 2019년에 이 길을 달리고 있는 나는 운 좋은 여행객인 셈이다.

불간골에서 30분을 달리면 몽골 출입국 관리소가 나온다. 외관은 허술하지만, 공무원은 호의적이었다. 다시 버스에 올라 5분 정도 달려 중국 검문소에 도착했다. 중국 측 국경 검문소는 크고 번듯했다. 하지만 몽골과 달리 고압적이고 딱딱했다. 여기에 줄을 서라, 저기서 무엇을 작성해라, 줄 뒤로 물러나라, 조용히 기다려라 등등 지시만 있을 뿐이다. G2에 오른 중국은 자신감이 넘쳐 모든 걸 그들의 잣대에 맞추라고 요구하고 있다. 남의 사정은 아랑곳하지 않고. 버스에서 내리는 것도 순서를 정해 준다. 중국인이 내리고 다음에 외국인이 내린다. 버스 승객은 대부분 몽골인이지만 몽골인은 맨 마지막에 내려야만 한다. 몽골인 승객들은 출입국 관리소를 통과하고 버스에 먼저 오르기 위해 바삐 뛴다. 그것도 큰 짐을 질질 끌며. 특히 나이 든 사람의 마음은 더욱 바쁘다. 뛰지 않으면 서서 가야 하기 때문이다.

먼저 통과한 중국인은 몽골인들이 통과하기도 전에 버스에 올라 앉아 있다. 나름의 기준이 있겠지만 불공평하다는 생각이 들었다. 미국이나 중국이나 방문객을 기분 나쁘게 하는 묘한 분위기가 있다. 고압적이고 방문객에 대한 배려가 없다. 1990년대 중국은 친절하고 호의적이었다. 이제 중국 여행에서 그런 호의는 찾아볼 수 없다. 강대국이 된 중국은 어느새 그렇게 변한 것이다.

출입국 관리소를 막 통과하려는데 사복을 입은 남자가 따라오라고 한다. 그를 따라 사무실에 들어가니 핸드폰과 컴퓨터를 꺼내서 켜라고 한다. 그는 핸드폰 사진을 확인하고 컴퓨터를 여기저기 살펴본 뒤 다시 질문을 쏟아냈다.

"왜 중국에 들어가느냐? 누가 마중 나오느냐? 어디를 가려 하나? 왜 이 길로 중국에 입경하나?"

나는 유라시아 여행에 대해 설명했고 단순 여행자임을 여러 차례 강조했다. 그래도 의문이 해결되지 않았는지 고개를 끄덕이다가 다시 같은 질문을 반복했다.

"근데 중국에 왜 왔는데?"

그는 여권을 돌려주며 끝났다고 말하고도 같은 질문을 다시 했다. 이 검문소를 통과하는 외국인이 얼마나 생소하면 이럴까? 과거 이 길은 몽골제국의 주요 간선도로였다. 이 길로 들락날락했던 외국인은 지금보다 훨씬 더 많았고, 통과 절차가 지금보다 더 간편했을 것이다. 몽골 제국의 수도는 하라호름(카라코룸)이었고, 이 길은 중앙아시아에서 하라호름으로 향하는 최단 루트이자 활발한 국제 도로였기 때문이다.

프랑스 수도사 기욤 뤼브룩(Guillaume de Rubrouck)도 이 길을 걸어 하라호름을 방문했다고 자신의 여정을 기록으로 남겼다. 그의 방문은 몽골의 2차 서역 원정이 끝난 직후였다. 바투가 이끌었던 2차 서역 원정대는 헝가리-프랑스 기사단을 궤멸시키고 무방비의 서유럽을 유린하기 직전이었다. 유럽은 극심한 공포에 떨고 있었는데, 침공은커녕 일시에 전선에서 사라져 버렸다.

교황은 몽골이 전쟁을 중단하고 돌아간 의중이 무엇인지 궁금했다. 다시 침공해 올 것인가, 아니면 이대로 끝인 것인가? 교황은 이를 파악하고자 프란시스코회 수도사 기욤 뤼브룩을 하라호름으로 파견했다. 교황의 명을 받고 하라호름으로 향했던 기욤 뤼브룩은 트랜스옥시아나(우즈베키스탄)를 지나고 준가르 분지를 가로질러 알타이에 이르렀다. 그리고 이 길을 통과해 호보트에 닿았으며, 몽골리아 고원을 횡단하여 하라호름에 도착했다.

지금 내가 달리는 길은 13세기 기욤 뤼브룩이 알타이를 넘어 하라호름을 향했던 제국의 고속도로였고, 유목 왕국의 시대가 저물 때까지 몽골리아와 중앙아시아를 연결해 준 주요 통로였다. 몽골은 호보트에 관청을 설치하여 이 길을 관리했으며, 이런 전통은 청나라가 멸망한 20세기 초까지 이어졌다.

13세기 제국의 고속도로였지만 21세기에는 유목 세계의 절망과 쇠퇴의 한 단면을 보여 주는 듯 무겁고 우울하다. 한마디로 헤게모니를 빼앗기고 뒷방으로 물러난 초원의 실상을 보여 주고 있다. 몽골리아는 서쪽 끝은 알타이부터 시작해 동쪽 끝은 흥안령까지이며, 남북으로는 바이칼 인근에서 내몽골의 비옥한 초원을 포함한다. 그러니 알타이는 몽골리아의 서쪽 경계를 이루는 대산맥이다.

하지만 알타이는 히말라야나 톈산처럼 높지도 않고 험하지도 않다. 그래서 장벽으로서 완벽하지 않았다. 초원의 전사들은 말 등에 앉아 알타이를 손쉽게 넘어 다녔다. 장애물이기보다 통로였던 알타이. 지리적 경계로는 미약했으나 인식의 경계는 선명했다. 몽골리아 고원과 중앙 유라시아는 알타이를 경계로 영역을 분리했고 공존했다. 두 세계를 최초로 통합한 건 돌궐이지만 돌궐마저도 알타이를 경계로 동돌궐과 서돌궐로 영역을 나누었다. 관념적 경계는 하나의 왕국에서도 유효했던 것이다. 이런 관계는 돌궐을 지나 칭기즈칸이 초원을 통합한 뒤에도 이어졌으며, 튀르크의 전성시대에도 지켜졌다. 초원은 알타이를 경계로 동쪽은 몽골계, 서쪽은 튀르크가 지배한다는 암묵적 인식이 있었기 때문이다.

알타이를 넘는 일은 히말라야를 넘는 것과는 또 다른 흥분이었다. 이는 자연의 경계가 아닌 인식의 경계를 넘는 길이기 때문이다. 또 인식의 경계를 넘어 서쪽으로 긴 여행을 떠났던 사람들은 대부분 성공했기 때문이다. 알타이를 넘으면 준가르 분지가 나오고 준가르 분지를 건너면 킵착 초지와 연결된다. 이 길은 동서를 잇는 초원길이었으며 지난 천 년간 몽골리아를 벗어나 서천(西遷)을 감행했던 튀르크의 이동로였다. 서천을 감행한 튀르크는 쫓겨나듯 알타이를 떠났지만, 유라시아의 문명 지대를 지배했고 유목 문화가 가미된 새로운 문명 세계를 열었다.

지금 내가 달리는 길은 그런 길이다. 나도 몇 시간이 지나면 몽골리아를 벗어나 준가르에 들어선다. 옛날 초원의 전사들이 꿈을 좇아 몽골리아를 벗어났듯이.

5장
–
준가르 분지와
이리 계곡

1. 초원의 심장부를 향하여

유라시아 대륙은 저위도인 아열대부터 고위도인 북극권까지 폭넓게 자리 잡고 있다. 그중 30도에서 60도에 걸친 중위도(中緯度)에는 파미르, 톈산, 힌두쿠시, 쿤룬 등 거대 산맥과 타클라마칸, 준가르, 키질쿰, 카라쿰 등 메마른 사막이 자리잡고 있다. 극적인 자연 현상이 모여 있기 때문에 중위도는 대륙의 끝판왕이라 할 수 있다.

중위도의 대기는 건조하다. 적도와 아열대의 뜨거운 대기가 상승했다가 식으며 급강하하는 위도이기 때문이다. 대기의 급강하는 푄 현상을 유발해 건조화가 나타난다. 그래서 지구상의 사막은 대부분 중위도에 위치한다. 하지만 유라시아 대륙의 중위도에는 알프스-히말라야 조산대와 파미르가 자리잡고 있어서 건조한 대기의 흐름을 막고 비를 만드는 오아시스 역할을 한다. 그 덕에 거대 산맥 주변엔 습윤한 고산 초지가 펼쳐지고 위도 45~55도 근역엔 스텝이라는 반건조 초지가 펼쳐져 있다.

스텝 지대는 그저 펼쳐져 있다는 표현으로는 부족하다. 북만주에서 시작해 몽골리아와 중앙아시아, 우크라이나를 거쳐 헝가리 고원까지 무려 8,000km나 단일 환경의 초지가 펼쳐져 있기 때문이다. 면적으로 보면 지구 어디에서도 볼 수 없는 광대함이다. 마치 푸른 카펫을 깔아 놓은 듯한 대지가 8,000km나 일자로 뻗어 있으니, 이 땅의 주인들은 호방하고 개방적일 수밖에. 열린 마음을 가진 사람들이 동서를 오가며 소통했고, 통일된 유목 문화를 공유했다. 이렇듯 유라시아의 스텝 지대는 열린 공간이었다.

이 땅에서 생명 활동을 이어 간 사람들, 이들은 기원전 7세기 스키타이 왕국부터 시작하여 17세기 준가르 왕국까지 2,000년간 지속되었으며 유라시아 역사의 주인이었다. 다시 말해 유라시아의 역사를 선도한 건 초원이었다. 그런데 역사는 정반대의 서술을 하고 있다. 무엇이 진실인가? 대부분 역사에서 초원은 변방이며 비문명 지대로 평가되었다. 하지만 두 가지 면에서 초원은 재조명되고 있다. 첫째, 정주 왕국은 초원을 떠난 사람들이 정착할 때마다 한 단계 발전을 이룩했다. 둘째, 정주 왕국의 혼란은 초원에 큰 영향을 미치지 않았지만, 초원의 혼란은 정주 왕국을 포함한 지역에 큰 변화를 가져왔다.

유라시아를 대표하는 정주 왕국은 중국 왕조와 힌두 왕국, 이슬람 공동체 그리고 페르시아와 로마였다. 유럽 사회는 스텝이 우크라이나를 지나 헝가리 초원에서 끝났기 때문에 유목 사회의 영향을 비교적 덜 받았다. 유럽의 빽빽한 검은 숲은 유목 세력의 진출을 막는 자연 장애물 역할을 하였고, 또 유럽은 너무 빈곤해서 유목 세력의 관심을 받지 못했다. 당시 유럽의 부는 지중해에 모여 있었기 때문이다.

서로마는 아틸라의 흉이 서천함에 따라 연쇄 반응으로 멸망하게 되었고, 동로마는 발칸 반도를 마자르족과 불가르족에게 빼앗겼으며, 아나톨리를 오스만에게 할양(割讓)해야 했다. 그들은 중앙 유라시아에서는 작은 유목 세력에 불과했으나, 로마는 이들의 침략조차도 막아내지 못했다. 중국을 침략한 유목 세력은 아예 왕조를 세워 중국 역사의 일부가 되었다.

중국의 역사를 이끈 주요 왕조인 주, 진은 물론 수, 당, 요, 금, 원, 청 등 대부분의 중국 왕조는 유목민이 세운 왕조였다. 인도 역시 중앙아시아에서 내려온 유목 세력이 무굴제국을 세워 인도의 전통을 계승했다. 이슬람 세계 역시 셀축과 오스만으로 이어지는 투르크 세력에 의해 확장, 존속되었다. 이렇듯 떠나 정주 왕국을 접수한 유목 세력이 정주 왕국의 역사가 되었으니, 초원이

주도한 유라시아의 역사라는 평가도 무리한 것이 아니지 않을까.

반면, 정주 왕국은 유라시아의 역사를 주도하는 데에 소극적이었다. 정주 왕조는 파미르, 히말라야, 타클라마칸, 톈산이라는 장애물 때문에 서로 단절되어 있었고 자기만의 세상에 갇혀 있었다. 이들을 연결해 준 건 초원이었고 초원이 허락하는 만큼 소통할 수 있었다. 지형적으로도 유라시아 대륙의 중앙은 초원이고 중국, 인도, 페르시아, 로마는 모두 대륙의 끝이며 바다에 접한 변방이었다. 종합해 보면 유라시아의 중심은 초원이고 정주 왕국은 초원을 통해서 서로 연결되었으니 유라시아의 주인은 초원 민족이라는 평가가 그리 그릇돼 보이지는 않는다.

지난 2,000년 역사의 중심이었던 초원으로 들어서는 길, 알타이를 넘어 중앙 유라시아로 한 발 더 들어가니 가슴이 뛴다. 지난 2,000년을 지배한 사람들은 누구인가?

알타이를 넘어 이리 계곡으로 향하는 길은 스텝 지대에 분포해 있는 여러 사막 중에서도 유난히 혹독하다. 스텝 지대는 비가 적어 농경에는 적합하지 않지만, 메마른 대지에서도 생존이 가능한 잡풀에게는 무난한 땅이다. 그래서 스텝 지대는 유사 이래 유목민의 땅이었다. 스텝 지대가 반건조 기후인 건 중위도의 대기가 건조한 이유도 있지만, 수분이 유입되는 바다가 멀 뿐만 아니라 그마저도 높은 산맥이 불어오는 비구름을 막고 있기 때문이다.

이런 영향으로 스텝 지대는 사막이 간간이 자리잡고 있다. 반면, 파미르나 톈산 등 고산에 인접한 지대는 같은 위도임에도 거대 산맥의 혜택을 입어 습윤하고 비옥한 고산 초원이 펼쳐져 있다. 고산 초지는 비옥해서 반건조 지대의 역설이라고 할 수 있다. 먼지만 풀풀 날리는 준가르 분지 역시 알타이와 톈산이 그 외곽을 감싸고 있다. 준가르 분지는 대부분 거친 사막이지만 산맥과 만나는 분지 변두리에는 초원이 펼쳐져 있고, 그 땅은 오래전부터 유목민의 터전이었다.

중앙 유라시아에서 가장 풍요로운 초지인 이리 계곡은 그런 땅이다. 사막과 고산 사이에 절묘하게 펼쳐져 있어, 비대칭의 역설 같지만 사막과 고산의 혜택을 모두 취하고 있다. 알타이를 넘어 이리 계곡으로 가려면 거대하고 메마른 사막인 준가르 분지를 건너야 한다. 이리 계곡은 준가르 분지를 사이에 두고 알타이와 마주하기 때문이다. 천당에 이르는 길이 대로가 아니듯 풍요의 땅으로 다가가는 길 역시 순탄하지만은 않으니, 이리 계곡은 다가갈수록 설렘을 자극하는 대지였다.

이리 계곡으로 향하는 첫날, 알타이를 넘어 국경 마을인 야르틴에서 묵었다. 준가르 분지를 횡단한 둘째 날은 북방 경계를 맡은 군사도시 베이둔(北屯)에 머물렀다. 베이둔은 변방의 군사도시지만 규모가 웬만한 소도시를 능가한다. 군단이 주둔했던 지역이 도시로 변화한 예는 많다. 알렉산더는 군 주둔지에 알렉산드리아라는 신도시를 세웠는데 70여 개에 다다랐으며, 헬레니즘 시대를 주도했다.

로마 군단이 머물던 군영지는 중세 명문 도시가 되었다. 농업 공동체가 주류였던 서유럽에서, 월급을 받는 군대가 주둔하는 지역은 소비와 생산이 일어나는 지역 중심지였다. 군대의 소비에 부응해 상권이 형성되었고 사람들이 모여들며 도시로 발전해 갔다. 그런 도시가 프랑스 파리, 독일 베른 같은 곳이다. 영국에는 윈체스터, 맨체스터같이 체스터(Chester)라는 말이 붙은 명문 도시가 많다. 체스터는 로마 군단의 주둔지에 붙인 이름이었다. 베이둔은 그런 도시다. 지금은 콘크리트 빌딩이 우후죽순 들어서 있지만 언젠가는 파리 같은 명품

도시로 탈바꿈하지 않을까?

셋째 날은 야르당(雅丹) 대지를 달려 카라마이에서 묵었다. 오늘은 준가르의 중심부를 지나는 날로, 준가르의 진짜 얼굴을 만나는 날이다. 준가르 분지에는 야르당 대지가 있다. 이 대지는 캄브리아기(5억4,000만 년 전)에 형성된 해양 지층이었으나 판게아(2억5,000만 년 전) 때 융기하였고, 그 위에 화산재와 모래 등이 두껍게 쌓여 만들어진 연한 퇴적층이다. 부드러운 퇴적층 지반은 바람에 깎여 다양한 형체의 조각상을 만들었고, 깎여 나간 모래와 먼지는 타클라마칸에 쌓여 거대한 사막을 만들었다. 바람은 그렇게 한 대지를 변형시키고 또 다른 대지를 만들었다.

대지를 변형시키고 만들어 내는 자연의 위대함은 신비감을 넘어 세월의 위대함을 일깨운다. 물방울이 바위를 뚫듯이, 물방울에 섞인 침전물이 수십 미터의 종유석을 만들듯이, 세월 앞에 장사는 없는 것이다.

자연이 자신의 위대함을 알리려고 거침없이 조각한 대지가 야르당 지형이다. 그중에서도 마귀성은 야르당을 대표하는 명작이다. 어둠을 끌어당기는 해거름이 대지를 멋지게 채색하기 때문이다. 해질녘에 마주한 마귀성. 노을에 타오르는 대지는 꿈틀거리며 어둠 속으로 하나둘 퇴장한다. 감동보다는 가슴을 후벼파는 애잔함이 더 크다.

대지도 사라지고 빛도 사라졌으니, 나도 그만 발길을 돌려 오늘의 숙박지인 카라마이로 향했다. 내일이면 이리 계곡으로 들어간다. 밤이 이렇게 설레는 건 처음인 듯하다. 가슴이 쿵당거려서 도무지 잠을 이룰 수가 없었다. 새 장가라도 가는 날인가, 왜 이리 설레지!

마귀성의 낙조

2. 선택받은 초원, 이리 계곡

파미르에서 북동쪽으로 톈산이 갈려 나가고 그 끝은 알타이가 막고 있다. 이들 산맥은 판게아를 형성할 때 함께 만들어진 형제 같은 존재다. 인도판과 유라시아판의 충돌로 만들어진 히말라야, 힌두쿠시와는 질적으로 다른 할아버지뻘 되는 산맥들이다. 그래서인지 일정 거리를 두고 떨어져 있지만 작은 산맥을 사이에 두어 서로 연결되어 있다. 파미르와 톈산을 이어 주는 알라이 산맥과 알타이와 톈산을 이어 주는 알라타우 산맥이 그런 역할을 한다.

알라이와 알라타우는 두 거인을 연결하는 보조 산맥이지만 의외로 중요한 역할도 하고 있다. 알라이는 톈산과 만나 페르가나 계곡을 쐐기 모양으로 감싸고 있고, 알라타우 역시 톈산과 만나며 이리 계곡을 갈고리 모양으로 포위하고 있다. 두 산맥 모두 서쪽이 열려 있고 동쪽이 닫혀 있는 구조다. 이런 구조는 편서풍을 타고 이동해 온 비구름을 계곡 안에 압축하여 산간에 비와 눈을 내리게 한다. 그래서 페르가나 분지와 이리 계곡은 유라시아 대륙에서 가장 비옥한 초지로 불린다.

모양이 반대였다면 어땠을까? 계곡의 서쪽이 막히고 동쪽 끝이 열린 역 쐐기 모양이었어도 이리 계곡은 비옥했을까? 지구는 동쪽으로 자전하는 반면, 대기는 정체되어 있기 때문에 지구 표면에는 서쪽에서 동쪽으로 부는 편서풍이 만들어진다. 지중해의 습윤한 대기가 이리 계곡과 페르가나 계곡을 습하게 적시는 이유도 편서풍을 타고 불어왔기 때문이다.

만약 산맥의 방향이 반대였다면 이리 계곡엔 어떤 일이 벌어졌을까? 편서풍은 산줄기에 막혀 상승기류가 되면서 물기를 다 털어 버리게 되고, 산맥을 넘은 대기는 하강 기류로 바뀌며 건조한 푄 현상을 일으키게 된다. 산맥이 반대 방향으로 만들어졌다면 이리 계곡은 풀 한 포기 자라기 어려운 사막이 되었을 것이다. 산맥의 방향이 바꾸어 놓은 이리 계곡의 운명, 이리 계곡은 타고난 행운아였다. 대지만 그랬을까? 그 땅에 사는 사람들도 역사를 뒤바꾼 행운아들이었다.

초원을 최초로 통일한 돌궐이 이 땅에서 시작되었다. 그들은 6세기에 발흥하여 흑해 북단인 현재 우크라이나에서 시작해 몽골리아를 거쳐 북만주에 이르는 스텝 지대를 최초로 통합했다. 6세기 초원을 통합한 돌궐 왕국은 스텝 지대를 넘어 세계의 지배자가 될 수도 있었다. 돌궐이 스텝의 주인이었을 때 그 주변은 무주공산이었다. 스텝 서쪽에는 서로마가 멸망하고 게르만 군소왕국이 난립한 혼란 상태였다.

스텝의 남쪽에는 동로마와 사산조 페르시아라는 강국이 있었으나, 두 왕국은 오랜 전쟁과 다툼으로 기진맥진한 상태였고 새로 발흥한 아랍 이슬람조차 제어하지 못한 채 힘겨워했다. 돌궐 서쪽인 지중해와 유럽은 애초에 상대가 되지 않았다. 스텝 동쪽에는 중국 왕조가 있었으나 남북조 대립 시기여서 돌궐을 견제할 수 없었다.

인도 대륙 역시 쿠샨을 이은 굽타 왕국이 있었지만 에프탈 훈의 침입으로 큰 타격을 받았고, 여러 독립 왕국으로 분열되어 있었다. 6세기 돌궐을 대적할 세력은 스텝 주변뿐 아니라 지구촌 어디에도 없었다. 그런데도 돌궐은 몽골 같은 대제국을 완성하지 못했다. 돌궐은 왜 초원 밖의 세계에 눈을 돌리지 않았을까? 돌궐이 정주민의 세계로 눈을 돌렸으면 어땠을까? 몽골보다 600년 앞서 세계 제국이 탄생하지 않았을까?

돌궐은 스텝의 통일을 완성한 후 팽창을 멈추었으며, 알타이를 경계로 동서로 분열되었다. 분열된 돌궐은 대립과 갈등을 지속하며 서서히 멸망의 길을 걸어갔다. 돌궐은 왜 스텝 밖으로 나가려 하지 않았을까? 스텝 밖으로 세력을 넓혔으면 분열도 멸망도 한두 세기 더 미룰 수 있었을 텐데.

이리 초원을 걷다 보니 돌궐이 확장을 멈춘 단초를 찾을 수 있을 것만 같다. 이리 초원은 만년설봉 아래 펼쳐져 있어 복잡하며 다각적인 아름다움을 지니고 있다. 산릉에서 계곡까지 수직으로 스펙트럼같이 다양한 초지를 펼쳐 놓기

이리 초원 전경, 야생화가 흐드러지게 핀 모습이 주변 산세와 어우러져 상상을 불러일으키는 풍요의 대지다.

때문이다. 만년설봉에서 시작해 고도를 낮추며 산악 초원, 산비탈, 들녘과 습지 그리고 강이 순차적으로 펼쳐진다. 다양한 얼굴이 하나의 몸으로 표현되어 있고, 그 모습은 매우 고혹적이고 아름답다. 몽골의 단순하고 완만한 구릉과 비교되는 모양이다. 그래서인지 무상한 몽골 초원과 달리 다이내믹하며 아름답고 고혹적이어서 초월적인 풍경을 연상시킨다. 그런 대지를 갖고 있는데 정주민의 도시를 탐낼 이유가 없지 않았을까.

이리 초원은 나라티(Nalati), 탕불라(Tangbula), 곤나이시(Gongnaisi) 초원으로 구성되어 있다. 이건 어디까지나 중국 영토 내의 구분이다. 이리 초원은 키르기스의 이식쿨로 연결되고, 한편으로는 카자흐스탄의 제티수(현 카작 동부 발하쉬 주변 초원)로 연결된다. 한마디로 광대하고 매우 풍요롭고 아름다워서 정주민의 땅을 욕심 낼 이유가 없었을 것이다.

또 6세기 정주민의 땅은 윤택하지도 풍요롭지도 않았다. 스텝 주변의 정주왕국은 혼란스러웠고 도시는 쇠퇴하여 초원보다 풍요롭지 않았다. 반면, 돌궐을 중심으로 뭉친 초원은 안정적이고 평온했으며 더 윤택하지 않았을까? 돌궐의 팽창은 초원에서 시작해 초원에서 멈추었다. 초원을 벗어나지 않고 초원으로 만족한 돌궐. 다른 유목 세력은 초원에서 일어나 정주민의 세상을 향했고 정주민의 땅을 지배했다. 돌궐만이 다른 선택을 한 이유가 무엇일까?. 미스터리 같지만, 돌궐은 하나의 미스터리를 더 남겼다.

초원의 첫 주인은 스키타이였다. 스키타이의 후예인 돌궐은 초원에서 흥기하여 세상을 호령했으나 멸망의 쓴맛을 맛봤고, 초원을 떠나 역사에서 사라졌다. 스키타이계 유목민은 스키타이부터 시작해 천 년간 스텝을 호령했으나 돌궐을 끝으로 초원의 역사에서 사라졌고, 다시는 역사의 전면에 등장하지 않았다. 돌궐 이후 초원의 시대가 저물 때까지 남은 천 년 동안은 튀르크와 몽골만이 스텝의 지배자였다. 세상을 호령했던 돌궐의 후예는 어디로 사라진 것일까?

마야의 중심 도시인 티칼에 가면 마지막을 알리는 비문이 서 있다. 비문에 적힌 869년은 마야 후예들이 문명 도시를 버리고 역사에서 사라진 해였다. 마야가 문명 도시를 버리고 원시의 삶을 선택한 이유가 미스터리였듯이, 돌궐의 후예가 역동적인 초원을 버리고 정체된 파미르 산자락으로 숨어든 이유

역시 미스터리였다.

초원의 주인이란, 하나의 무리가 지배권을 행사하다가 다른 무리에 넘겨 주는 일종의 권리 같은 것으로, 부족의 흥망에 따라 다람쥐 쳇바퀴 돌 듯 순환되었다. 그런데 돌궐은 자기 순서를 기다리기보다는 아예 떠나 버렸다. 지금까지 반복된 역사 게임에서 벗어난 것이다. 돌궐이 떠나고 초원은 튀르크와 몽골계의 세상이 되었다. 돌궐은 왜 이 질서를 거부했을까?

마야의 실종을 기록한 비석(과테말라 티칼에 있음). 돌궐도 초원을 떠나야만 한 이유를 어딘가에 남기지 않았을까?

튀르크와 몽골은 돌궐과 달리 정주민의 세계를 부단히 기웃거렸고, 초원을 벗어나 이슬람의 수호자와 중국 왕조의 계승자 그리고 인도 이슬람 왕조의 시조가 되었다. 돌궐에겐 초원이 전부였지만 튀르크와 몽골에게 초원은 배경일 뿐, 이들의 지향점은 정주 세계였다.

돌궐이 튀르크나 몽골과 화해하지 않은 이유가 달리 있을까? 역사를 등지고 끝까지 초원을 선택한 돌궐, 그들이 사랑한 초원은 바라볼수록 순결하고 사랑스럽다. 나라도 그렇지 않았을까? 이리 계곡을 고향으로 두었다면.

6장
–
중국 톈산과
쿠차

1. 숨겨진 세상, 바인부르크

이리 계곡에서 타클라마칸을 찾아가는 이틀간의 여정은 숨겨진 세상과 만나는 여행이었다. 특히 톈산 안에 감춰져 있는 바인부르크(巴音布鲁克)는 오늘날에도 방문 허가를 받아야만 들어갈 수 있는 마을이기 때문에 더더욱 그렇다. 무엇을 감추고 싶기에 3개월 전에 방문 허가를 신청해야 하고 까다롭게 허가 절차를 밟으라는 것일까?

이리 계곡의 남단을 구성하는 산줄기는 톈산의 말단이며 산맥의 끝자락이다. 톈산은 끝으로 갈수록 곁가지를 뻗듯 지맥이 엉켜 있다. 일부는 뒤틀리고 휘어지며 사방이 막힌 분지를 만들어 놓았다. 이 분지 안으로 톈산에서 흘러내린 물이 고이고 대지를 침수시켜 늪지가 생겨났다. 고산 지대에 생긴 늪지도 특이하지만, 늪지를 가르며 흘러 나가는 물줄기는 더욱 더 인상적이다. 굽이치듯 흐르는 물줄기가 강 하구에 거대한 대지를 응축시켜 놓았기 때문이다.

대륙 끝단에서나 만날 수 있는 아리알(Arial)이 내륙 한가운데, 그것도 톈산 높은 고봉 사이에 숨겨져 있으니 비현실적이고 초월적인 풍경이라고 할 수밖에. 꿈틀꿈틀 이리저리 휘저으며 늪지를 가르는 물줄기는 마치 살아 있는 용이 승천하기 전 울부짖는 것 같아 스네이크 리버(Snake River)라고 불린다.

바인부르크의 풍경은 이렇듯 기이하다. 톈산 자락이 한 치 앞에 있고 그 아래 고산 초지가 싱그럽게 춤을 추고 있으며, 늪지대를 유유히 스네이크 리버가 흐른다. 산악 습지에 안긴 백조 호수는 또 하나의 매력이다. 애인의 눈물이라는 표현처럼, 톈산의 웅위롭고 광활한 자태를 주저 없이 삼키기 때문이다. 백조의 호수에서 뱃놀이를 하고 있으니 변화하는 세상으로부터 꼭 지키고 싶은 충동을 느끼게 한다. 그래서 외지인에게 감추려는 것인가?

중국 정부는 바인부르크를 카작 소수민족 보호구역으로 설정해 외지인 방문을 소수로 제한하고 있다. 이들은 누구이기에 중국 정부가 보호하고 있을까? 초원 변방인 예니세이 강역에는 튀르크계인 키르기스인과 퉁구스와 키르기스의 혼혈인 카작인이 살았다. 15세기 지구촌이 소빙하기에 들어서자 지구촌에는 여러 사건 사고가 동시다발로 일어났다. 유럽은 한발이 지속되며 인구가 감소하고 경제가 침체되었고, 여기에 더해 오스만이 실크로드를 통제하며 숨통을 조이자 심각한 경제 위기에 빠졌다. 유럽은 살기 위해 인도와 중국으로 가려고 발버둥쳤고, 그런 열망이 대항해 시대를 열었다.

중앙 유라시아에서도 비슷한 변화의 물결이 일어났다. 추위를 피해 유목민족의 대이동이 시작된 것이다. 예니세이 강역에 거주하던 키르기스인과 카작인들이 추운 시베리아를 떠나 남쪽으로 이주를 감행했다. 이들은 현재 키르기스 영토인 키르기스 산악 초원에 정착했다. 키르기스인들은 키르기스 초원에 만족하고 정착했지만 카작인들은 다른 땅을 찾아 떠났다. 그들이 다시 정착한 곳은 발하쉬 호수 남단인 모굴리스탄이었다. 이 땅은 오래전 돌궐이 발흥하고 활동했던 꿈의 땅이었지만, 그들이 떠난 뒤 튀르크와 몽골인이 주류를 이루고 있었다. 튀르크인의 경우 알타이 자락에 살던 소수 부족이 서천하여 킵착 초원에 넓게 분포해 살았고, 몽골인의 경우 칭기즈칸이 유라시아를 정복하고 재편하는 과정에서 모굴리스탄을 둘째인 차카타이에게 분배했기 때문에 그를 따르는 부족이 몽골을 떠나 모굴리스탄으로 대거 이주했었다.

카작족은 모굴리스탄에서 몽골인과 광범위한 혼합 과정을 거치며 운명 공동체가 되었고, 주변 유목 부족을 결합해 카작 유목 공동체를 형성했다. 카자흐스탄의 모태가 된 카작 유목 공동체는 이렇게 탄생했다.

바인부르크 산악 초지 전경, 바인부르크는 톈산의 숨겨진 마을이다.

바인부르크 고원 풍경, 하늘을 품어서인지 푸르다 못해 시리다.

    카자흐스탄은 지구상에서 8번째로 큰 나라지만, 카작인들의 거주지는 카자흐스탄에 한정되지 않는다. 그들은 국경 너머 준가르 산간 지대는 물론 준가르 분지 건너 알타이와 톈산 자락에도 대거 거주한다. 내가 알타이를 넘기 전 머물렀던 호보트 역시 카작인들의 도시였고, 지금 머물고 있는 바인부르크도 역시 카작인의 마을이며, 우루무치도 카작인의 목장이었다.

    튀르크와 몽골이 도시를 찾아 떠난 반면, 돌궐은 파미르의 산자락으로 숨어

들었다. 카작의 선택은 무엇인가? 그들은 초원과 산의 경계에 머물고 있다. 산도 아니고 초원도 아니지만 산도 있고 초원도 있는 경계, 카작은 초원의 경계인인가? 모두가 변화하는 현재도 카작인들은 전통을 유지하며 초원의 과거와 현재를 이어 주는 삶을 살고 있다. 그래서 카작인을 살아 있는 초원의 화석이라 부른다. 카작인이 톈산의 깊은 산중에 은연자중하며 살아가는 숨겨진 마을, 바인부르크 역시 초원의 화석과도 같은 마을이었다.

2. 이리 계곡에서 쿠차까지

타클라마칸으로 향하는 둘째 날은 바인부르크에서 중국 톈산의 주맥을 넘어 쿠차까지 이어진다. 톈산은 두 개의 얼굴을 가지고 있다. 한 면은 타클라마칸을 지키고 선 모습이고 다른 한 면은 스텝 지대를 굽어보는 모습이다. 톈산은 하나인데, 남북으로 펼쳐진 대지는 톈산을 경계로 너무나 다른 모습이다.

너무 다른 두 개의 대지가 하나의 산맥에서 시작되는 모습은 극한의 대비이며 추상적인 상상을 유도한다. 과학적 설명이 무의미한 비대칭적 조화이기 때문이다. 톈산은 두 대지를 어떻게 갈라놓고 어떻게 이어 주고 있는가? 톈산을 향한 나의 궁금증은 극에 달했다.

이리 계곡에서 바인부르크를 연결한 첫날, 길은 톈산의 중첩된 지맥을 돌고 돌아 바인부르크로 이어졌다. 산자락 끝머리를 돌기 때문에 거리는 멀어도 거친 산길은 없었다. 반면, 바인부르크에서 쿠차를 연결하는 둘째 날은 톈산을 넘어야 하기에 거칠고 험한 산길이다. 톈산의 지맥은 요리조리 돌아갈 수 있지만 주맥은 돌아가기엔 너무 멀기 때문이다.

바인부르크를 출발하면 좁은 산길이 하루 종일 이어진다. 산과 산이 중첩하고 교차하는 틈을 비집고 달리면 고갯마루에 오르게 된다. 초원을 보호하는 톈산은 여기서 끝나고, 거친 사막의 전진을 막고 있는 새로운 톈산이 시작된다. 산마루에 올랐으니 이제 내려가는 길만 남았다.

톈산을 내려가면 전혀 다른 성질의 계곡을 맞이한다. 진흙이 산같이 솟아올라 붉은 벽을 이루는 톈산 대협곡이다. 대협곡에 들어서면 톈산의 새로운 모습에 어안이 벙벙해진다. 톈산은 북면이 푸르르고 습윤한데, 남면은 붉은 황토이거나 물기 없는 회갈색 모래사막이다. 톈산의 남과 북은 왜 이리 대조적일까?

2억5,000만 년 전 판게아가 완성될 때 지판과 지판의 경계면이 충돌해 조산활동이 활발했는데 톈산은 이때의 조산운동으로 만들어졌다. 당시 전 지구적으로 일어난 조산운동을 바리스칸 조산운동(Variscan orogeny)이라고 한다. 바리스칸 조산운동기에 만들어진 산맥은 톈산 이외에도 알타이와 우랄, 칼레도니아가 있다.

당시에 만들어진 산맥들은 세월이 많이 지나 완만한 구릉 형태의 산맥으로 남아 있다. 같은 환경 같은 시기에 탄생한 산맥이지만 톈산만은 우랄이나 알타이, 칼레도니아와 달리 여전히 생동감이 넘친다. 험준한 산세와 높은 고봉을 거느리고 있고 많은 빙하와 퇴적물이 계곡을 가득 메우고 있으며, 여전히 높이를 갱신하면서 성장하고 있다. 톈산이 우랄이나 알타이, 칼레도니아와 다른 모습을 갖게 된 이유는 무엇인가? 누군가가 잠자는 톈산을 깨운 것이다.

인도판은 7,000만 년 전 아프리카 대륙에서 떨어져 나온 후로 북동쪽으로 이동하였고, 5,000만 년 전에 유라시아 대륙에 도착했다. 인도판은 유라시아 대륙과 충돌한 뒤로도 여전히 이동을 멈추지 않고 있으며 매년 67mm씩 북동쪽으로 이동하고 있다. 반면, 유라시아 대륙은 매년 20mm 남서쪽으로 이동하고 있다. 두 판은 이동 방향이 서로 상충되어 계속 충돌하고 있는 것이다.

두 대륙의 충돌로 유라시아 대륙은 계속 찌그러지고 있고, 인도 대륙은 일 년에 4mm씩 유라시아 대륙 밑으로 파고들며 압축되고 있다. 그 결과 생겨난 것이 히말라야와 티베트 고원이다. 그런데 이런 변화는 여기서 끝나지 않는다.

잠에서 깨어난 톈산의 산줄기는 여전히 장대하다.

아름다운 산 칸텐그리, 등반자를 밤새 설레게 하는 명산이다.

히말라야가 매년 5mm씩 높이를 경신하고 티베트 고원이 계속 넓어지는 것은 당연한 현상이지만, 그 영향이 타림 분지와 톈산에까지 미치고 있기 때문이다.

인도판에 밀려 계속 확장하던 티베트 고원은 급기야 단단한 대륙괴(大陸塊)인 타림 분지를 밀기 시작했고, 타림 분지는 대륙의 약한 부분에 충돌 에너지를 전가했다. 다시 말해 타림 분지는 단단한 대륙 지괴(craton)라서 융기나 침강은 물론 화산이나 지진도 없는 한 덩어리 땅이기 때문에 에너지를 흡수하지 않고 그대로 전달했으며, 타림 분지가 전달한 에너지는 2억2,000만 년 동안 평온히 잠자고 있던 톈산을 깨운 것이다. 지금으로부터 2,500만 년 전 잠에서 깨어난 톈산은 맹렬하게 솟구쳐 올랐고, 그 결과 7,000m의 고봉을 가진 대산맥으로 재탄생했다.

톈산이 일방적으로 조산운동을 재개한 것은 그 위치가 시베리아 순상지와 타림 분지의 경계였기 때문이다. 즉 단단한 대륙괴인 타림 분지와 하나의 거대한 화산 대지인 시베리아 순상지는 쪼개지지도 갈라지지도 않으니 그 틈에 낀 톈산만 죽어라 압축되고 시달렸던 것이다. 오늘도 톈산은 외롭게 분투하고 있다. 두 판이 충돌하는 최일선이라서 그런지 톈산 대협곡의 붉은 흙벽은 속살이 드러난 듯 피투성이다. 계곡은 붉고 연약하며 깊고 오묘하다. 빛도 잠들어 버린 심연의 공간이지만, 이 대협곡을 걷는 것은 지구 속 지하 세계의 문턱을 방문하는 흥미로운 트레킹이었다.

3. 쿠차에서 시작한 대승불교

톈산 대협곡 트레킹을 끝내고 인접한 키질 석굴을 탐방했다. 인도에서 전래한 불교는 쿠차에서 한 차원 성숙하여 중국 전역으로 전해졌다. 쿠차에서 불교가 얼마나 성숙했는지를 보여 주는 척도가 키질 석굴이다. 키질 석굴은 발견된 것만 236개에 이르는 최대 석굴 집단이다. 규모로는 세계 최대라고 할 수 없겠지만 다양성 면에서 최고의 가치를 지니고 있다.

그중 하나가 벽화다. 불교 벽화 중 처음으로 푸른 채색을 채용하였는데, 그것도 청금석(靑金石)을 안료로 사용했다. 청금석은 고대 아프가니스탄에서만 생산되던 귀한 금속이었다. 투탕카멘의 황금 마스크에 금과 함께 박힌 보석이며, 변하지 않는 청색의 보석이라서 황제를 상징했고, 황제만이 장식으로 사용했던 물건이라서 금보다 2~3배 더 비싼 값에 거래되었다. 그런 청금석을 갈아서 벽화 안료로 쓴 쿠차. 쿠차는 상식을 벗어나는 부자였을까? 아니면 모든 부를 불교에 쏟아부은 것일까?

쿠차는 온몸을 바쳐 불교를 성숙시켰고, 쿠차의 희생 덕에 불교는 중국은 물론 신라와 백제를 거쳐 일본까지 전해졌으며, 동아시아 전반을 부처님 손바닥 안에 들어가게 했다. 그런데 불교는 쿠차가 아니라 인도에서 발생한 종교가 아닌가?

쿠차와 인도는 꽤 멀리 떨어져 있고 중간에는 타클라마칸, 파미르, 힌두쿠시, 히말라야, 티베트 등 소통을 방해하는 장벽들이 꽤나 많다. 그런데도 불교는 쿠차로 전래되었다. 무수한 장벽을 단숨에 넘어 쿠차에 불교를 전달해 준 존재는 누구인가?

월지(月氏)는 흉에 의해 치렌산맥(기련산맥)에서 쫓겨났으며 이리 계곡, 이식 쿨 호수(현 키르기스), 예니세이 강역(현 남시베리아)을 전전하다 트랜스옥시아나 (현 우즈베키스탄)에 터를 잡았다. 이들은 트랜스옥시아나에서 월지를 구성하던 5개 부족 중 쿠샨족을 중심으로 왕조를 세웠다. 역사학자들은 이를 쿠샨 왕조라고 부른다. 쿠샨은 남쪽의 박트리아(현 아프가니스탄)를 정복하고 이내 북인도를 침공하여 인도(현 파키스탄)-박트리아(아프가니스탄)-트랜스옥시아나(우즈베키스탄)-서역(중국 신강)을 아우르는 제국을 완성하였다.

중앙아시아와 그 주변을 지배한 쿠샨에게는 중국, 인도, 중앙아시아와 페르시아까지 주변의 다양한 문화를 흡수하고 소통시키는 역사적 역할이 주어졌다. 쿠샨이 그 적임자였던 건 중국 변방인 간쑤성이 근거지여서 중국을 잘 알고 있었고, 흉에게 밀려나기 전까지 초원의 지배자로 군림한 유목 민족이었으며, 트랜스옥시아나를 통해 중앙아시아의 오아시스 문명뿐 아니라 페르시아와도 소통했고 박트리아의 그리스 왕국을 정복하며 그리스 문명까지 접했다.

또 인도 북부를 지배하여 힌두 사회도 낯설지 않았다. 한마디로 유라시아 대륙에 존재했던 모든 고등 문명이 쿠샨이라는 우물에 빨려들어왔다. 쿠샨이 자리잡은 땅은 이처럼 이질적인 여러 문화권과 민족, 왕국이 모두 만나는 유라시아 대륙의 중앙이었다. 이런 지리적 위치가 쿠샨의 역사적 역할을 독려하였고, 이런 이유로 쿠샨을 진정한 헬레니즘의 전도사로 정의하기도 한다.

헬레니즘의 전도사로서 쿠샨이 전도한 문화적 유산은 불교였다. 쿠샨은 인도에서 불교를 들고 나와 중앙아시아와 중국에 전해 주었고, 중국에서 탈바꿈한 불교는 신라와 고대 일본까지 무사히 전래되었다.

불교가 처음부터 잘 맞는 종교는 아니었다. 쿠차에 도착한 불교는 신기하고 오묘했지만 북방의 환경에 맞지 않았다. 불교가 받아들여지려면 북방 환경에

색즉시공 공즉시색(色卽是空 空卽是色)으로 압축되는 공(空) 사상의 창시자로 알려진 쿠마라지바. 그는 여전히 깊은 사색에 잠겨 있다.

맞게 변화해야만 했다. 그 역할을 맡은 도시가 쿠차였다. 수행과 해탈에 집중하던 인도의 불교는 쿠차에서 대중 구제와 공동체 보호를 우선으로 하는 대승 불교로 탈바꿈하였고, 그런 뒤에야 중국 전역으로 들불처럼 퍼져 나갔다.

4세기 중국은 5호16국시대로 혼란스러웠다. 5호16국시대를 연 전진은 쿠차를 침공하여 쿠자국을 멸망시켰다. 이 과정에 전진은 2만 마리의 말에 재물을 실어 가져갔다. 알렉산더가 근 중동을 지배한 페르시아를 멸망시키고 페르세폴리스에서 실어간 재화가 말 5만 마리 분이었다. 실크로드의 소국이지만 쿠차는 페르시아의 절반에 달하는 재화를 실어갈 만큼 부유했던 것이다.

청금석을 벽화에 사용할 만큼 부유했던 쿠차는 이때 거덜났으며, 멸망의 시대를 살아야 했던 쿠마라지바(Kumārajīva) 역시 큰 고초를 겪었다. 그는 승려

신분임에도 사촌 여동생과 강제 결혼을 해야 했으며, 중국으로 끌려가 18년간 유배 생활을 했다. 하지만 그의 삶과 철학은 그런 시련이 있은 뒤 더욱 성숙해 갔다. 일생에 걸친 역경 사업은 굴곡진 삶에서 나온 처절한 외침이며 진리를 향한 고독한 정진의 결과였기 때문이다.

쿠마라지바는 왕족 신분이었고 쿠차는 부유했다. 그가 편안한 삶과 윤택한 생활을 영위했다면 후대에 칭송될 업적을 쌓을 수 있었을까? 철학은 상실감으로부터, 진보는 결핍으로부터, 사랑은 도파민의 과잉 분출이 동기라고 한다. 그럼 종교는 무엇 때문이지? 희망일까, 진리에 대한 갈구일까? 히말라야의 깊은 오지나 티베트의 황량한 들판을 거닐 때면 어김없이 떠오른 질문이었다. "왜 영적 성숙은 혹독한 환경에서 발현되었는가?"

401년 쿠마라지바는 후진(後秦)의 왕 요흥(姚興)의 보호를 받으며 일생을 역경 사업에 매진했다. 그의 일생의 노력은 북방 불교 혹은 대승불교로 피어났다. 혼란기 왕실은 왕권을 강화할 통치 이데올로기가 필요했고, 쿠마라지바가 정립한 대승불교는 군소왕국의 이해를 대변하면서 왕실의 비호하에 동쪽으로 거침없이 퍼져 나갔다. 키질 석굴 입구에는 역사적 소명을 완수한 쿠마라지바가 명상에 잠겨 있다. 쿠마라지바는 인도에서 불경을 들여와 총 300권의 불경을 한문으로 번역했으며, 역경 사업을 통해 북방 환경에 맞게 불경을 재해석하여 생소하고 현학적인 불교가 대중 속으로 파고들 통로를 열어 주었다. 그래서 중국 불교의 시작을 쿠마라지바에서 찾는다.

번역은 붓의 끝에 달려 있다. 생소한 불경을 독점하고 역경(譯經)이라는 미명 하에 출간된 책들은 내용이 무엇이든 번역자의 지적 도약과 의도가 점철되어 있기 마련이다. 그는 더욱이 왕실의 보호와 후원을 받으며 역경 사업에 일생을 바쳤다. 순수한 종교적 열망으로 이룩한 성취일지라도 다분히 의도적인 왜곡이 있을 수도 있다. 그래서 그의 역경 사업을 순수하거나 완벽하지 않다고 평가할 수도 있다. 쿠마라지바도 그런 평가를 우려했는지 말년에 이런 말을 남겼다.

"나는 우매한 자임에도 불구하고 많은 불경 번역을 했다. 그러나 예언한다. 내가 번역한 것 중 틀린 것은 없다. 그 증거로 나의 사후 화장된 후에도 분명히 내 혀만은 타지 않고 남을 것이다."

평가는 분분할 수 있으나 무엇보다 중요한 건 그의 역경 사업이 한 시대를 규정했고, 그로부터 새로운 시대가 시작되었다는 것이다. 그래서 중국 불교의 도약 단계를 쿠마라지바 전후와 현장 법사 전후로 구분한다. 두 명의 걸출한 역경사는 중국 불교의 방향을 바꾸어 놓았다. 쿠마라지바가 출간한 불경은 현재도 여전히 사용되고 있으니, 해석의 차이는 있을지언정 교훈은 변함 없었던 것이 아닐까.

4. 불교는 서쪽 어디까지 갔을까?

인도 대륙에서 불교는 사라졌다. 불교 자체도 학술적이고 철학적이어서 대중화에 한계가 있었고, 아소카 왕이 국교로 받아들인 뒤로는 왕실의 후원만으로도 충분하여 대중을 만나는 탁발의식을 멈추고 불경 공부에만 정진했다고 한다.

승려가 사찰 밖으로 나오지 않으면서 불교는 대중과의 접점이 점점 사라지고 대중과 괴리된 현학적 지식놀이가 되었다. 반면, 힌두교는 불교에 빼앗긴 대중을 되찾기 위해 불교 교리를 대거 받아들였고, 부처도 힌두의 신으로 둔갑시켰다. 그렇게 힌두교는 세련된 고등종교로 다시 태어났다.

불교가 대중과 멀어지는 동안 힌두교는 대중 속으로 파고들어 생활 종교로 탈바꿈했다. 이때부터 대중은 쉽고 접근성이 좋은 힌두교에 점차 빠져들었다. 위급했던 불교는 대중을 불교사원으로 불러들이기 위해 힌두교적 요소를 받아들이는 대중화를 시도했다. 부처가 생전 그렇게 경계하고 비난했던 구복과 주술적 요소가 이때 불교에 들어와 공고히 자리잡았다. 여러 보살을 만들어 힌두교의 다양한 신을 대체하였고, 부처와 보살에게 복을 비는 제의(祭衣)가 만들어졌다.

이렇게 불교는 힌두교로 한 발 다가가고 힌두교 역시 불교로 한 발 더 다가오면서 둘의 차이는 불분명할 만큼 좁아졌다. 불교와 힌두교의 경계가 무너지면서 대중은 더욱 혼란스러워했고, 힌두교 사원에 가면서 불교를 믿는다는 착각에 빠질 만큼 힌두교와 불교를 구분하지 않았다. 시간이 지날수록 이런 현상은 두드러져 힌두교는 생활 속에 공고히 자리잡은 반면, 불교는 점차 소멸하였다. 힌두교의 압승이었던 것이다.

힌두교에 완패한 불교는 자기 반성을 통해 학문으로서의 깊이와 대중 종교의 양면성을 갖는 종교로 발전해 갔다. 불교가 인도를 벗어나 세계로 퍼져 나가기 시작한 시기는 자기 반성을 통해 보다 성숙해진 불교로 재탄생한 시기였다. 인도에서 실패한 불교는 인도 밖에서 재도약을 꿈꿨고 불교는 꿈을 성취했다. 동쪽으로 전래한 불교는 쿠마라지바의 손을 거치며 성공을 거두었다. 여전히 한국이나 일본의 대중 종교로 남아 있기 때문이다. 서쪽으로 전래한 불교는 어찌 되었을까?

트랜스옥시아나는 8세기까지 불교 정토였다. 이곳이 불교에서 이슬람으로 옷을 바꾸어 입게 된 계기는 고선지 장군이 이끄는 당나라 연합군이 탈레스 전투에서 대패하고 당의 힘이 사라진 공간을 이슬람 압바스 왕조가 차지하면서부터였다. 주인이 바뀌었으니 그 땅에 사는 사람들도 서둘러 불교에서 이슬람으로 옷을 갈아입었고, 대승불교의 발생지였던 쿠차마저도 이슬람화되었다. 이슬람은 우상숭배를 철저히 배격해서 불교 유적은 대부분 파괴되거나 소실되었다. 그래서 불교가 어디까지 전래되었는지 의견이 분분하다.

유적 발굴을 통해 밝혀진 사실은 트랜스옥시아나를 거쳐 호라산까지 전래되었다고 한다. 투르크메니스탄의 메르브 유적지에서는 불당과 부처님 두상이 발굴되면서 이를 뒷받침하고 있다. 물증은 없지만 기록에 나타난 일부 사실을 유추해 볼 때 인도를 떠난 포교승들은 시나이 반도를 거쳐 이집트까지 왕래했다고 한다. 포교승이 시나이 반도를 거쳐 이집트에 닿았다면 포교승이 지나간 경로는 고대 오리엔트의 고속도로인 왕의 대로(King's Road)였을 것이다. 왕의 대로는 암만 평원과 여리고 오아시스를 지나고 요르단 산맥을 따라 시나이 반도로 연결된다. 이 길은 이집트를 탈출한 유대민족이 모세의 지도하에 가나안으로 향했던 길이며, 다윗과 솔로몬이 경영한 고대 교역로였다.

포교승이 이집트로 향했다면 왕의 대로를 따라 걸었을 것이고 여리고에 수일간 머물렀을 것이다. 여리고에서 포교승은 유대 사회와 아무런 접촉이 없었을까? 여리고에서 예루살렘에 이르는 유대 광야는 예수가 17년간 에세네파와 공동생활을 하며 은둔의 시간을 보낸 곳이다. 또한 40일간 광야를 헤매던 예수가 하느님의 아들로 재탄생한 곳 역시 이 광야였다. 포교승이 여리고에 닿았다면 세상과 등지고 살아가는 종교 공동체에 대해 들었을 테고, 불교 수련과 다르지 않다는 것도 알았을 것이다. 포교승은 종교 공동체와 영적 교류를 시도하지 않았을까?

예수의 삶에는 기록이 없는 일명 "The unknown years of Jesus"로 불리는 17년이 있다. 어린 예수가 시너고그(Synagogue)에서 사제와 종교 논쟁을 벌였던 12세에서 예수가 신의 사역을 시작한 29세까지 17년간이다. 이 기간에 예수의 행적은 어디에도 기록이 남아 있지 않다고 한다. 모든 사실을 객관적 기록으로 남긴 유대인들은 태초로부터 몇 년, 자신이 아담으로부터 몇 대손인지까지 세세하게 따질 수 있는 유일한 민족이다. 유대가 계보를 계산해낼 수 있었던 건 역사적 사건을 세세하고 정확하게 기록으로 남겼기 때문이다. 그뿐만이 아니다. 성경이 위대한 것은, 잘못된 건 잘못된 대로 사건을 왜곡하지 않고 기록했다는 것이다.

역사의 사(史)자는 입은 닫고 붓으로 말하라는 뜻이다. 그런데 중도를 지켜야 하는 붓이 왼쪽으로 휘었으며 너무 휜 듯해 다시 반대로 한 획을 그은 모양이다. 진실이 무엇인지 모호한 기록물이 역사라는 말을 하는 것이다. 때로는 좌로 때로는 우로 진실과 무관하게 기록된 게 역사이고 동서고금 어디에서나 마찬가지였다.

반면, 성경은 좌로도 우로도 치우치지 않고 사실만을 기록한 유일한 역사 기록물이라고 말한다. 이는 인간사가 아닌 신의 역사를 기록하였기 때문이다. 그래서 사소한 사건 하나도 지나치지 않고 꼼꼼하게 기록으로 남겼다. 그런 유대 사가들이 예수의 잃어버린 17년에 대해서는 아무런 기록을 남기지 않았다. 기록의 달인인 유대 사가들이 일부러 빼먹었을까? 아니면 예수가 실종되었고, 그래서 기록할 수 없었던 게 아닐까?

사라진 17년은 여러 추측을 낳았다. 그중 하나가 예수가 인도를 방문하여 수련했다는 것이고, 실제 라닥의 헤미스 사원(Hemis Gompa)에 소장된 기록물에는 서역에서 온 이사(Issa)라는 총명한 수행자가 오랜 시간 불교를 수행하고 돌아갔다는 내용이 있다고 한다. 다른 하나는, 유대 사막에서 세상을 등진 채 살아가는 에세네파(유대의 3대 종파 중 하나)와 지냈기 때문에 그의 행적에 대한 기록이 없다는 것이다.

예수가 불교의 영향을 받았다는 근거는 여기서부터 시작한다. 인도로 수행을 떠났다면 당연히 불교의 영향을 받았을 것이고, 17년간 에세네파와 함께 수도 생활을 했다고 해도 그 과정에 신흥 학문인 불교를 접했을 것이라는 추측이다. 에세네파는 정통 유대 사회와 등진 폐쇄적이고 개혁적인 종파였기 때문이다.

예수가 불교의 영향을 받았다는 추측의 근거는 예루살렘으로 향했던 예수의 행적에서도 찾을 수 있다. 석가모니는 6년간이나 지속하던 가혹한 수행을 중지하고 보리수 아래서 명상을 하던 중 마귀와 사탄의 위협과 유혹을 물리치고 마침내 큰 깨달음을 얻었다. 보리수 아래서 석가모니는 까달음을 얻은 자인 붓다로 다시 태어났으며, 새로운 시대의 도래를 알리기 위해 당시 힌두교의 중심지인 바라나시로 향했다. 이때 많은 군중이 붓다의 설법을 듣기 위해 그의 뒤를 따랐으며, 권위적이고 형식주의에 빠진 힌두 사회는 붓다의 영향력을 줄이기 위해 부단히 견제했다.

예수는 유대 광야에 있는 시험산(Mount of Temptation)에서 40일간 단식하며 고행을 하던 중 사탄과 마귀의 위협과 유혹을 굳건히 물리쳤고 자아를 소멸시키고 야훼를 받아들임으로써 신의 대리인이요 아들로 다시 태어났다. 시험산에서 돌아온 예수는 제례와 형식주의에 몰입된 유대 사회에 평등과 평화의 메시지를 던지며 유대 신앙의 중심지인 예루살렘으로 향했다. 예수 주변으로 대중이 구름같이 모였고, 유대 사회의 지도층과 로마 총독부는 예수를 사회 질서를 파괴하는 위험인물로 받아들이고 예수를 사형에 처했다. 둘의 행적이 너무나 유사하지 않은가.

예수의 선택 역시 미스테리하다. 군중은 예수를 유대의 왕이자 메시아(구세주)로 받아들였다. 예수 역시 자신이 메시아임을 부정하지 않았다. 하지만 그의 선택은 전혀 다른 방식이었다. 모든 사람의 죄를 홀로 짊어지고 십자가형을 받아들인 것이다. 사람들을 모아 로마에 대항하거나 보수적인 유대 사회를 공격하는 무력을 선택하지 않았다. 비폭력적이고 평화로운 저항을 선택한 것이다. 이전까지 그 누구도 상상하지 않은 방식이며, 무력을 통해 대의를 이루는 고대사회의 논리에서 벗어난 행동이었다. 이는 붓다의 주요 가르침 중 하나였다.

예수는 3년이라는 아주 짧은 시간 동안 활동했다. 하지만 그가 준 감동은 2,000년을 지나도 멈추지 않고 있다. 그 근간은 예수가 실행한 새로운 가치에 있었다. 붓다와 예수는 만난 적이 없건만 매우 유사한 사상과 행보를 보였다. 완고하고 폐쇄적인 지배층에 대항해 대중을 택했으며 새로운 시대의 메시지를 설파했다. 대중을 이끌고 종교의 중심지를 향한 행적까지 동일했다. 더욱 특이한 건 위급한 상황에서도 대중의 폭력을 이용하거나 동원하지 않았다. 두 위인이 보여 준 행적의 유사성은 어디에서 오는 것인가? 우연이라고 하기엔 너무 지나치지 않은가?

예수가 17년간 인도에서 수행했든, 광야에서 수련하던 중 포교승을 만나 새로운 철학과 사상을 접했든, 시간과 공간을 초월하여 영적 소통이 있었든, 새로운 세상을 설파한 두 위인의 위대한 행적이 궤를 같이한다는 건 의미 있는 일이다. 그런 면에서 불교는 동쪽에서 뿐 아니라 서쪽에서도 성공한 종교라고 봐야 하지 않을까? 지구의 절반이 붓다의 가르침을 따르고 나머지 절반이 예수의 가르침을 따르고 있으니 말이다.

7장
–
타클라마칸

1. 타클라마칸 종단

위구르 말로 타클라마칸은 '일단 들어오면 절대로 나갈 수 없다'는 뜻이다. 그래서 길은 타클라마칸을 피해 산 아래 자리잡은 오아시스 도시를 이으며 연결되었다. 이를 실크로드라고 부른다.

타클라마칸을 피해 가는 길은 두 개가 있었다. 톈산 아래 오아시스 도시를 연결한 톈산 남로와 쿤룬 아래 오아시스 도시를 연결한 서역로였다. 두 길은 타클라마칸 외곽을 돌아 카슈가르에서 만났다. 질러가는 길을 마다하고 타클라마칸을 돌아가야 했던 건 타클라마칸이 인간의 발길을 허락하지 않았기 때문이다.

하지만 오늘날은 상황이 좀 다르다. 타클라마칸에는 남북으로 종단하는 사막 도로가 두 개 있다. 그중 하나는 룬타이(輪台)에서 민펑(民豐)까지 타클라마칸을 종단하는 도로다. 이 도로는 중국 석유공사(시노팩)가 타클라마칸 지하에 묻혀 있는 석유를 뽑아 내기 위해 건설한 사유도로다. 다른 하나는 쿠차에서 타클라마칸을 종단하여 호탄까지 연결하는 공공도로다.

쿠차에서 출발한 나는 쿠차와 호탄을 연결하는 공공도로를 택했다. 거리는 654km, 장거리 침대버스는 하루에 타클라마칸을 종단하지만, 나는 사막에서 하루 묵을 계획을 세웠다. 그런데 어디서 밤을 보낼 것인가? 타클라마칸 중간 지점에는 식당이 하나 있고 식당에는 나 같은 길손에게 제공하는 다인실이 준비되어 있다. 그래서 침대 하나 빌리기는 어려울 것 같지 않았다. 하지만 타클라마칸을 선택한 이유와는 좀 안 어울리지 않은가? 다른 방도는 없을까?

사막도로는 그대로 방치하면 이동하는 사구로 인해 길이 모래에 묻히고

도로가 제 기능을 발휘하지 못한다. 그래서 사막 양옆으로 방사림을 만들거나 사구를 고착화시키는 사방공사를 한다. 방사림은 물을 주지 않으면 땡볕을 이겨 낼 수 없고 결국 말라 죽고 만다. 중국 정부는 홍류(紅柳)와 쒀쒀(梭梭) 등 사막에서 잘 자라는 식물들을 사막도로 양옆에 심어 방사림을 조성하고 하루에 2~3회 물을 주기 위해 수정방(水井房)을 4~5km 거리로 짓고 관리인을 두고 있다. 사막 한가운데 거주하는 것은 쉽지 않은 일이라서 갓 결혼한 신혼부부가 많다고 한다. 회색 대지와 정체된 시간을 슬기롭게 보내는 방법은 사랑이 최고이지 않을까?

수정방에 거주하는 신혼부부는 4월 중순부터 10월 중순까지 6개월간 머물며 사랑을 가꾸고, 그 사랑이 대지에 내려앉았는지 사막도로는 여전히 굳건하다. 나의 계획도 수정방이었다. 아무 수정방이든 찾아가 하루 숙박을 부탁해 볼 요량으로 사막 한가운데에서 내렸다.

버스에서 내렸지만 앞으로 갈지 뒤로 갈지 갈피를 잡을 수 없었다. 수정방은 보통 4~5km 간격으로 세워져 있으니 앞으로 가든 뒤로 가든, 또는 한두 번 거부당해도 낙담할 일은 아니다. 다음 수정방에 가서 부탁하면 되고, 거기서도 거절하면 5km 더 걸으면 된다. 마음을 그렇게 먹고 나니 발걸음이 편안했다. 기대 반 우려 반 수정방의 문을 두드리니 모기장이 덧씌워진 나무 문을 열고 중년 아주머니가 나왔다.

신혼부부라는데, 이렇게 나이 든 신혼부부도 있나 싶다. 이래저래 서툰 중국말로 말을 건넸다. 사정을 늘어놓는데, 아주머니는 가타부타 결론이 없다. 그러다 아저씨가 자전거를 타고 돌아왔다. 옆 수정방에 볼일이 있어 갔다 오는 중이란다. 아저씨는 흔쾌히 저 끝에서 자라며 허락했다. 그러면서 껍데기를 벗긴 나무뿌리를 내놓았다. 타클라마칸에서 목숨을 부지하며 사는 선인장

수정방은 단순한 콘크리트 건물이다. 주방과 침상이 하나의 공간에 있고 별도의 창고 건물에는 지하에서 물을 끌어올리는 펌프가 요란한 소리를 내며 하루 몇 회 돌아간다. 사랑이 없다면 무료하고 삭막한 공간이다.

뿌리다. 손바닥보다 큰 걸 보면 꽤 큰 선인장의 뿌리였다. 뿌리 없이 선인장이 살 수 없을 테니 선인장은 이미 말라 죽었을 것이다.

나보고 몸에 좋다고, 특히 정력에 좋다며 강매한다. 하룻밤 잠을 청하는데 거절할 수도 없고 인민폐 150원에 뿌리 하나를 샀다. 그러고 나니 이번에 더 큰 걸 보여 주며 200원에 사란다. 짜증이 났지만 참을 수밖에. 밖은 끝도 없는 사막인데 뿌리치고 나갈 수도 없고 웃으며 거절하니 그제야 흥정을 마무리하고 중국술을 내놓는다.

잠시 후엔 차가 서더니 일주일치 식량을 내려놓고 간다. 방사림 관리 회사에서 일주일에 한 번 식량을 갖다 주는데 오늘이 그날이라고 한다. 식량 상자에는 돼지고기 한 덩어리가 있다. 아저씨는 고깃덩어리를 반으로 잘라 야채와 섞어 볶기 시작했다. 그날 저녁은 푸짐했다. 내가 선인장 뿌리를 사서 그런 게 아니라 사람이 그리웠던 것이 아니었을까? 아직 두 달 가까이 남았다는 아저씨는 돌아가면 무얼 할지 고민이라며, 타클라마칸에 계속 있었으면 좋겠다고 한다. 수정방은 사랑방인 게 맞는 것 같다. 나이 들면 부인이 형제 같다는데, 고립무원의 사막에 부인과 계속 있고 싶은 걸 보면.

다음 날 아침을 먹고 걷기 시작했다. 버스가 오면 탈 생각이었는데, 버스가 오려면 몇 시간을 기다려야 하니 정처 없이 몇 시간을 걸었다. 길도 하나이고 버스는 손만 흔들면 세워 주니 걱정할 게 없다. 나처럼 이 길을 고독하게 걸어간 남자는 이전에도 있었다. 20세에 장군이 되었고 이른 나이에 호탄의 도독이 된 청년 장군 고선지는 안동도호부가 있는 쿠차에서 부임지 호탄으로 향했으며, 용감하게도 타클라마칸을 질러가는 길을 택했다. 그가 쿠차에서 호탄으로 향한 길이 지금 내가 걷고 있는 길이다. '일단 들어오면 절대로 나갈 수 없다'는 타클라마칸을 종단하려 한 그는 사리 분별 못하는 무모한 청년이었을까, 아니면 나름 계산이 있었던 것일까?

타클라마칸을 감싸는 쿤룬과 톈산에서 빙하 녹은 물이 흘러내려 오아시스에 모였다. 비 오는 날이면 오아시스로는 충분하지 않아 사막으로 물이 넘쳐 흘렀고, 타클라마칸에는 톈산에서 시작하는 아커스 강과 쿤룬에서 시작한 호탄 강이 흐른다. 강은 사막으로 들어갈수록 건천으로 바뀌지만 모래를 파면 간간이 물을 찾을 수 있어서, 상인은 물론 불경을 구하러 천축국으로 향하던 수도승들도 이 건천을 따라 타클라마칸을 건넜다.

고선지 역시 건천을 따라 호탄으로 향했다. 그는 불가능하거나 위험한 길이 아닌, 힘들지만 가능한 길을 선택한 것이다. 타클라마칸을 걷고 있는 나도 힘들지만 안전한 길을 걷고 있는 것이다. 수정방도 있고 버스도 있으니, 만약 봄이었으면 어땠을까? 봄이었어도 안전했을까?

봄철 타클라마칸에는 '카라부란'이라는 폭풍이 불어온다. 카라부란은 사막을 건너는 상단에게는 가장 피하고 싶은 무시무시한 폭군이었다. 한번 불어오면 수삼 일 움직일 수 없고, 모래 폭풍이 지형을 바꿔 놓아 길을 잃기 쉬웠다. 그뿐 아니라 바람이 멈추고 나면 낙타와 물건이 절반이나 사라지곤 해서 경제적 손실이 컸다. 그렇게 무일푼이 되거나 때로는 사막에서 목숨을 잃어야 하는 죽음의 바람, 상단은 봄철의 타클라마칸을 가장 무서워했다.

21세기라고 해도 타클라마칸은 변함이 없겠지, 나의 여행이 봄이 아니라서 다행인 하루였다.

2. 타클라마칸, 문명의 장벽이 아닌 지구의 지킴이

타클라마칸에서 보낸 이틀은 의미 있었다. 아무 생각 없이 걷고 사막과 마주하며 대화했던 밤이 가슴을 따뜻하게 했다. 그것만으로도 충분한데, 중요한 사실을 알게 되어 타클라마칸을 사랑하지 않을 수 없었다. 문명의 장벽으로만 여겨지던 불모지, 타클라마칸은 새로운 주목을 받고 있다. 문명의 장벽이 아닌 지구를 인간이 살기에 적합한 별로 만드는 데 공헌한 일등공신이기 때문이다.

타림 분지는 41억 년에 탄생한 최초의 대지 중 하나다. 지구가 식으며 바위들이 만들어졌고, 이 바위들이 단단히 응축되며 지구촌 여러 곳에 최초의 대지

타클라마칸에는 두 개의 사막공로가 있다.
타클라마칸을 종단하는 사막공로는 톈산과 쿤룬을 잇는 생명줄 같은 도로다.

가 만들어졌다. 그런 땅을 대륙괴라고 한다. 대륙괴는 형성 과정에 포타슘이나 우라늄, 토륨 같은 원소들이 빠져나가고, 원소의 결핍으로 인해 주변 맨틀보다 온도가 낮아져 하나의 고체, 즉 땅덩어리로 변한다. 이 고체는 지구 내부로 200km나 깊이 뻗어 있어서 단단한 땅의 뿌리 역할을 하고, 주변에 식은 땅들이 달라붙으며 대륙이 만들어졌다. 그래서 대륙괴를 대지의 뿌리라고 한다.

대륙괴는 단단한 고체라서 맨틀의 대류 현상에 휩쓸리지 않고, 그 때문에 지진이나 대지의 융기, 침강, 화산 작용이 일어나지 않아 안정 지괴라고 부른다. 그런 대지가 타림 분지다. 타림 분지는 석탄기와 페름기를 거치며 유라시아 대륙의 모태가 되었고, 지각의 융기, 침강이 일어나지 않는 안정 지괴여서 고생대, 중생대, 신생대를 거치며 두꺼운 퇴적층이 만들어졌다. 그래서 타림 분지의 중심부는 퇴적층의 두께가 15km에 이른다. 15km 두께의 거대한 생명체의 무덤, 그 안에는 무엇이 있을까?

41억 년이나 된 최초의 대지 아래에는 긴 세월 준비한 선물로 가득하다. 타림 분지 지하 이암층은 페름기(3억 년~2억 5,000만 년)에 만들어졌으며 석유와 천연가스가 가득 담겨 있다. 이암층 아래에는 지구 최대 담수호인 오대호 담수량의 10배에 이르는 '카본 싱크(carbon sink)'가 존재한다. 탄소 저장고인 카본 싱크는 지구가 어떤 과정을 거쳐 초록색 별이 되었는지 적나라하게 보여주는 확실한 증거물이다. 현재에도 발생하는 이산화탄소의 40%는 대기에 흡수되고 30%는 바다가 흡수하고 있으며, 나머지 30%는 나무와 유기물이 흡수한다. 수치대로라면 발생하는 탄소는 100% 대기와 해양, 유기체에 존재해야 한다. 그런데 많은 양의 탄소가 사라지고 있고, 이런 자율 조율 능력이 이 지구를 아름다운 초록별로 바꾸어 놓은 것이다. 현재가 아니라 과거로 시간을 돌리면 탄소의 실종은 더욱 극명하다.

오늘날 대기 중 이산화탄소 농도는 약 415ppm이다. 이 정도로도 인류의 멸망을 논하는데, 백악기에는 대기중 이산화탄소 농도가 2,000ppm이었고, 종의 폭발적 진화를 가져온 캄브리아기에는 5,000ppm이었다. 지금으로서는 상상할 수 없는 높은 수치인데, 그 많던 이산화탄소는 어디로 간 것인가? 그 많은 이산화탄소는 유기체의 몸 안에 축적된 것인가? 그건 아닐 것이다. 인류가 팽창하는 것 이상으로 다른 종이 사멸하고 있고, 인류 문명이 확대되는 것 이상으로 탄소를 가둘 자연 환경이 파괴되고 있기 때문이다. 캄브리아기, 백악기 대기에 가득했던 이산화탄소를 흡수한 것은 무엇인가?

'카본 싱크'는 대기로 방출되어야 할 탄소를 지하나 지각에 가두어 둔 탄소 탱크를 의미한다. 카본 싱크가 얼마나 많은지 알 수 없지만, 타클라마칸이 그 중 으뜸인 건 분명하다. 타클라마칸의 카본 싱크는 규모가 상상을 초월한다. 오대호는 세계 담수의 20%를 차지하는 지구촌 최대의 물저장고다. 바이칼 호수보다 크고, 강이 지천인 유럽 대륙의 물을 모두 모아도 오대호를 채울 수 없다. 그런데 타클라마칸의 카본 싱크는 오대호의 10배에 달한다. 지구촌의 모든 물을 모아도 반밖에 채우지 못한다. 타클라마칸 지하는 지구를 환생시킨 은혜의 바다이자 지구를 지키는 마지막 보루가 아닐까?

타클라마칸의 카본 싱크가 없었다면 대기는 여전히 이산화탄소로 가득했을지 모른다. 금성은 지구보다 태양에서 멀리 떨어져 있지만 표면 온도는 400도가 넘고 대기는 펄펄 끓고 있다. 금성도 과거 어느 시점에는 물이 흐르고 생명체가 존재했던 푸른 별이었다. 그런 금성이 지구와 다른 길을 가게 된 건 단 하나의 이유가 아닐까? 금성에는 이산화탄소를 가둘 타클라마칸이 없지 않았을까?

3. 호탄에서 이어지는 서역로

둔황에서 출발한 구도자들은 대부분 톈산 남로보다 서역로를 택했다. 하서 회랑을 나와 톈산 남로를 연결하려면 투르판에 닿기까지 누란 사막과 쿠무타거 사막 등 거친 사막을 지나야 하고, 사막을 지나서도 풀 한 포기 없는 반건조 지대가 계속 이어진다. 반면, 하서 회랑에서 서역로로 연결되는 길은 쿤룬을 따라 푸른 오아시스가 계속 이어진다. 그래서 서역로에는 오아시스 강국이 여럿 자리잡았다.

특히 호탄은 오아시스 36국 중 남부를 대표하는 강성 왕국이었다. 중국 왕조는 서역에 지배권을 행사하는 데 있어서 무력보다 결혼동맹을 선호했다. 거리가 멀고 대군을 주둔시키기에는 비용이 너무 많이 들었기 때문이다. 당나라는 법으로 1명의 황후와 9명의 비(妃), 27명의 첩(妾)을 두도록 했다. 이들 여인에게서 많은 자식을 둔 것은 물론, 왕국을 유지하는 데 많은 공주가 필요했기 때문이다.

떠밀려 시집을 가야 하는 공주는 다시는 고향에 돌아올 수 없었을 테니 현지에서 성공하기 위한 여러 방안을 모색했다. 인생은 길고 본국의 왕조가 언제 어떻게 될지도 모르는데 본국만 믿고 있을 수도 없다. 자신의 미래를 스스로 준비해야 했던 공주들은 현지 왕국에 잘 보이기 위해 나름 치밀한 준비를 하지 않았을까? 토번 왕국에 시집간 문성 공주는 불상과 차나무를 가져갔다. 호탄에 시집간 공주는 무엇을 가져갔을까?

중국 왕조는 남의 것을 받아들이는 데 관심이 없었고, 내 것이 밖으로 나가는 것을 막는 데만 혈안이었다. 중국은 하서 회랑 입구에 검문소를 두고 첨단 기술의 유출을 막으려 했지만 이런저런 이유로 중국의 발명품은 밖으로 빠져나갔으며, 타클라마칸을 건너 호탄에 모였다. 그러고는 중앙아시아를 거쳐 중동–유럽으로 전파되었다.

호탄으로 시집가는 공주도 살기 위해 밀매꾼이 될 수밖에 없었다. 호탄으로 향하는 공주는 우아하게 틀어올린 머리에 뽕나무 씨앗을 넣은 비녀를 찔러 넣었다. 그렇게 중국의 국보급 비밀인 뽕나무 씨앗과 비단 제조 기술은 유출되었다. 비단 제조 기술은 이후 사마르칸트와 다마스쿠스, 톨레도를 거쳐 프랑스 리옹까지 전래되었고, 유럽의 패션을 주도했다.

한 여성에 의해 중국을 벗어난 비단 제조 기술은 동서양을 이어 주던 문명의 실크로드를 따라 그렇게 유럽으로 건너갔다. 실크만이 아니었다. 이 루트를 따라 종이, 인쇄술, 화약이 유럽에 전래되었다. 중국의 발명품은 유럽을 깨웠으며 대항해 시대, 종교혁명, 르네상스, 프랑스 시민혁명을 거쳐 산업혁명으로 이어지는 유럽의 변화를 이끌었다.

유럽의 선진 문명은 그렇게 차근차근 만들어졌다. 중국이 개방정책을 채택했더라면 유럽과 소통하며 근대화에 성공하지 않았을까? 그랬다면 식민 통치의 굴욕을 겪지는 않지 않았을까?

비단 유출이 시작된 도시였고 한때 품질 좋은 비단 생산지로 널리 알려졌지만, 호탄에서 생산되는 비단을 찾아보기는 쉽지 않았다. 세상은 그만치 통일되고 평준화되었다. 시장에는 값싼 나일론 스카프만 가득하다. 이런 환경에서 전통산업은 발붙이기 어려워 보인다. 중국만이 아니다. 전 세계 어디를 가도 전통산업은 후퇴하고 있으며, 그 자리를 값싸고 조잡한 중국 제품이 대체하고 있다.

소득이 높지 않은 지방에서는 이런 현상이 더 급격히 일어나고 있다. 호탄에서 비단을 짜던 사람들은 어디서 무얼 하고 있을까? 씁쓸한 맛을 뒤로 하고 서역로를 따라 예청(葉城)으로 이동했다. 예청은 중앙아시아와 티베트, 인도를 연결하는 길목이다. 준가르와 몽골리아에서 인도로 가려면 예청에서 쿤룬을 넘어 티베트로 들어가야 한다.

티베트에서는 카라코람 산맥 끝자락에 위치한 카라코람 고개를 넘어 라다크에 닿았다. 그곳에서 다시 남쪽으로 길을 잡으면 리틀 히말라야(Little Himalaya)와 그레이트 히말라야(Great Himalaya) 사이의 계곡을 따라 카슈미르(Kashmir)를 지나고, 델리 평원까지 이어졌다. 이 길은 몽골리아와 준가르를, 티베트와 인도 중심부를 연결하는 중요한 길이었으나 현재 티베트에서 라다크를 연결하는 길은 닫힌 상태다. 뉴스에서 종종 나오는 인도-중국 병사 간 주먹다짐과 몽둥이에 철심을 박아 싸웠다는 육박전이 이 길에서 벌어졌다. 그만큼 양국 간에 중요한 길이자 전략적 요충지다.

옛 서역로는 예청에서 방향을 틀어 티베트와 인도의 카슈미르로 향하거나, 카슈가르(카스)를 거쳐 트랜스옥시아나, 카불 고원으로 연결되었기 때문에 서역로의 진정한 끝은 카슈가르가 아니라 예청이었다. 하지만 21세기 서역로의 끝은 카슈가르다. 중국과 인도 간 국경이 막혔기 때문이다. 오아시스 왕국의 경쟁력은 개방에 있었다. 누구든 찾아오는 사람을 반기고 누구든 떠나려는 사람을 격려했다. 하지만 거인이 된 중국과 인도는 문을 굳게 걸어 잠그고 모두 내 방식을 따르라 강요하고 있다.

길은 그렇게 하나둘 닫히거나 통행이 까다로워지고 있다. 지금의 중국만 그런 게 아니다. 중국은 전통적으로 국경을 여는 데 인색했으며 쇄국을 국시로 삼았다. 명나라는 건국 초기 유럽은 상상도 할 수 없는 대형 선단을 이끌고 동아프리카를 순회했었다. 하지만 개방 의지는 오래가지 않았다. 내륙을 지향하는 전통 때문에 국경을 걸어 잠그는 쇄국정책으로 돌아섰고, 그 결과 수천 년간 지켜 온 동아시아의 맹주 자리에서 내려왔다. 100년 남짓 지나 유럽이 대항해에 나서고 부강해진 것을 보면 중국의 쇄국은 망국이었다.

중국 왕조 중 개방적이었던 때는 당나라와 원나라였다. 원나라는 칭기즈칸의 후예가 세운 나라이고, 당나라는 몽골리아 초원에서 중원으로 이주해 온 선비족이 한족의 탈을 쓰고 계승한 왕조였다. 중국이 길을 열고 개방을 추구한 시기는 북방민족이 지배하던 때였으며, 이 무렵 중국은 지구촌 어디에도 비길 데 없는 강국이 되었다.

다시 한족이 지배하는 현재의 중국은 자기들만의 세상에서 나와 세계인으로 거듭날 수 있을까? 언젠가는 막힌 길이 열리겠지만, 21세기 여행자는 예청이 아닌 카슈가르로 가야 한다. 그곳만이 열려 있기 때문이다.

사막의 실루엣

8장
–
파미르의 매듭

1. 카슈가르에선 선택을 해야 한다

톈산 남로는 둔황에서 시작하여 하미-투르판-쿠차-아커수-카슈가르로 이어진다. 현재의 잘 닦인 도로를 자동차로 달려도 2,000km가 넘고 일주일이나 걸리는 먼 길이다. 그 옛날 낙타를 끌고 갔을 때는 족히 반년은 걸렸을 것이다.

사막의 겨울은 추위가 매섭고 여름은 더위가 무섭다. 타클라마칸을 건너는 건 봄-가을철의 짧은 기간이 전부였다. 하지만 봄이라고 해도 무사하길 바랄 수가 없다. 봄철 모래폭풍 '카라부란' 때문이다. 카라부란이 불어오면 상단은 꼼짝없이 발이 묶였다. 그렇게 목숨과 맞바꾸며 타클라마칸을 건넌 대상들에게 카슈가르는 파라다이스였다. 비록 히말라야와 파미르, 톈산이라는 모질고 질긴 고난이 남아 있지만, 그럴지라도 카슈가르는 마음에 위안이 되는 오아시스였다.

계절이 바뀌고 출발 시기가 다가오면 상단은 물건을 풀어 팔 것과 되살 것을 정하고 낙타를 말로 바꾸었으며, 또 두툼한 겨울옷을 벗어 버리고 여름옷으로 갈아입었다. 그렇게 모든 걸 바꾸고 다시 채비하는 곳이 카슈가르였다. 나도 카슈가르에 도착했으니 다음 여정을 위한 채비를 시작했다.

카슈가르는 타클라마칸을 건너온 상단이 사마르칸트와 인도 그리고 페르가나 초원으로 향하는 시발점이었고, 역으로 사마르칸트에서 파미르를 건너온 상단이 중국으로 들어가는 길목이었다. 인도와 트랜스옥시아나, 초원과 중국을 연결하는 교차점이었으니 상인과 구도자, 여행자가 사방에서 모여들었고 사방으로 퍼져 나갔다. 이런 교차로의 역할은 21세기에도 여전하다.

카슈가르에서 북쪽으로 길을 잡으면 톈산의 토루가르트 패스를 넘고 초원의

카슈가르 시장 전경. 2007년 카슈가르는 마차가 택시와 함께 주요 운송 수단이었다.

심장인 페르가나 분지를 통과한 뒤 사마르칸트로 연결된다. 서쪽으로 길을 잡으면 이르케쉬탐 패스를 넘어야 하고 알라이 산맥과 북파미르 사이의 긴 회랑 지대를 지나게 된다. 이 회랑은 파미르의 북쪽 외곽을 아우르며 동서로 길게 뻗어 있다. 회랑을 벗어나면 개활지가 두샨베까지 펼쳐진다. 두샨베에서 사마르칸트는 지척이니, 이 길은 사마르칸트로 향하는 가장 짧은 지름길이다.

  트랜스옥시아나로 향하는 교역로는 옛날이나 지금이나 두 개가 있다. 반면, 인도로 향하는 길은 조금 더 복잡하다. 카슈가르에서 남쪽으로 길을 잡으면 동파미르 끝단을 돌아 쿤룬과 동파미르 사이의 긴 회랑을 지나게 된다. 이 회랑의 끝은 카라코람과 파미르가 길을 막고 있으나, 8세기 고선지 장군은 고구려 유민 군대를 이끌고 파미르 산자락인 탕구령(5,020m)을 너머 발륙국(현 파키스탄 북부)을 정벌했다. 현재 카라코람하이웨이가 고선지의 원정로를 비슷하게 달리고 있다.

  카라코람하이웨이를 달리다가 쿤룬의 최고봉인 무스타거 산이 자리잡은 지점에서 방향을 틀어 쿨마 패스를 넘으면 파미르와 힌두쿠시가 양립하며 달리는 긴 회랑 지대가 나온다. 이 회랑이 파미르의 숨은 통로인 와칸 회랑(Wakhan Corridor)이다. 이 회랑은 남파미르와 힌두쿠시가 동서로 평행을 이루며 달리는 좁은 계곡이지만, 워낙 큰 산이 마주 달리고 있어서 잡다한 장애물 하나 없이 파미르를 통과하는 최고의 지름길로 역사서에 언급되어 있다.

  산줄기가 중첩되어 도저히 지나갈 수 없을 것만 같은 파미르지만 와칸 회랑만큼은 산을 넘지 않고 통과할 수 있는 최고의 통로이자 고속도로였다. 더군다나 회랑 끝은 카불 고원에 맞닿아 있고 카불에서 천축국은 카이베르 패스를 넘으면 지척이니 구법승에게는 부처님의 공덕이요, 상인에게는 부를 약속하는 언약의 통로였다.

다른 기능도 있었다. 카불에서 카이베르 패스를 넘어 인도로 연결되는 길은 인도를 침략하는 정복의 길이었다. 기원전 1,900년 아리안은 이 길을 통해 인도를 침략했고 그 후로도 알렉산더, 쿠샨, 에프탈 훈, 티무르, 바부르까지 중앙아시아의 강자들이 인도를 침공할 때마다 이 길을 이용했다.

길은 이용하는 자의 목적에 따라 기능을 달리했다. 불법을 구하러 천축국으로 향했던 승려에게는 구법의 길이었지만, 인도의 풍요를 탐냈던 자에겐 정복의 길이었고, 인생 역전을 꿈꾼 상인에게는 희망의 길이었다. 21세기 여행자인 나에게 이 길은 무엇인가? 같은 길을 걷고 있는데….

카슈가르에 온 이상 나도 선택해야 한다. 21세기 길은 지난 세기보다 끊어지고 막힌 길이 많다. 끊어진 길을 이을 수도 없고 막힌 길을 뚫을 수도 없으니 있는 길을 연결해 새로 만들어야 한다. 나는 지도를 펼쳐 놓고 고대 교역로에 첨삭을 해 가며 길을 그려 보았다.

먼저 고선지가 고구려 유민 군대를 이끌고 소발륙국 원정길에 올랐던 원정로, 장건과 현장 법사가 중국으로 돌아올 때 걸었던 길을 지도에 그렸다. 그 길은 쿤룬과 동파미르 사이 긴 회랑을 지나고 와칸 회랑을 지난다. 그 길을 이을 수 있는 방법은 파미르의 눈물이라 불리는 카라쿨을 지나 당서(唐書)에 총령수착(蔥嶺守捉)으로 기록한 지점에서 동파미르의 암부인 쿨마 패스를 넘는 길이 21세기인 현재도 가능하다.

쿨마 패스를 넘으면 와칸 회랑이 지척이지만 이곳은 아프카니스탄 영토라서 들어갈 수가 없다. 그러니 갈림길에서 방향을 북쪽으로 틀어야 한다. 다행히 파미르를 일주하는 고속도로가 이 지점을 지나고 있다. 파미르하이웨이를 따라

북으로 달리면 페르가나 계곡에 자리잡은 유목 도시 오쉬에 닿을 수 있다.

지도를 완성하고 보니 이렇게 멋질 수가 없다. 부분적이지만 장건이 걸은 역사의 길, 현장 법사가 지나간 구법의 길, 고선지가 택한 원정의 길 그리고 파미르하이웨이가 이어진 것이다. 지도를 덮으며 뿌듯했다. 누구의 길을 그대로 쫓는 것이 아니라 나의 길을 만들었기 때문이다. 길은 만들라고 있는 것이니 나는 오늘 나의 길을 만들었다.

2,300년 전 카슈가르에 도착한 장건도 지도를 펼쳐 놓고 나와 같은 고민을 했을 것이다. 장건은 지도를 내려다보며 이마에 흐르는 땀을 연신 훔치지 않았을까? 한 발 한 발이 미지의 공간이었고, 현지에서 얻은 정보를 종합하여 길을 만들어 가야 했을 테니 말이다.

카슈가르에서 장건이 선택한 길은 톈산을 넘어 페르가나로 직진하는 북쪽 길이었다. 장건은 토루가르트 패스를 넘어 페르가나에 닿았고, 트랜스옥시아나를 횡단하여 최종 목적지인 박트리아에 도착했다. 하지만 월지는 이미 쿠샨 왕조를 세웠으며 현재에 만족한 상태였다. 할아버지의 원한도 중요하지만, 그 먼 길을 돌아가 흉노와 대적하고 싶은 마음이 전혀 없었다. 화평을 맺지 못한 장건은 빈손으로 귀향을 시작했다. 귀향길에 들어서면서 그는 깊은 고민에 빠졌다. 어디로 가야 안전하게 장안까지 갈 수 있을까? 장건은 흉의 터전인 초원을 피해야 했기에 와칸 회랑을 택했고, 와칸 회랑을 걸어 파미르를 빠져나온 뒤 쿨마 패스를 넘어 카슈가르에 닿았다. 하지만 그게 그가 할 수 있는 전부였다. 흉의 땅을 피해 장안으로 들어갈 방안이 없었다.

역사적인 고증은 그만하고 이제 나도 출발해야겠다. 실크로드를 완성한 장건의 행로를 역으로 밟으며, 당나라의 전성기를 이끈 고선지의 원정로를 따라 현장 법사가 등에 가득 불경을 지고 걸었을 그 길을 찾아서.

2. 에덴동산인 마고성의 자리?

아침 일찍 출발하려 했건만 출발이 늦어졌다. 카슈가르에서 카라쿨에 가려면 변경 방문 허가증을 받아야 한다. 나는 변경 방문 허가증을 여행사에 부탁했고 그에 따른 비용을 지불했다. 그런데 허가증이 약속된 시간에 나오지 않아 출발이 늦어졌다.

여행사 사장은 누구를 안다, 누구를 통해 조처해 놨으니 오전 중에 나올 거라며 상식에 어긋나는 말을 늘어놓았다. 무언가 독점적 권리와 관계를 맺은 듯한 말로 나를 위로했지만 부질없게 들렸다. '요사이 위구르 반정부 세력의 활동이 활발해져서 허가증 발급이 까다로워졌다. 그래서 요 며칠 발급이 중단되었다.' 이렇게 설명했으면 얼마나 좋았을까?

중국의 독점적 비즈니스는 텃세와 콴시(關係)를 기반으로 한다. 그런 콴시는 변방의 사소한 서류 하나에도 끼어든다. 아마 그의 말이 틀리지는 않을 것이다. 자주 만나 밥 먹고 술 마시고 사우나 갔던 공무원이지만 능력을 벗어난 일이 벌어지면 나 몰라라 할 수밖에. 그게 콴시 아닌가?

며칠을 더 머물러야 할지 몰라 단념하고 있는데, 점심시간이 지나 여행사 사장이 허가증과 여권을 들고 나타났다. 그의 콴시는 변경 허가증을 받아낼 만큼 아직 든든했던 것이다. 그나저나 공공버스를 놓쳤으니 어떻게 카라쿨을 가나? 나는 차량을 대절하기로 했다. 그런데 그것도 쉬운 일이 아니었다. 차량도 운행증이 있어야 하기 때문이다.

여행사 사장은 타슈쿠르간으로 가는 차량을 찾았다며 호들갑을 떨며 나타났다. 그런데 1,000원을 내라고 한다. 자기들이 용무가 있어서 가는 차이고 빈자리 하나 내주는 건데 1,000원을 달라니! 혹 여행사 구전? 그런 생각이 들었지만 그런 걸로 시간을 낭비할 수 없어서 500원에 하자고 말을 건넸다. 여행사 사장은 흔쾌히 500원을 수용했다. 도대체 알 수가 없다. 그가 결정할 수 있는 일이 아니지 않은가?

카슈가르에서 동파미르 끝자락을 돌아 파미르와 쿤룬이 맞닿은 회랑에 들어서면 잘 닦인 길이 남쪽을 향해 뻗어 있다. 이 길은 카라코람 산맥을 넘고 이슬라마바드까지 이어지는 카라코람하이웨이다. 변경 검문소를 지나 카라코람하이웨이를 달리다 보면 인상적인 호수가 나온다. 고도 3,600m인 카라쿨 호수다. 고도가 높아서인지 호수의 기운이 범상치가 않다.

앞에는 쿤룬의 최고봉인 무스타거 아타(7,509m)가, 뒤로는 파미르의 최고봉인 쿤구르 산(7,649m)이 있다. 대산맥의 최고봉이 호수 하나를 두고 마주한 특이한 땅. 좀처럼 이해하기도 어렵고 이런 땅이 세상 여기 말고 또 있을까, 그런 생각을 하게 하는 호수였다.

신라의 박제상은 『부도지(符都誌)』를 저술했는데, 인류가 태초에 모여 살았던 마고성(麻姑城)에 대해 이렇게 기술했다. 마고성은 인류가 지구 곳곳으로 퍼져 나가기 전 함께 살았던 신시이며, 파미르의 높은 지대에 정방형의 초원, 앞뒤로 높은 산이 옹위하고 물이 철철 넘치는 그런 땅이라고 했다. 카라쿨 주변을 둘러보면 『부도지』에서 언급한 마고성의 위치가 여기라는 데 의심의 여지가 없다. 파미르의 높은 지대에 거대 산맥을 대표하는 두 개의 고봉이 마주하고 그 사이에 물이 철철 넘치는 카라쿨이 있으며 주변은 정방형의 넓은 초원지대다.

박제상은 이런 땅이 있으리라 상상이나 했을까? 인간은 경험하지 못한 세상을

카라쿨은 마고성 자리의 핵심이다. 물은 생존에 필수이고 마고성에 모여 살던 인류에게도 그랬을 것이다. 그래서 카라 쿨을 감싸는 정방형의 대지와 쿤룬과 파미르는 모두 카라쿨을 중심으로 짜여져 있다.

상상한다. 그런데 상상은 현실이 되곤 한다. 박제상의 상상이 현실이 된 땅에 서고 보니 가슴이 울렁거린다. 여기가 인류가 이산하기 전 함께 모여 살았던 땅이 맞을까?

호숫가를 걷다 보니 호수 건너편에 있는 키르기스 마을이 보이고 삼각뿔 모양의 양모 펠트 모자를 쓴 남자가 말을 타고 지나갔다. 저 사람이 마고성의 원주민이라면 인류의 시조는 저렇게 생긴 것인가? 궁금증 반 호기심 반, 그의 뒤를 쫓아 마을로 향하는데, 입구에 바리케이드가 쳐져 있고 사람이 나와 무언가를 보여 달라고 한다. 그에게 변경 허가증을 보여 주니 안 된다고 돌아가란다. 마을에 들어가는데 무엇이 더 필요한 걸까? 참 허가도 많고 조건도 까다로운 지역이었다.

달리 방법이 없어 돌아가려고 하는데 말을 타고 가던 사람이 다가와 들어오라고 손짓했다. 잠시 머뭇거리고 있는데, 말 탄 사람이 관리인에게 큰 소리로 야단치듯 말을 건넸다. 그러자 관리인은 들어가라고 손짓했다. 그가 무엇이라고 소리쳤는지 모르지만, 그의 말이 법보다 강한 건 분명했다.

말 탄 남자 뒤를 따라 마을로 향했다. 마을은 수바시(Subashi)라고 불리는 키르기스 유목민 마을이었다. 흙을 바른 벽에는 바람에 날려온 잔돌이 다닥다닥 붙어 있고 창틀에도 먼지가 수북하다. 집 안으로 들어가니 분리되지 않은 하나의 생활 공간으로 한쪽에 부엌, 한쪽에 온돌 바닥이 있고, 난로가 있는 중앙은 흙바닥이었다. 사람들은 실내에서도 두툼한 스카프나 두건을 쓰고 있다. 한눈에 봐도 바람이 많고 추운 집이었다.

키르기스 남자가 가리키는 대로 온돌 안쪽에 자리를 잡았다. 그의 부인과 딸이 마른 낭(饢, 신강에서 먹는 구운 빵)과 쓴 차를 가져왔다. 참 알 수 없는 친절이다. 빵을 조금 떼어 입에 넣고 차를 한 모금 마신 게 전부지만 사람을 귀하게 대한다는 게 느껴졌다. '이런 외진 곳에 누가 오겠어, 사람이 그리운 거겠지.' 그렇게 생각했지만 습관적으로 100원을 꺼내 찻잔 옆에 놓았다. "부(不), 부, 부!" 남자는 아니라고 가져가라고 손짓을 반복하는데, 부인이 계면쩍어하며 받아 넣었다.

인류는 신과의 약속을 어긴 죄로 마고성을 떠나야만 했다. 그렇게 사방으로 퍼져 나가 각지에 정착했다. 특히 동쪽으로 이주한 사람을 동이족이라고 불렀다. 바로 우리 조상님 이야기다. 그런데 남은 자들이 있었다. 신과의 약속을 지켰으며 하지 말라는 건 하지 않은 순결한 사람들이었다. 오늘 만난 사람들이 그들의 후손은 아닐까? 돈을 집으라고 엄마 팔을 끌어당긴 딸아이가 두고두고 기억에 남았다. 딸아이의 볼은 유난히 빨갰다. 바람에 그리 된 건가, 아니면 수줍어서 그리 된 건가. 이유야 어쨌든 기분 좋은 하루였다. 나는 100원을 줄 수 있어서 좋았고, 가족은 차와 빵을 베풀 수 있어 좋지 않았을까? 그래서 그저 즐거운 하루였다.

하룻밤 묵어 가기 위해 호숫가 요르츠에 잠자리를 마련했다. 밥값도 방값도 터무니없이 비쌌다. 이런 기회를 돈으로 환산하는 건 어리석은 일이라고 위로했지만, 그래도 마음이 편치 않아 깎아 달라고 졸랐다. 그랬더니 흔쾌히 반값에 방을 내주었다. 열 명이 자는 큰 요르츠여서 몇 명의 손님이 더 들어올지 몰라 한쪽 구석을 차지했다.

저녁 식사를 하고 산책을 하려고 하니 한기가 들어 단단히 옷매무새를 감싸고 호숫가로 나갔다. 호수 표면에 내려앉은 달과 별, 그리고 달과 별이 비추는 설산을 상상하며 어둠을 기다렸다. 한밤의 광희를 너무 즐겼는지 요르츠로 돌아오자 몸에서 열이 나기 시작했다. 익숙하지 않은 고도이고, 겨울 배추같이 얼어 버린 몸에 고산 증세가 찾아온 것이다. 머리가 지끈거렸지만, 지도를 펴고 내일 가야 할 길을 살폈다.

고선지는 서역 원정군을 이끌고 총령수착을 출발하여 탕구령에 접근했다. 고갯마루는 살얼음에 덮였고 계곡에서 휘몰아치는 바람이 귓전을 찢었다. 아무리 훈련된 정예병이라도 처음 접하는 환경에 우왕좌왕했을 텐데, 고선지가 지휘하는 기마병은 일사불란하게 탕구령을 넘어 토번 진지인 연운보(連雲堡)를 공략하여 대승을 거두었다. 이는 누구도 상상하지 못한 과감한 전술이었다.

나폴레옹이 알프스를 넘은 건 갓난아기 놀이였고, 한니발이 알프스를 넘은 것도 초등학생 수준이었다. 그들이 누구인가. 당나라와 세력을 견주던 고구려

아무다리야의 시원이 되는 판지 강. 판지 강은 동파미르 고원에서 발원하여 호라산을 적시며 아무다리야로 합수하고 호레즘에 풍요를 선물한 뒤 아랄해로 사라진다.

와칸 계곡. 판지 강이 적시고 지나가는 계곡 저지대는 산물이 풍부하고 풍요롭다. 메마른 바위산을 넘어가면 와칸 회랑이고 눈 모자를 쓴 흰 봉우리는 힌두쿠시다.

의 후손인 유민 군대, 그들이 서역을 개척한 것이다. 내일이면 나도 쿨마 패스를 넘어야지. 내일 일정을 고민하다 잠이 들었다. 꿈에서도 나는 길을 고민하고 있었다. 나의 고민을 바라보던 노인이 말을 건넸다.

"고민하려면 뭣 하러 떠났소?"

"그럼 어쩌란 말이요, 초행인데."

"그냥 가면 길이지, 길이 정해져 있소?"

"그러면 목적지에 어찌 간단 말이요?"

"목적지가 있소?"

그러다 잠에서 깼다. 바보 같은 노인네군! 남의 길에 대해 아는 것도 없으면서. 몸이 서늘해서 이불 하나를 더 가져와 덮고 다시 잠을 청했다. 내가 가는 길에 목적지는 있는 것인가?

3. 파미르의 매듭

파미르에서 힌두쿠시, 톈산, 쿤룬, 카라코람, 히말라야, 알라이 산맥 등 거대 산맥이 뻗어 나갔다. 산맥들은 파미르에서 갈려 나갔지만 여전히 한 몸처럼 결합해 있고, 파미르와 대산맥이 맞닿아 있는 지점을 '파미르의 매듭(Pamir's Knot)'이라고 한다. 파미르에서 대산맥들이 갈라져 나간 건 현재와 같이 대륙의 중심이라서가 아니라 대륙의 끝머리 해안 지대라서 벌어진 일이었다.

캄브리아기(5억4,000만 년 전) 로라시아 대륙과 곤드와나 대륙 사이에 낀 테티스해의 해저 지층이었던 파미르는, 두 대륙이 만나 하나가 되는 판게아 형성기에 두 대륙에 밀려 해저에서 융기했고 압축되며 동서로 긴 산맥들이 만들어졌다. 이후 탈 판게아 과정에 파미르는 유라시아 대륙 남쪽에 자리잡은 채 안정기를 찾았다. 이후 곤드와나 대륙에서 이탈한 인도판이 유라시아 대륙 아래를 파고 들며 히말라야, 힌두쿠시, 쿤룬, 톈산을 만들고 아프리카에서 떨어져 나온 아라비아 반도가 유라시아 대륙과 충돌하며 캅카스 산맥, 이란 고원을 만들자 이들 거대 산맥에 둘러싸인 현재의 파미르가 완성되었다. 땅 속 세상을 알 수 없지만 표면으로 드러난 모습은 파미르를 중심으로 대산맥들이 고리같이 엮여 있는 형세라서 유라시아의 하늘 끝이라 할 만하다.

내가 누운 자리가 그런 땅이다. 동파미르와 쿤룬이 심하게 대립하고, 두 산맥이 서로 밀고 당기며 팽팽히 맞서는 완충 지대, 파미르의 매듭 동쪽 끝편 어딘가인 것이다. 그리고 보니 마고성의 자리로 이만한 장소도 없을 듯하다. 땅도 엮는 자리인데 인간인들 못 엮을까.

카라쿨 호수에서 30여 분 달리면 검문소가 나오고 여기서부터 중국과 타지키스탄의 국경인 쿨마 패스까지는 긴 오르막이 시작된다. 쿨마 패스의 높이는 4,362m. 카라코람하이웨이가 지나가는 쿤재랍 패스가 4,693m이니 이보다 조금 낮다. 그래도 4,362m 고개는 을씨년스럽다. 바람이 차고 구름이 수시로 짙게 끼며 옷깃을 매만지게 한다.

육로로 국경을 통과하는 일은 절차가 복잡하기도 하고 무엇보다 혼잡스러웠다. 컴퓨터를 켜고 핸드폰을 열어 보이는 절차가 반복되었다. 그런 과정을 거칠 때마다 중국은 감출 게 많은 나라라는 생각이 들었다. 특히 신강과 티베트에 대해 중국은 신경질적으로 예민하다. 사진 한 장이 잘못되면 이를 설명하느라 한 시간을 더 지체할 수도 있고 보는 앞에서 삭제하라는 요구도 받는다.

입국 때보다 출국 때가 더 엄격해서 하나하나 조심했다.

몽골에서 입국할 때는 '왜 중국에 왔느냐?'는 질문이 계속 이어졌었다. 이번엔 어디를 갔다 왔느냐는 질문이 이어졌다. 여행사를 이용했느냐, 가이드는 있었느냐 등 의심의 눈초리를 거두지 않는다. 그렇게 지루한 시간을 보내고 중국 출국 관리소를 통과했다. 쿨마 패스를 넘어 짧은 내리막을 달리자 타지키스탄 출입국 관리소가 나왔다. 이곳 입국 심사는 시설이 갖춰지지 않아서 그렇지 수월했다.

입국 과정을 마치고 청사를 나오니 마중 나온 운전기사가 반갑게 손을 흔들었다. 비로소 파미르의 매듭에서 한 고개를 넘어 파미르의 심장부에 다가간 것이다. 중국에서 쿨마 패스를 넘어 타지키스탄의 무르코프를 연결하는 길은, 알타이를 넘어 준가르로 연결되었던 길과 마찬가지였다. 일단의 지역 상인과 주민이 건너다니는 길로 퇴보한 지 오래된 옛길이었다.

유목 왕국 시대가 저물고 해양 왕국 시대가 열린 뒤 유라시아 중앙은 낙후된 비문명지대로 전락했다. 유목 왕조가 세계사에서 사라진 그 시간 그대로 남겨져 있으며, 문명과 교통으로부터 소외된 지구상의 오지가 된 것이다. 2,000년간 인류 역사의 중심이었지만 변방의 오지로 바뀌는 데는 200여 년이면 충분했다. 몽골에서 파미르까지 이어진 길은 그런 길이었다.

지프에 올라 쿨마 패스를 내려가니 상상한 것과 달리 온 산이 잿빛이다. 눈을 뒤집어쓴 멋진 설봉을 상상했지만 저 멀리 머리만 찔끔 보일 뿐이다. 계곡은 두터운 퇴적층이고 물길은 퇴적층의 중앙을 파고 흐른다. 차는 퇴적층과 산자락이 맞닿은 평지를 달린다. 대지는 요철을 덮고도 충분한 두께의 퇴적물이 쌓여 도로도 굴곡 없이 평탄하다.

그런 길을 달려 오늘 목적지인 무르코프에 닿았다. 무르코프의 고도는

3,612m. 오늘 달린 길은 대부분 4,000m에 가깝다. 대지의 고도가 높으니 주변 산세가 위협적이지 않다. 파미르는 산맥과 산맥이 조밀하게 밀접해 있지만 산과 산 사이 계곡에는 흘러내린 토사가 두툼하게 쌓여 바닥이 평탄하다. 좁은 계곡이지만 장애물이 없는 평지이고 그 안에 물길도 함께하니, 계곡은 산을 넘지 않고 파미르를 통과할 수 있는 숨겨진 비밀 통로가 여럿 존재한다.

오늘 달린 파미르하이웨이가 그런 길이고, 장건이 걸었던 와칸 회랑도 그런 길이었다. 와칸 회랑은 파미르라는 장애물을 건너 다른 세상으로 통하는 신비스러운 통로의 대명사였다. 하지만 오늘날 와칸 회랑은 폐쇄된 채 갈등의 완충지대로만 기능을 하고 있다. 최대 넓이가 65km밖에 안 되는 좁은 계곡임에도 타지키스탄과 파키스탄은 욕심을 내지 않는다. 파키스탄은 힌두쿠시의 마지막 산자락을, 타지키스탄은 파미르의 마지막 산자락을 국경으로 삼고 있어서 와칸 회랑은 여전히 아프가니스탄의 땅으로 남아 있다.

역사의 교훈 중 하나는 길을 지배하고 통제한 왕국은 번성했고, 길의 통제권을 잃은 왕국은 쇠퇴했다. 실크로드를 두고 유목 왕국과 정주 왕국이 다투던 긴 역사에도 길의 통제권을 스스로 포기한 경우는 없었다. 유일한 산악 통로를 양보하다니, 이해할 수가 없다. 파키스탄이나 타지키스탄은 와칸 회랑을 탐내지 않는 걸까? 소련도 미국도 당해 내지 못한 아프카니스탄을 두려워하는 건 아닐까?

영화 '하이에나 로드' 말미에 이런 이야기가 나온다. 전투의 신인 알렉산더는 트랜스옥시아나를 평정하고 박트리아를 공략했다. 알렉산더는 박트리아를 점령했음에도 산악 부족들의 저항이 거세, 이들을 굴복시키는 데 많은 어려움을 겪고 있었다. 이를 답답하게 여긴 알렉산더의 어머니 올림피아스는 알렉산더에게 편지를 띄웠다. 그녀는 전쟁의 신 알렉산더가 고전하는 이유를 이해할 수 없었다. 답답하기는 알렉산더도 마찬가지였다.

알렉산더는 답신 대신 흙을 한 줌 자루에 넣어 어머니에게 보냈다. 의외의 회신에 당황한 올림피아스는 아무 생각 없이 흙을 화단에 뿌리라고 명령했다. 그런데 다음 날 일어나 보니 화단의 꽃이 모두 말라 죽어 있었다. 이 광경을 본 올림피아스는 고개를 끄덕였다. 아프카니스탄은 알렉산더도 어쩔 수 없는 땅이었던 것이다.

아프가니스탄에서 고전한 건 알렉산더만이 아니다. 소련과 미국도 호되게 당하고 물러나야만 했고, 19세기 유일한 강대국인 영국도 마찬가지였다. 그래서 아프가니스탄 사람들은 말한다.

"너희에겐 시계가 있지만 우리에겐 시간이 있다."

저항을 멈추지 않는 아프가니스탄인의 기질을 고려하면 점령하기보다는 놔두는 게 나은 선택 같아 보인다.

4. 파미르의 숨겨진 사람들

무르코프에서 북쪽으로 이어진 길을 파미르하이웨이라고 부른다. 와칸 회랑이 외지인들의 길이었다면, 파미르하이웨이는 파미르에 사는 산악 민족 간 소통의 길이었다. 파미르하이웨이는 실크로드와 달리 물과 같은 길이다. 물은 산줄기를 넘지 않고 아무리 길이 멀어도 돌아가기를 서슴지 않는다.

파미르하이웨이는 그렇게 이어졌다. 산을 거스르지 않고 물이 흐르는 계곡을 따라 이어진다. 이 고속도로는 타지키스탄의 수도 두샨베에서 시작하여 키르기스스탄의 유목 도시인 오쉬에서 멈춘다. 거리는 1,250km이며, 보통 7일 정도 자동차로 달린다.

나는 두샨베가 아닌 중국에서 쿨마 패스를 넘어 파미르로 들어왔으니 남은 길은 후반부 3일이다. 첫날은 무르코프, 둘째 날은 사리타쉬, 셋째 날 오쉬에 이르면 파미르하이웨이는 끝난다. 그런데 파미리(파미르 사람)를 만나보겠다는 새로운 열망이 생겼다. 돌궐이 감쪽같이 자취를 감춘 땅이 파미르가 아닌가.

스키타이의 진정한 후예였던 돌궐은 파미르로 잠적하기 전 초원과 오아시스를 지배하며 동서 교역과 문화를 발전시켰다. 튀르크에게 밀려나기 전까지 스키타이, 쿠샨, 돌궐, 에프탈 훈 등 강력한 유목 왕국을 건설했으며, 1,000년간 초원의 지배자였다. 이들이 초원을 떠나 새로이 둥지를 튼 곳이 파미르였다. 파미르에 둥지를 튼 이들은 외부와 단절하고 고립된 삶을 살았다. 특히 파미르 동부 산악지대는 외부와 통혼이 거의 이루어지지 않은 상태로 혈통이 이어져 내려왔다.

어디를 가면 돌궐의 후예를 만날 수 있을까, 기대 반 우려 반으로 바르탕 계곡(Bartang Valley)으로 향했다. 이곳은 파미르의 중심부를 관통하는 계곡으로 변화하는 타지키스탄에서 유일하게 파리미의 전통이 유지되는 마지막 오지로 여겨진다. 바르탕 계곡으로 들어가 작은 마을에 숙박을 청했다. 주인은 악단을 불러 파미리 음악 축제를 열었으니 나오라고 한다. 나 말고도 일군의 여행객이 있었다.

동네 아이들이 모여들고 음악에 맞춰 춤사위가 펼쳐졌다. 나도 끌려 나가 어설픈 몸을 흔들며 춤을 따라했다. 그렇게 한두 시간을 보내고 민박집으로 돌아왔다. 조금 있으니 나를 끌어당겼던 어린 여자애가 집으로 뛰어왔다.

파미르 사람들은 이란계 아리안이다. 튀르크인보
다 서구인에 좀 더 가깝다.

전통복장을 한 파미르 여인, 둥근 모자에 붉은 샤
리를 내려뜨린 게 전통복장의 특징이다.

집주인의 어린 딸들이었다. 나는 딸들을 불러내 사진을 찍었다. 백옥같이 투명한 피부를 가진 아이, 내가 책에서 본 그런 아이는 없었다. 내가 무슨 상상을 하고 있지? 현실을 봐야 하는데 환상을 보려는 건 아닌가?

두개골로 인종을 구분하던 때가 있었다. 어떤 독일인은 유대인으로 몰려 죽임을 당했고, 어떤 유대인은 순수 게르만이라고 칭송을 받았다. 그런 우스꽝스러운 것을 확인하고 싶은 것인가?

한국인의 정의를 어떻게 할 것인가, 술 한잔 놓고 다툰 적이 있었다. 그때 얻은 결론은 '한국어를 모국어로 사용하고 한국 문화와 역사적 경험을 공유하면 한국인이다'였다. 돌궐의 후예 역시 여기서 다르지 않을 것이다. 그러니 돌궐의 후예는 없는 것이다. 역사의 흔적은 변하지 않는 것일수록 유력하지만 변하지 않는 인간은 존재하지 않기 때문이다.

그만 바르탕 계곡을 빠져나와야겠다. 나는 시간 여행을 하는 것이 아니다. 현재의 시간을 여행할 뿐이다. 시간 여행은 판타지로도 충분하지 않은가.

5. 파미르의 숨겨진 길

와칸 회랑은 꽤 유명한 길이다. 중국과 인도로 오갔던 상인이나 구법승에게 생명의 은인 같은 길이었고, 그들은 와칸 회랑이 있어서 먼 길을 마다하지 않고 떠날 수 있었다. 와칸 회랑은 남파미르가 힌두쿠시와 만나 만들어진 긴 회랑으로 파미르의 남쪽 매듭이다. 동쪽에는 동파미르와 쿤룬이 만나 회랑을 만든다. 반면, 파미르 서쪽은 두샨베와 카불을 이어 주는 넓은 평원이라서 파미르의 매듭이 없다. 그럼, 파미르의 북쪽에는 무엇이 있을까? 북파미르와 알라이 산맥이 만나는데, 무언가 있어야 하지 않나?

고대 실크로드는 카슈가르에서 이르켐 패스를 넘고 북파미르와 톈산 사이의 계곡을 따라 사리타쉬에 닿았으며, 사리타쉬에서 북쪽으로 방향을 틀어 오쉬로 향했다. 사리타쉬에서 왼쪽으로 이어지는 알라이 계곡이 있었지만 이 길은 상인도, 군인도 이용하지 않았다. 두샨베는 구소련 시대 만들어진 계획 도시일 뿐, 지역의 중심지는 카불이었고, 카불 고원으로 통하는 길은 와칸 회랑이었기 때문이다.

두 개의 산맥이 평형을 이루고 그 사이로 물이 흐른다. 외형상으로는 와칸 회랑과 다를 게 없지만 알라이 계곡은 이용하는 사람이 없는 미지의 공간이었다. 그렇게 미지의 공간으로 남은 알라이 계곡에 성공담을 쓴 군사 모험가가 있었다.

13세기 호라즘 왕국 정벌을 결정한 칭기즈칸은 사마르칸트로 가는 침공 루트 때문에 고민해야 했다. 호라즘 왕국의 수도인 사마르칸트는 자연이 지켜주는 천혜의 요새였기 때문이다. 사마르칸트 북쪽과 서쪽엔 키질쿰 사막과 시르다리야 강이 있어서 대군의 침공이 쉽지 않았고, 남쪽은 아무다리야뿐 아니라 파미르가 지키고 있어 침입은 엄두조차 낼 수 없었다. 그나마 군대 이동이 가능한 곳은 페르가나 분지를 관통하는 서쪽밖에 없었다. 하지만 이 길은 적도 훤히 들여다볼 수 있는 길이라 효율성이 떨어지고 단단한 성을 가진 도시들이 입구를 지키고 있어 전술적으로도 어려웠다.

칭기즈칸은 그 일을 장자인 주치와 제베에게 맡겼다. 그리고 자신이 이끄는 본진과 우익은 초원을 돌아 어디론가 사라졌다. 주치와 제베가 이끌던 좌익군은 이리 계곡, 이식쿨을 잇는 초원로를 따라 페르가나에 도착했다. 그러나 몽골군의 이동을 예측한 호라즘 샤(왕)는 방위군을 집결시킨 뒤 몽골군을 기다리고 있었다. 호라즘 샤의 방위군을 만난 주치의 군대는 호젠트에서 발이 묶여 더 이상 전진할 수 없었다. 이때 원정군을 총지휘하는 수부타이는 제베에게 밀서를 보냈다.

"제베 장군님, 부대를 둘로 나눈 뒤 하나의 부대를 이끌고 호라즘 샤가 생각할 수 없는 길을 택해 사마르칸트로 신속히 집결하십시오."

호라즘 샤가 상상할 수 없는 길이 어디일까? 페르가나 분지를 통과해 트랜스옥시아나로 연결되는 실크로드는 분명 아닐 테고, 미지의 길로 파미르를 통과하라는 뜻이 분명했다. 파미르가 첩첩산중이기는 하나 파미르 외곽은 대산맥과 대산맥이 만나는 깊은 회랑이 있고 산맥 사이의 좁고 긴 회랑은 파미르를 통과하는 비밀 통로였다. 제베는 그 점에 집중했다. 와칸 회랑 같은 통로가 또 있지 않을까? 와칸 회랑은 장건도 걸었고 현장 법사도 걸었던, 꽤나 알려진 길이라서 호라즘 샤의 간자들이 주시하고 있을 테고, 더군다나 너무 멀리 떨어져 있어서 전술적 가치가 떨어졌다.

제베는 아무도 모르는 숨겨진 길이면서 파미르를 무리 없이 통과할 수 있는 새로운 길을 찾아야 했다. 그는 온 길을 되짚어 돌아가기 시작했다. 페르가나 계곡을 가로질러 오쉬를 지나고 사리타쉬를 향해 남하하기 시작했다. 내가 파미르하이웨이를 달려 페르가나로 달려온 길을 역으로 달린 것이다.

사리타쉬에서 제베는 도박 같은 모험을 선택했다. 북파미르 산자락과 알라이 산맥이 만나는 좁고 긴 알라이 계곡으로 군대를 진입시킨 것이다. 알려진 것이 없는 미지의 공간이었으나 사리타쉬에 사는 사람들에게는 익숙한 길이 아니었을까? 신중한 제베가 거침없이 군대를 몰아간 것을 보면….

파미르와 알라이 산맥이 번듯하게 마주 달리는 알라이 계곡은 구릉 하나 없이 매끈하고 평탄했다. 그러니 대군이 이동하기에 안성맞춤이었고 말과 전투 장비를 실은 마차를 옮기기에도 최적의 길이었다. 마치 숨겨 놓은 와칸 회랑이었다. 알라이 계곡이 끝나면 현재 두샨베가 자리잡고 있는 넓은 개활지가 나온다. 여기서 사마르칸트는 지척이니 제베는 수부타이가 요청한 대안을 정확히 찾은 것이다.

호라즘 샤가 호젠트에 정신이 팔려 있는 동안 제베는 대군을 이끌고 듀샨베 평원을 지나 사마르칸트에 나타났다. 호라즘 샤가 너무 놀라 방위군을 남쪽으로 이동시키는 동안 칭기즈칸이 이끄는 중앙군은 아랄해를 돌고 키질쿰을 건너 사마르칸트 외곽에 도달했다.

차가타이가 이끈 우익군도 키질쿰을 건너 북쪽에서 접근해 오고 있었다. 호라즘 샤가 믿었던 자연 방벽은 그렇게 무너졌다.

알려지지 않은 통로를 제베는 알고 간 것일까, 아니면 모르고 간 것일까? 사리타쉬에서 오른쪽으로 가면 톈산의 고개인 이르켐 패스를 넘어 카슈가르로 연결된다. 오쉬에서 사리타쉬를 거쳐 카슈가르에 이르는 길은 전통적인 톈산 북로의 핵심 구간이었다. 하지만 알라이 계곡은 그 누구도 관심을 두지 않았다. 그건 목적지가 두샨베가 아닌 사마르칸트였기 때문이다. 그렇다고 알라이 계곡이 없는 건 아니지 않은가, 관심이 없었을 뿐이지. 이런 상황을 중국 고사에서는 '낭중지추'라고 한다. 주머니 속의 송곳은 보이지 않을 뿐이지 때가 되면 뚫고 나오는 법이다.

제베는 저 계곡이 와칸 회랑 같은 비밀 통로인 것을 알았을까? 아니면 어쩔 수 없는 선택이었을까? 상인이었다면 가지 않았을 길이다. 그러나 제베는

중앙 파미르의 깊은 계곡인 바르탕, 티지키스탄에서도 가장 외진 오지에 꼽히는 파미르의 심장이다.

전사였고 상대가 상상하지 못하는 전술적 도전이 필요했다. 결국 제베가 이끈 몽골 군단은 비밀에 싸인 계곡으로 들어섰고, 무사히 파미르를 통과하여 사마르칸트에 닿을 수 있었다. 알라이 계곡은 호라즘 왕국을 위기에 빠뜨렸지만 제베에게는 구원의 길이었다.

사리타쉬에 도착하니 나에게도 네 개의 길이 놓여 있고 네 개의 선택이 기다린다. 어디로 가야 하나? 그 질문의 답은 결국 나의 몫이다. 이미 지나온 카슈카르로 갈 이유도 없고, 두샨베는 내 갈 길이 아니니 나의 길은 정해져 있다. 북쪽으로 가는 길이다. 이 길은 고대부터 활성화된 길이다. 장건을 비롯해 수많은 대상이 이 길을 걸어 페르가나에 닿았고, 한혈마라 불리는 명마가 이 길을 달려 중국으로 향했다.

유라시아 횡단이 시작되고 절반이 조금 못 되었지만, 나는 중앙 유라시아에 들어서는 첫 걸음을 뗐다.

알라이 산맥을 배경으로 펼쳐진 계곡. 왼편엔 북파미르, 오른편에 알라이 산맥이 마주 달린다.

9장
-
페르가나 계곡

1. 유목 도시, 오쉬

페르가나 계곡(Fergana Valley)은 이리 계곡과 함께 스텝 지대의 가장 풍요로운 초지다. 기름진 초지에서 강력한 유목 왕국이 발흥했지만 페르가나 계곡은 예외였다. 분지가 좁고 밀폐된 환경 때문에 큰 세력이 자리하기에도, 외부로 세력을 넓히기에도 제약이 많았기 때문이다. 그래서 이리 계곡처럼 강력한 왕국의 터전이 되지 못했다.

칭기즈칸은 벽을 쌓는 자는 망하고 벽을 허무는 자는 흥한다 했다. 벽이 나를 보호할 것 같지만 벽에 안주한 자는 스스로 망하게 되니, 유목민에게 벽은 곧 망하는 길이었다. 페르가나 계곡은 벽을 세운 듯 밀폐되고 폐쇄된 계곡이다. 이 안에 자리잡은 사람들은 평온하고 풍요로운 삶을 살았지만 역사에 한 줄을 남겼을 뿐 세상을 주도하지 못했다.

페르가나 계곡이 역사에 처음 등장한 건 장건이 월지를 찾아가던 긴 행로에 페르가나 분지를 지나갔기 때문이다. 장건은 10년 만에 장안성으로 돌아왔고 한무제에게 보고서를 올렸는데, 그때 페르가나에 대해 언급하며 한혈마(汗血馬)라는 단어가 처음 등장했다. 이후 한혈마는 한나라와 흉노 간 70년 전쟁의 도화선이 되었다. 한혈마는 무엇이기에 한무제로 하여금 70년 전쟁을 벌이게 하였을까?

"대완(大宛, Fergana)은 한나라로부터 1만 리입니다. 그 나라의 풍속은 한 곳에 머물러 살면서 밭을 갈아 벼와 보리를 심어 주식으로 삼습니다. 포도주를 담가 마시고 핏물 같은 땀을 흘리는 한혈마라는 좋은 말이 있는데, 그 조상은 천마(天馬)의 새끼라고 합니다."

목숨이 걸린 문제여서 장건은 목소리를 높였을 것이다.

"황제시여, 한혈마는 흉노를 이기는 유일한 수단입니다. 제가 두 눈으로 보았습니다."

말을 끝낸 장건은 머리를 조아린 채 식은땀을 흘렸다. 장건은 10년 만에 장안으로 돌아오기까지 7년간 흉노의 귀족으로 살면서 흉노 귀부인을 아내로 맞았고 자식을 둘이나 두었다. 그뿐인가, 높은 관직을 받아 흉노인으로 평안하게 살았다. 자신을 우대해 준 노상 선우가 죽은 뒤 선우(왕) 자리를 두고 흉노는 내분에 휩싸였고, 장건은 지위가 불안해졌다. 그때 흉노를 탈출하여 장안으로 돌아온 처지였다.

장안으로 돌아왔지만 임무를 수행하고 돌아온 사신이 아니라 자신의 목숨을 구걸해야 하는 배신자 입장이었으니 목숨이 일촉즉발이었다. 더군다나 한무제는 흉에 항복한 장수 이릉을 두둔했다는 이유로 사마천에게 사형보다 더한 궁형을 내린 잔혹한 왕이었다. 이릉은 어려운 여건에서도 흉과의 전투에 최선을 다했고 도저히 저항할 수 없는 상황이 되어서야 항복을 하였다. 이릉은 포로가 되어서도 전향하라는 권유를 뿌리치고 충의(忠義)를 실천했지만, 한무제는 투항한 장수의 본을 보인다며 이릉의 일가족을 몰살시켰다. 이릉은 가족이 모두 몰살되었다는 소식을 접하고서야 흉노에게 투항했다. 사마천은 그런 이릉을 변론하였던 것이고, 한무제는 그런 사마천에게마저 냉혹한 형벌을 내린 것이다. 한무제에게 흉노는 어떤 예외도 인정되지 않는 그런 상대였다.

그런데 흉노의 귀족으로 살다 도망쳐 온 장건이 목숨을 구할 수 있을까? 그건 불가능해 보였다. 하지만 장건은 자신의 목숨을 구했다. 장건이 목숨을 구할 수 있었던 건 단 세 글자, 한혈마였다. 그렇게 한혈마는 역사에 등장했다.

장건이 꾸며 낸 말이든 실제 존재했든 장건은 한혈마로 목숨을 구했을 뿐 아니라 변경무역을 주관하며 막대한 부를 축적했고 천수를 누렸으니 한혈마는 장건의 수호천사였던 것이다.

장건이 페르가나를 방문했을 때 그 땅에 살고 있는 사람은 누구였을까? 페르가나는 왕령 스키타이의 영역이었다. 왕령 스키타이는 제티수(카자흐스탄 발하쉬와 키르기스 이식쿨 사이의 넓은 초원, 일명 모굴리스탄)에 근거지를 두고 페르가나를 말 목장으로 사용했다. 유목민에게 말은 가장 중요한 재산이자 수단이어서 말 목장은 왕국의 핵심 지역이었다.

알렉산더는 트랜스옥시아나를 정복하는 과정에 스키타이와 전투를 벌였다. 그리고 스키타이 후방 병참기지인 페르가나로 진격했다. 페르가나는 결국 알렉산더에게 정복되었고, 페르가나를 빼앗긴 스키타이는 맥없이 멸망의 길에 들어섰다. 알렉산더는 페르가나에 알렉산드리아 에스카테(Alexandria Eschate)라는 그리스 정착촌을 세웠다. 이때 알렉산더를 따라온 이오니아인들(그리스 반도 남부 거주민)이 대거 정착하며 그리스 왕국 시대가 열렸다. 장건이 방문했을 때 페르가나 계곡은 그리스 왕국 시대였다.

한무제는 흉노를 제압하는 일이라면 무엇이든 주저하지 않았다. 그렇게 중국과 초원과의 변경무역이 시작되었고, 교역이 확대되며 실크로드의 시대가 열렸다. 한무제는 변경무역으로 부족했는지 대군을 보내 페르가나를 굴복시키고 친중국 정권을 세워 말을 무한정 가져갔다. 한혈마를 얻은 한무제는 흉과의 본격적인 전쟁을 서둘렀고, 흉과 한의 70년 전쟁은 그렇게 시작되었다. 동아시아를 호령하던 두 왕국은 쇠망의 길도 함께했다. 둘은 너무 강한 상대였던 것이다.

오쉬 전경, 도시 뒤로 펼쳐진 산줄기는 알라이 산맥이다.

한무제의 꿈을 실현해 준 오쉬는 알라이 산맥을 넘어 페르가나 분지에서 만나게 되는 첫 도시였다. 산자락에 자리한 유목 도시이며 산록에서 성장한 한혈마가 집결했고, 거래가 이루어지는 장터여서 한혈마를 사려는 상인들로 늘 붐볐다. 말이 전쟁의 승패를 좌우하던 시대는 18세기에 끝났다. 오쉬의 운명은 어떻게 되었을까? 쇠퇴한 내륙 실크로드같이 퇴색되었을까? 아니면 한혈마로 여전히 빛을 밝히고 있을까?

오쉬에서의 첫째 날, 한혈마가 거래되었을 올드 마켓을 탐문했다. 말 시장이었는데 말은 보이지 않고 말이 차지했던 자리는 건과일만 수북하다. 그래서 궁금했다. 한혈마는 여전히 있는 것인가, 아니면 역사와 함께 사라진 것인가? 오쉬는 한혈마 때문에 이름을 알린 도시지만 현재도 유목민의 명맥을 이어가는 유목 도시다. 오쉬 인구는 250만인데 절반 정도만 도심에 거주하고 절반은 초원에 거주한다고 한다. 절반이나 되는 사람들은 산간에서 무엇을 하며 살고 있을까? 여전히 한혈마를 키우며 살고 있는 건 아닐까?

나는 한혈마를 만나기 위해 페르가나 계곡 트레킹에 나섰다. 자동차로 두어 시간을 달려 계곡 입구에 차를 세워 놓고 걷기 시작했다. 계곡과 완만한 산록의 사면을 걷는 트레킹이었다. 계곡 안으로 들어가면 푸른 경사면이 펼쳐지고 산록은 나무 하나 없는 매끈한 초원이 펼쳐져 있다. 말을 위해 만들어진 자연 목장으로는 최적의 조건이었다. 가을 문턱의 페르가나 산록은 따가운 햇살과 서늘한 바람이 교차했다.

등에 땀이 살짝 날 정도로 걸은 것 같은데, 한가로이 풀을 뜯는 한 무리의 말을 만났다. 한혈마인지 궁금해서 조심스럽게 다가갔지만 말은 꿈쩍도 하지 않았다. 고운 털이 햇빛에 반짝이고 풀을 뜯으면서 고개를 들어 두리번거리는데, 그 용모가 유려했다. 다시 고개를 숙여 풀을 뜯으면, 목젖을 타고 풀이 매끈하게 넘어갔다. 엉덩이의 두툼한 근육, 날렵한 발목, 어깨의 당당함과 등의 우아한 곡선까지 아름다움에 탄성이 절로 나왔다. 시성 두보는 한 번도 본 적 없는 한혈마에 대한 환상을 가졌는지 연모의 마음을 시로 남겼다.

"五花散作雲滿身 萬里方看汗流血 長安壯兒不敢騎 走過擊電傾城知." (오색 꽃무늬가 온몸에 구름처럼 흩어져 있어, 만 리를 달리면 바야흐로 피땀 흘리는 것을 보겠네, 장안의 장사들도 올라탈 엄두를 못 내니, 번개보다 빨리 달려감을 온 성에서 다 알고 있기 때문이리라.)

한혈마는 그런 말이었다. 눈앞에 있는 말이 한혈마인지 내가 한혈마로 보려고 노력하는지 알 수 없지만, 사서에 기록된 한혈마는 세상을 구하는 말이었다. 하루로는 충분하지 않지만 트레킹은 그렇게 끝났다. 한혈마를 만난 것인지 한혈마를 상상한 것인지 나도 모르는 사이에….

중국 고사에 나오는 한혈마는 서극마, 천마 등 다양한 이름으로 불리지만 중앙아시아에서는 아할 테케(Ahal-Teke)로
통한다. 투르크인들이 사랑하는 말이며 세상에서 가장 아름다운 말이라고 한다.

2. 페르가나는 초원로의 파라다이스

    페르가나는 이리 계곡과 함께 유라시아의 가장 비옥한 초원이며 파라다이스였다. 둘은 서쪽으로는 열려 있고 동쪽으로는 막혀 있는 나팔 모양의 계곡형 분지다. 지구는 자전에 의해 항시 편서풍이 불고, 이 편서풍을 타고 지중해의 따뜻한 바람이 불어와 계곡을 가득 채운다. 따뜻한 대기가 가득한 분지는 온화하고 일조량이 많아 농사에 적합하고, 산간 지대에 강수량이 풍부하니 한마디로 저지대 분지는 농작물 생산의 최적지이고 산간 초지는 우수한 말을

사육하기에 적당한 지형이다.

그래서 상인이자 농민이었던 그리스인이 정착했던 것이 아닐까? 장건은 이들에 대해 "농사를 지으며 포도주를 담가 마신다"는 기록을 남겼다. 멀리 지중해에서 온 사람들에게 페르가나는 기후도 고향보다 좋고 포도 농사에 알맞은 일조량에다 목축에도 적합했으니 파라다이스였을 것이다. 하지만 그리스 왕국의 수명은 짧았고 페르가나의 지배자는 중앙 유라시아를 다스리는 유목 세력에 따라 수시로 바뀌었다. 시류에 따라 지배자가 바뀌는 땅은 뿌리 깊은 전통과 통일성을 갖기 어렵다. 현재 페르가나가 그렇다. 페르가나 분지엔 다양한 민족이 거주하고, 심지어 3국으로 분할되어 있다.

페르가나 산록의 비옥한 초원

소련 연방이 중앙아시아를 지배하던 냉전 시대, 소련은 연방 내 자치공화국 설립을 추진했으며 자치공화국은 동일 언어를 사용하는 지역을 하나로 묶는 방식으로 진행되었다. 민족을 우선으로 고려한 정책이었으나 땅의 구분이 명확하지 않아 문제가 있었다. 정주민은 산과 강에 의해 거주 지역이 분리되는 반면, 유목민은 땅의 경계보다는 초지에 따라 모이고 흩어지기를 반복하여 한 대지에 여러 민족이 공존하는 경우가 많았다.

20세기 페르가나 계곡에는 이렇게 여러 민족이 혼재했다. 상업과 농업에 종사하던 우즈벡인은 페르가나 분지 저지대에 모여 살았고, 말 사육을 주업으로 하던 키르기스인은 산중턱에 터를 잡았으며, 멀리 지중해에서 온 사람들은 알렉산더가 도시를 건설했던 페르가나 입구에 고립된 공동체를 이루고 있었다. 그래서 페르가나 계곡은 거주하는 사람들에 따라 산록은 키르기스로, 저지대 분지는 우즈벡으로 그리고 페르가나 입구는 타지크의 영토로 정리되었다.

소비에트 시대에는 영토 분리에 따른 문제가 없었다. 민족은 없고 붉은 깃발 아래 뭉친 정치적·이념적 공동체였기 때문이다. 중앙아시아의 민족 갈등은 소비에트가 해체되면서 본격화되었다. 새로 들어선 신생 민족 공화국은 소비에트 시대에 구분된 자치 구역을 그대로 받아들이며 영토로 고착되었다. 국경이 무의미했던 소비에트 시대와 달리 국경이 폐쇄되고 이동이 제한된 채 일정 공간에서만 생활하도록 강요받으면서 삶이 왜곡되었다.

분지에 살지만 산록에 재산을 가진 사람도 있고, 산록에 살지만 분지에 집이 있는 사람도 있었다. 부모와 자녀가 산록과 분지에 떨어져 살기도 하고, 분지의 남자와 산록의 여자가 결혼해서 가정을 꾸리기도 했다. 삶의 공간은 하나였지만 민족국가가 들어서며 주민들은 3국 중 하나를 선택해야 했다.

하나의 계곡이지만 산간에서 저지대 분지로 들어가려면 국경을 통과해야 한다.

국경을 통과하면 키르기스에서 우즈벡으로 땅 주인이 바뀐다. 우즈벡과 타지크의 경계는 더 모호하다. 드넓은 초지에 선을 긋고 국경이 설정되었기 때문이다. 자연 장벽에 의해 분리되지 않은 인위적 분리는 갈등을 가져왔고, 페르가나 분지도 그런 혼란을 겪었다. 풍요로웠기에 다양한 사람이 모였고, 다양한 사람이 모였기에 갈등이 싹튼 페르가나. 페르가나는 그런 땅이었다.

시원하고 쾌청한 산악도시 오쉬를 벗어나 페르나가 분지로 들어서면 따가운 자외선과 열기가 덮쳐 온다. 뜨거운 햇살만큼 과일도 풍성하다. 이 분지를 영지로 받은 바부르는 페르가나를 포기하고 박트리아로 근거지를 옮겼다. 그리고 인도를 침공하여 무굴제국을 세웠다. 페르가나 분지에 안주하기에 그의 야심이 너무 컸던 걸일까? 바부르가 떠난 페르가나 분지는 우즈벡 영주들이 합심해서 코칸트 칸국을 세웠고 타슈켄트, 부하라 왕국과 통합하여 현재의 우즈베케스탄이 되었다.

바부르는 뭐가 부족해서 이 땅을 버리고 무덥고 질퍽한 인도를 택했을까? 여름의 포근함과 가을의 청량함이 공존하는 땅. 사람 살기에 이보다 좋은 대지가 없건만, 아! 그는 돌궐의 후예가 아니고 도시를 지향한 튀르크의 후예였다. 이리 계곡과 페르가나 계곡은 유사한 대지임에도 대지의 주인이 달랐던 것이다.

10장
–
트랜스옥시아나

1. 21세기 나의 실크로드는

중국에서 로마로 가려는 상단은 카슈가르에서 한 번, 사마르칸트에서 한 번 장기간 머무르게 된다. 물론 중간중간 오아시스 도시에서 휴식을 취하지만 카슈가르나 사마르칸트와는 근본적으로 달랐다. 카슈가르와 사마르칸트는 물산이 집결하고 거래가 활발하게 일어나 큰 시장이 열리기 때문이다.

카슈가르에는 인도와 중국, 중앙아시아 상인뿐만 아니라 초원과 티베트에서도 상인이 모여들었다. 카슈가르에 집결한 물건은 새로운 주인을 만나 사방으로 운반되었다. 주로 중국과 인도가 물자를 공급했고, 트랜스옥시아나에서 온 소그드 상인이 물건을 구입했다. 타클라마칸과 히말라야를 넘어온 물건은 고된 노동과 위험이 가격에 그대로 반영되어 높은 금액에 거래되었지만, 소그드 상인은 주저 없이 물건을 주워 담았다. 남길 자신이 있었기 때문이다.

이들의 목표는 사마르칸트였다. 동방의 물건을 가득 싣고 파미르를 넘은 상인은 사마르칸트에 짐을 풀어놓았다. 물론 카슈가르에서 구입했을 때보다 몇 배는 더 비싼 금액이었을 것이다.

소그드 상인이 가지고 온 물건을 사기 위해 페르시아 상인이 사마르칸트로 찾아왔다. 흥정이 끝난 동방의 물건은 낙타 등에 차곡차곡 쌓였으며 최종 목적지인 콘스탄티노플, 다마스쿠스, 이스파한, 알렉산드리아로 향하는 캐러밴이 시작되었다.

사마르칸트에서 콘스탄티노플로 가는 상단은 호라산과 페르시아를 지나 아나톨리 반도를 횡단하여 콘스탄티노플에 도착했고, 여기서 물건을 이탈리아 상인에게 인계했다. 실크로드 마지막 구간은 이탈리아 상인의 몫이었고,

그들에 의해 유럽 주요 도시에 전달되었다. 생산지에서 헐값에 구매한 비단과 향료는 타클라마칸을 건넌 뒤 파미르를 넘고 트랜스옥시아나와 호라산을 지나는 동안 수십 수백 배로 값이 뛰었고, 금과 같은 무게로 교환되었다. 로마와 유럽은 동방의 산물을 소비하면 소비할수록 재정 악화로 허덕였다. 그렇

사마르칸트를 지켜 주는 파미르의 세븐 레이크. 사마르칸트로 오는 상단은 이런 파미르의 산세를 극복해야만 한다.

다고 생산자가 큰 소득을 얻었느냐 하면 그것도 아니었다. 생산자도 별 소득이 없었다. 이 거래에서 이문을 챙긴 건 누구인가?

　이는 동서 두 세계를 연결하는 실크로드의 주인이 누구인가라는 질문에 대한 답이기도 하다. 실크로드의 주인은 동방의 생산자도, 서구의 소비자도 아닌,

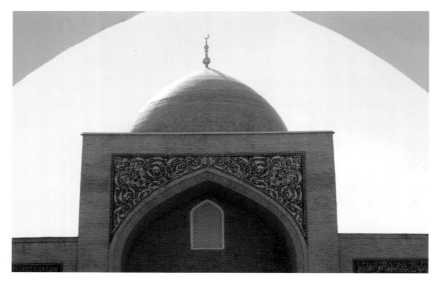

모스크는 완벽한 좌우 대칭을 이룬다. 균형미 외에 푸른 타일로 치장한 돔과 정문의 아라베스크 문양이 이슬람 건축의 미학을 함축하고 있다.

유통을 맡은 유목민이었다. 이들이 실크로드를 주도했으며 대부분의 이익 역시 그들이 챙겼다. 유목민의 터전은 척박했으나 실크로드 덕에 세계의 질서를 주도했으며, 이런 시스템은 1,500여 년간 지속되었다.

지구촌에는 세 개의 길이 있었다. 중국의 실크를 서양에 전달해 주었던 실크로드(Silk Road), 아라비아 남부의 유향과 몰약을 이집트와 로마, 다마스쿠스에 전달해 주던 인센스 로드(Incense Road, 향료의 길), 인도와 동남아시아의 향신료를 지중해와 유럽에 옮겨다 주던 향신료의 길(Spice Road)이다. 로마의 유리와 아라비아의 유향이 그 길을 따라 동방으로 팔려 나갔다. 하지만 서구 세계는 팔 것보다 수입할 것이 많아서 이 길은 서양의 부가 동양으로 빠져나가는 통로였다.

마드레사는 이슬람의 종교 학교지만 개인의 재능에 따라 성직자로 키우기도 하고 특정 기술이나 관료 교육을 받기도 한다. 장인들은 여기서 익힌 기술로 다양한 수공품을 만들어 시장에 내다 판다.

무역은 유럽을 더욱 빈곤하게 만들었으며 산업혁명이 시작되기 전까지 늘 적자에 허덕였다. 로마의 역사학자 플라비우스가 남긴 기록을 보면, 오만에서 채취한 유황이 로마에 닿기까지 56곳의 오아시스 도시를 거쳐야 했고, 도시를 지날 때마다 지불한 경비를 모두 합산하면 낙타 한 마리에 688데나리온이 추가되었다고 한다. 로마의 은화 데나리온은 은(銀) 3.8g 무게이며, 당시 로마 군인의 하루 일당이었다. 로마 시장에 풀린 두 마대의 유향에는 로마 군인 2년치의 급여가 추가로 붙여진 셈이었다.

인센스 로드는 아라비아 남부 오만에서 시작해 아라비아 반도를 종단하는 짧은 교역로였다. 3대 교역로 중 가장 단순한 교역로였지만 2년치 로마 군인의 급여가 가산되었는데, 실크로드에는 얼마의 운반비가 붙었을까? 로마 군인

10년치 급여에 해당하지 않았을까 싶다.

실크로드 양 끝에 위치한 로마와 중국의 한 왕조는 이런 불공정을 바로잡으려 했으며, 로마와 한 왕조는 교역 사신을 보내는 등 직거래를 시도했지만 번번이 실패했다. 로마는 파르티아의 방해를 어찌하지 못했고, 한 왕조 역시 흉의 방해를 극복할 수 없었다. 동방의 물건값은 여전히 아라비아 상인과 페르시아 상인, 위구르 상인에 의해 결정되었으며 로마는 피로 채운 곳간이 부실해져 재정 위기를 막을 수 없었다. 결국 로마는 귀족의 비단옷 착용을 금지하고 유향 수입을 금지하는 포고령을 내렸지만 국고 유출은 계속되었고, 로마의 영광은 그렇게 쇠락해 갔다.

중동과 북아프리카를 영향권 아래 둔 오스만 투르크는 유럽의 목을 옥죄려고 향료의 길, 향신료의 길, 실크로드를 모두 봉쇄했다. 오스만에 의해 향신료의 반입이 조절되자 유럽은 아우성을 쳤고 가격은 천정부지로 올랐다. 오스만은 유럽의 목을 조였다 풀었다 하며 유럽 왕국의 재정을 파탄으로 몰아갔고, 유럽의 군소 왕국은 빈곤에 허덕였다. 견디다 못한 유럽은 새로운 길을 모색하기 시작했다. 대항해 시대의 서막은 그렇게 열렸다.

바스쿠 다 가마는 희망봉을 돌아 콜카타에 도착했고, 향신료를 가득 싣고 리스본에 귀향했다. 그는 인도에서 가져온 향신료를 시장에 풀어 투자금의 100배 수익을 올렸다. 바닷길은 내륙 교역로보다 더 많은 물자를 운반할 수 있고 수익도 크며 위험 부담도 적은 반면, 시간까지 단축할 수 있다는 걸 보여준 희망의 팡파르였다. 바스쿠 다 가마의 성공은 대항해의 불을 당겼고, 유럽은 해양 시대를 열며 세계사적 반전을 꾀했다. 초원을 지배한 민족이 세계를 지배한다는 공식에서 바다를 지배한 민족이 세계를 지배한다는 공식의 전환을 가져온 것이다.

대항해 시대가 개막되기 전 동서양을 연결한 교역로는 초원로(草原路), 사막로(砂漠路), 해양로(海洋路)라 불리는 길이 유일했다. 초원로는 장건에 의해 사막로가 완성되기 전까지 동서양을 연결하는 유일한 교역로였다. 하지만 초원로는 중국의 정치적 변화에 따라 부침이 심했고, 유목 왕국과 경쟁 관계인 중국 왕조가 선호하지 않았다. 초원로가 활성화된 시기는 스키타이가 초원을 통제하던 고대와 몽골이 유라시아를 지배하던 한 세기였다. 해양로는 인도양을 지나 아라비아 반도로 반입된 향신료가 지중해를 거쳐 유럽으로 건너가는 효율성 높은 교역로였지만, 이슬람이 지배하는 중동을 지나야 해서 정치적 상황에 따라 부침이 심했다. 동서를 연결하던 교역로의 성쇠는 이렇듯 외부 요인에 의해 좌우되었다.

동서를 연결한 초원로, 사막로, 해양로를 3대 간선이라고 부르는 반면, 유라시아를 남북으로 연결하는 다섯 개의 길을 5대 지선이라고 한다. 이 5지선은 북쪽의 유목 지대와 남쪽의 농경 지대를 연결하는 교역로지만 때로는 북방 유목 세력이 남방 정주 왕국을 침공하는 정복의 길로 사용되었다. 그래서 동서의 길을 낙타의 길, 평화의 길이라 하고, 남북의 길은 정복의 길 또는 말의 길이라 불렀다. 문명 교류의 권위자인 정수일 선생이 정리한 5대 지선은 동쪽부터 마역로(馬易路), 라마로(喇嘛路), 불타로(佛陀路), 메소포타미아로, 호박로(琥珀路)다.

마역로는 몽골리아의 할하(외몽골)에서 장안(長安)이나 베이징을 지나 강남으로 이어지는 길로, 이 길은 북방 유목 세력과 한(漢)민족 간 동북아의 주인 자리를 두고 경쟁한 다툼의 길이었다. 라마로는 준가르 분지에서 시작하여 티베트 고원을 횡단하고 히말라야 산록을 넘어 인도의 시킴에 이르는 길이며, 인도로 향하는 최단 루트여서 구법승들이 주로 이용했다. 티베트 불교가 이 길을 통해 몽골에 전해지기도 했다.

불타로는 킵착 초원(카자흐스탄)에서 출발해 사마르칸트를 거치고, 카불 고원, 페샤와르를 지나 펀자브(파키스탄) 지방을 종단하는 길이며, 알렉산더부터 시작해 무굴을 세운 바부르까지 중앙아시아 유목 세력이 인도를 침공할 때 이용한 정복로였다. 메소포타미아로는 북캅카스에서 시작해 트빌리시(조지아)와 타브리즈(이란)를 경유하고 티그리스와 유프라테스를 따라 메소포타미아를 관통한 후 페르시아만까지 이어진다. 이 길은 아리안이 셈의 세계로 침투해 들어간 길이며 또한 메소포타미아의 고대 문화가 외부로 전파된 경로였다.

호박로는 발트해 동쪽 연안에서 시작해 모스크바 → 키예프 → 콘스탄티노플을 연결하고 콘스탄티노플에서 해로로 알렉산드리아까지 이어졌다. 이 길은 발트해의 질 좋은 호박(amber)이 오리엔트로 유입되는 교역로였으며, 지중해의 청동기 문명이 북유럽으로 전해진 문명의 전파로였다.

길은 물길과 같다. 막는다고 막히지 않는다. 어떻게든 낮은 곳을 찾아 흐르는 물과 같이 길도 어떻게든 이어지기 때문이다. 물의 운동에는 중력이라는 거부할 수 없는 힘이 작용한다. 길에는 어떤 힘이 작용하는가? 바로 포기할 수 없는 욕망이다. 욕망이 있는 한 길은 이어졌고, 더 이상 욕망이 없을 때 길은 단절되었다. 오스만 투르크가 유럽으로 향하는 모든 교역로를 막아 버렸을 때, 유럽은 불편과 고통에 아우성쳤지만 역설적이게도 해로 개척과 신대륙 개발로 이를 타개했고, 이때부터 세계를 주도하기 시작했다.

길이나 물은 인위적으로 막을 수 있는 게 아닌 것이다. 그러니 순리만이 유일한 해법이 아닐까? 길을 막으려 한 오스만의 선택은 유럽이 아니라 자신의 자멸을 가져왔다. 더 열어야 했건만 닫았기 때문이다.

　3대 간선과 5대 지선을 지도 위에 그려 놓고 보니 유라시아 대륙은 그물망 같이 길의 네트워크가 잘 짜인 대륙이다. 나는 3대 간선과 5대 지선의 어디쯤에 있을까? 고대의 길 위에 나의 길을 덧씌워 그려 보았다. 많은 구간이 중첩되기도 하고 정리된 역사의 길에서 벗어나 있기도 하다.

　캄차카에서 시베리아를 거쳐 바이칼에 도달하는 길은 코사크 용병들이 다니던 모피 교역로였다. 알타이에서 준가르 분지를 횡단하여 이리 초원까지 연결한 길은 13세기 몽골제국의 고속도로이자 초원로의 한 구간이었다. 톈산을 넘고 타클라마칸을 종단한 길은 상인의 길도 구도자의 길도 아닌 탐험가의 길이었다. 쿠차에서 타클라마칸을 종단하며 카슈가르에 이른 길은 서역로의 한 구간으로 상인의 길이었다. 카슈가르에서 쿨마 패스를 너머 페르가나에 이른 길은 와칸 회랑으로 이어지는 사막로의 한 구간이고 파미르의 심장부를 달리는 파미르하이웨이의 한 구간이었다.

　현 위치인 사마르칸트는 동서를 연결하는 사막로와 초원로의 중간 지점이다. 지금까지의 길도 특정할 수 없는데, 앞으로의 길은 어떨까? 그 역시 고대의 길과 현대의 길을 오가며 여기저기 기웃거리게 되지 않을까? 그러니 무슨 길이라고 정의하려는 게 어리석지 않은가? 길이란 걸으라고 있는 것이고 누구든 지나간 행적을 이으면 길이 되는 것이니, 역사책은 그만 덮어야겠다. 역사책에 기록으로 남은 길만 길이 아니기 때문이다. 400년 전에도 800년 전에도 나와 같은 이가 있었을 것이고, 그런 이에 의해 길은 이어졌다. 단지 역사책이 그의 길을 수록하지 않았을 뿐.

2. 왕이었으나 왕이 되지 않은 남자, 티무르

남성이 권력을 추구하는 이유는 여성과 돈 그리고 명예라는 말이 있다. 세 개의 욕망은 권력을 쥐었다고 해결되지 않는다. 남의 것이 더 좋아 보이기 때문이다. 그래서 권력에 대한 욕망은 끝이 없다.

유목민 시대가 정점에서 하강하기 시작하던 14세기 욕망의 바다를 거칠게 헤엄친 남자가 트랜스옥시아나의 주인이 되었다. 그는 바룰라스라는 보잘 것없는 부족의 계승자였다. 하지만 권력을 향한 집념과 영특함으로 아미르(귀한 귀족)에 올랐으며 티무르 제국을 건설했다. 그는 권력을 손에 넣었지만 왕이 되길 거부했다. 그로써 티무르는 명예를 지켰다.

동탁은 어떤가? 그는 토벌군에 쫓겨 장안을 내주고 뤄양(洛陽)으로 도주하는 마차에서 자신이 옹립한 헌제에게 이런 푸념을 했다고 한다.

"내가 왕이 되었는가, 내가 무단으로 장안에 입성하였는가? 나는 군령을 받고 군대를 일으켰고 위태로운 왕조를 지킨 보호자였다. 내가 역적이 아니라 불법으로 군대를 일으킨 저들이 반역자가 아닌가?"

동탁은 패배자였고 삼국지는 후대에 쓰여졌다. 동탁이 억울한 누명을 쓰고 있는지도 모른다.

왕이었으나 왕이 되지 않은 남자, 티무르 역시 사악한 인물로 폄하될 수 있었으나 그는 패배자가 아닌 승리자였고, 그의 역사적 평가는 다양한 여지를 남겨 놓았다.

"중앙아시아의 르네상스 시대를 개화한 인물, 잔혹한 인간 도살자."

아미르 티무르 초상화. 세계 10대 정복 군주 중 세 번째 인물이다. 그의 초상화는 관을 개봉한 뒤 두개골을 보고 흉상을 복원한 '미하엘 게라시모프'의 자료에 의해 그렸다.

사마르칸트는 중앙아시아의 르네상스를 개화한 티무르의 도시다. 그래서인지 사마르칸트는 티무르의 영광만을 기억하고 있다. 사마르칸트에서 티무르는 문예의 수호자이자 문명의 건설자이지 도살자가 아니기 때문이다. 그럼에도 그에게는 인간 백정이라는 서술이 붙는다. 문명 건설자와 인간 백정, 상반된 이중성은 무엇을 의미하는가? 사마르칸트의 영광을 위해 인간 도살자가 되기를 마다하지 않은 것인가?

티무르가 사랑했던 사마르칸트에는 그의 흔적이 흥건하다.

그의 가족 무덤인 구르 아미르(Guri Amir Mausoleum)는 미학적으로 우수한

구르 아미르는 미학적으로 뛰어난 건축물이다. 특히 외형을 장식한 64개 물결 모양의 돔과 금으로 장식한 돔 내부가 당대를 대표하는 미학의 완성이라고 불린다.

건축물에 꼽힌다. 64개의 돔은 미학적으로 완벽하고 8kg의 금으로 치장한 내부 역시 화려하다. 티무르는 자신의 무덤을 샤히즈 샤브르에 준비했으나 갑작스런 죽음으로 여기에 묻히게 되었고 더 화려하게 치장되었다. 구르 아미르는 왕족의 무덤인데도 스승인 '바라카흐'가 함께 영면하고 있어서 문예를 사랑했던 티무르의 단면이 보이는 듯하다.

비비하눔 모스크는 당대 가장 큰 건축물이었다. 티무르는 더 큰 건축물이 존재한다는 말을 듣고 정문을 더 높여 다시 건축하라는 명을 내렸다고 한다. 작은 상업도시를 지구촌 최고의 도시로 만들려는 티무르의 욕망이 남긴 모스크다.

그 외 소그드인이 상업에 종사하며 평화롭게 살아갔던 아프로시압 유적지에서는 고구려 복식을 한 두 명의 사신을 만났다. 맞는 건지 알 수 없지만 이젠 꼭 찾아내야 하는 그림 찾기였다. 아프로시압은 고구려가 얼마나 폭넓은 외교를 펼쳤는지 보여 주는 증거물 같다.

소그드인은 작은 상업민족이지만 고구려에는 아주 중요한 존재였다. 고구려는 각궁을 사용하는 기병을 운영했고 각궁의 우수함 때문에 고구려 기병은 천하무적이었다. 각궁에는 물소의 뿔이 들어가는데, 고구려가 위치한 북방에는 물소가 없고 소그드인이 월남에서 수입하여 공급해 주었던 것이다. 오늘날 미사일에 들어가는 반도체 칩을 확보하는 것과 같이 고구려에는 국가의 명운이 달린 중요한 문제였다. 동북아의 강자인 고구려 사신이 먼길을 마다 않고 달려온 이유가 달리 있었을까? 고구려의 운명은 소그드인이 쥐고 있었던 것이다.

울루그벡 천문대는 조선의 어느 한 시대를 연상시킨다. 태종(조선 3대 왕 이방원)은 형제는 물론 장인, 처남 등 처가 식구들마저 죽이며 연합정권을 이씨 단독정권으로 바꿔 놓았다. 태종은 "피는 모두 아비 손에 묻힐 테니, 너는 피를

울루그벡이 세운 천문대. 당시 세계에서 가장 큰 4분도 천문관측기가 설치되어 있었다.
천문관측소는 6층 규모였으나 현재는 지하 1층만 남아 있다.

묻히지 않는 정치를 하라"고 세종에게 말했다고 한다. 태종이 피를 묻힌 덕에 세종은 안정적인 왕권을 이어받았고 문예 부흥에 집중할 수 있었다. 티무르 제국에도 그런 시대가 열렸다. 울루그벡은 티무르가 구축한 단단한 권력을 이어받아 중앙아시아의 르네상스 시대를 열었다. 많은 마드레사(학교)가 세워졌고, 세계에서 가장 큰 천문대가 건축되었다. 울루그벡 시대 사마르칸트는 세상의 중심이자 학문의 요람이었다.

문화의 창달자이자 제국의 건설자였으나 인간 티무르는 불안정하고 모순에 가득 찬 존재였다. 그는 이슬람의 순결을 주장하면서 기독교 세계와 대치하는 이슬람의 최전선, 오스만 투르크를 공격해 그 기세를 꺾어 놓았다. 인도에서도 마찬가지였다. 힌두 왕국과 대치하는 이슬람의 최전선임에도 델리의 이슬람 왕조를 무참히 파괴했다. 그는 신실한 모슬렘이었으나 이슬람이 더 확장되고 성공하는 데 가장 큰 걸림돌이었다. 그는 무엇을 위해 전쟁을 지속했던 것일까. 오직 사마르칸트를 위한 헌신이었을까? 사마르칸트를 위한 헌신이었다면 그는 성공한 남자 같다. 사람들은 티무르를 기억하고, 티무르가 세운 건축물은 여전히 도시를 빛내고 있으니,

11장

–

호라즘과 호라산

1. 태양을 닮은 땅, 호라즘으로

부하라에 도착하니 두 개의 길이 선택을 기다린다. 하나는 아무다리야를 건너 뒤 메르브를 거쳐 페르시아로 들어가는 길이다. 이 길은 카라쿰과 키질쿰을 피할 수 있어서 예부터 대상들이 즐겨 이용하던 사막로의 주요 간선이었고, 알렉산더의 북방 원정군도 이 길을 걸어 트랜스옥시아나로 진입했었다.

나는 부하라에서 새로운 열망에 푹 빠져들었다. 그건 키질쿰과 카라쿰을 건너고 싶은 열망이었고, 카라쿰 중앙에서 훨훨 타오르는 지옥의 문을 꼭 만나고 싶었다. 오랜 시간 역사의 길을 따라 이동했고 역사의 현장에서 기웃거렸지만, 나의 유라시아 여행을 역사의 길에 묶어 둘 필요가 있을까?

유발 하라리는 『호모 데우스』에서 역사를 공부하는 이유에 대해 "과거로부터 자유롭기 위해서"라고 했다. 과거를 통해 미래를 예측하고 과거의 잘못을 반복하지 않기 위해 역사를 배운다는 고리타분한 논리를 버린 것이다. 그가 이야기하는 자유란, 과거로부터 의식을 자유롭게 하는 것이고 그리하여 과거와 결부되지 않은 전혀 다른 세상을 만나는 것이다. 역사의 길에서 벗어났다고 해서 과거와 단절된 것은 아니지만 새로운 길은 새로운 세상으로 안내하지 않을까.

기대 반 우려 반으로 부하라를 지나 히바로 향했다. 히바를 향해 달리는 7시간은 키질쿰 사막을 벗어나려는 안간힘이었다. 아무다리야를 끼고 있는 키질쿰은 붉은 사막이다. 사막이 붉은 것은 쓸모없는 모래 사막이 아니라 황무지라는 표현이 알맞다. 듬성듬성 모래사막도 있고 모래와 자갈이 뒤섞인 불모지

키질쿰은 모래사막이 아니라 물만 있으면 경작이 가능한 메마른 대지다.

도 많지만 대부분은 바싹 말라 있을 뿐, 물만 풍부하면 농작물 재배가 가능한 그런 땅이었다. 카라쿰은 검은 사막이라는 뜻이니 키질쿰에 비해 조금 더 메마르고 거친 사막이라는 생각이 들었다. 그렇다고 둘이 다른 사막은 아닐 것이다. 두 사막은 만들어진 원인과 동기가 같기 때문이다. 사막은 본래 존재한 것이 아니라 무언가의 간섭으로 만들어진다. 타클라마칸을 만든 주범은 히말라야와 톈산이고 티베트 고원이다. 키질쿰과 카라쿰을 만든 주범은 무엇일까?

중앙아시아는 편서풍과 중위도 하강기류에 의해 독특한 기후 환경을 맞는다. 지구는 동쪽에서 서쪽으로 도는 자전을 하는 반면, 대기는 움직이지 않고 정체되어 있다. 대기는 그대로 있지만 지구가 회전하기 때문에 유라시아는 서쪽에서 동쪽으로 부는 편서풍이 만들어진다. 이 편서풍을 타고 사우디 반도와 사하라의 건조한 대기가 유라시아에 유입된다.

중앙아시아의 기후를 결정하는 또 하나의 요인은 중위도의 건조한 대기다. 적도의 대기는 뜨거워서 상승 기류를 일으키고 높이 상승한 기류는 열에너지를 잃고 찬 공기로 바뀌면서 위도 30도의 중위도에서 하강 기류로 변하는데, 이때 하강 기류는 푄 현상에 의해 고온 건조한 대기로 바뀌게 된다. 그래서 중위도에는 반건조 대지가 펼쳐진다. 고산이 있어 대기의 흐름을 막아 주는 경우엔 예외지만, 산이 없는 아라비아 반도와 북아프리카는 꼼짝없이 사막으로 바뀌었다. 그렇게 만들어진 게 사우디 사막과 사하라 사막이다.

중앙아시아도 중위도에 속해 있어서 대기가 건조하고 더욱이 편서풍을 타고 사하라와 사우디 반도의 건조한 대기마저 불어온다. 파미르나 톈산은 고사하고 대기의 흐름을 막을 마땅한 산맥 하나 없는 트랜스옥시아나와 호라산은 메마른 대기에 그대로 노출되어 서서히 사막화되었다. 중앙아시아 한가운데 자리잡은 키질쿰과 카라쿰은 그렇게 만들어졌다. 그런 면에서 톈산과 파미르는 중앙아시아의 큰 축복이다. 톈산과 파미르가 없었다면 사막은 서쪽으로 진격에 진격을 거듭해 중앙아시아 전반을 사막으로 변모시켰을 것이다.

키질쿰을 달려 호라즘의 심장인 히바에 닿았다. 아무다리야(아무르 강)는 아랄해로 유입되기 전 저지대를 넓게 적셔 오아시스 평원을 만들었다. 햇빛이 강렬하고 메마른 대기임에도 아무다리야 덕에 대지는 습윤하고 풍요를 키운다. 반면, 오아시스 주변으로는 광대한 사막이어서 외부로부터 철저히 고립되어 있다. 이 땅에서 태양의 왕국 호라즘이 번성했다. 호라즘 왕국은 문명 지대인 페르시아, 트랜스옥시아나에서 멀리 떨어진 변방의 왜소한 왕국에 불과했지만, 강렬한 태양과 아무다리야의 풍부한 물은 강대한 왕국으로 키워 주었다. 강성해진 호라즘 왕국은 카라쿰과 키질쿰을 건너 페르시아와 트랜스옥시아나, 박트리아를 지배하는 거대한 왕국이 되었다. 칭기즈칸이 나타나지만 않았어도 호라즘의 세상은 한두 세기 더 이어졌을 것이다.

호라즘을 키워 준 아무다리야. 현재는 우즈베키스탄과 투르크메니스탄의 국경이지만 고대에는 야만과 문명의 경계였다. 스키타이를 손보려 했던 다리우스 대왕은 대군을 출정시켰으나 스키타이에 패하고 빈손으로 회군하였으며, 아무다리야와 다뉴브를 문명과 야만의 경계라고 선언하였다. 다리우스 대왕이 설정한 야만과 문명의 경계, 오늘 나는 야만의 땅인 히바에서 밤을 맞는다. 내일은 아무다리야를 건너 문명의 땅에 들어간다.

그런데 올바른 표현인지 도무지 알 수 없다. 트랜스옥시아나는 오아시스 도시 문명이 활짝 개화한 땅이지만 카라쿰은 광활하고 메마른 사막일 뿐 아무것도 없다. 다리우스는 자신의 패배를 빗대 후손들에게 교훈으로 남기려 한

게 아닐까?

"강 너머에는 아무것도 없어, 그러니 강을 넘지 마라. 강을 넘으면 다 죽어!"

2. 지옥의 문을 찾아서

우르겐치에서 아무다리야를 건너면 투르크메니스탄의 70%를 차지하는 카라쿰이 있다. 키질쿰과 카라쿰이 길을 막고 있어서 페르시아로 향하는 상단은 히바까지 오지 않고 부하라에서 아무다리야를 건너 메르브로 향했다. 호라즘과 페르시아 사이에는 불사의 땅인 카라쿰이 막고 있는 반면, 부하라에서 메르브를 거쳐 페르시아로 이어지는 길은 물줄기를 따라가는 최적의 대상로였기 때문이다. 하지만 나는 21세기 여행자다. 21세기에는 카라쿰을 가로지르는 잘 닦인 고속도로가 있으니 카라쿰을 피할 이유가 없지 않은가.

카라쿰 종단은 몽골에 의해 참혹하게 파괴된 콘예 우르겐치에서 시작하여 카라쿰 중앙에 자리잡은 지옥의 문을 지나 파르티아의 옛 수도 니샤를 거치고 아슈하바드로 이어지는 이틀간의 여행이었다. 카라쿰은 가혹한 사막이다. 타클라마칸과 달리 고산이 없는 거대한 평원이라서 오아시스 도시가 많지 않고, 물을 구하는 일도 타클라마칸보다 훨씬 힘들다. 이런 환경 때문에 카라쿰을 건너는 일은 대단히 위험한 행로였으며 그런 이유로 상단은 카라쿰을 건너려 하지 않았다. 카라쿰 종단은 온전히 21세기 여행자의 길인 것이다.

콘예 우르겐치에서 출발하면 일직선의 아스팔트 도로가 건설되어 있지만,

도로는 폭격 맞은 활주로같이 패인 곳이 많아 카라쿰을 종단하는 데 10시간이면 충분하다는 옛 기록이 무색했다. 그뿐 아니라 투르크메니스탄 비자를 받는 데 4시간이 소요되었다. 무슨 절차가 그리 복잡하고 시간이 많이 걸리는지, 여기저기서 아우성치는 사람들로 북새통이다.

사람들에 이리저리 치이며 멍하니 서 있으니 현지 남성이 내 서류를 빼앗아 인지대 판매 창구에 들이밀었다. 새치기는 기본이고 창구 안으로 들어가서 여권을 건네는 사람도 있다. 무엇이 어떻게 진행되는지 모르겠지만 난 기다리는 수밖에 달리 방법이 없었다. 문 닫기 전에는 끝내 주겠지 하며 서성인지 4시간이 다 되어 도착 비자를 받았다.

타지키스탄 입국 때 생각이 났다. 창구는 하나인데 줄은 다섯 갈래였다. 먼저 내미는 것이 우선이었다. 나도 어깨를 밀치며 손을 내밀었다. 유목민은 질서가 없다. 사파리 게임 드라이브같이 먼저 취득하는 자에게 우선권이 있기 때문이다.

유목 전사에게 주어지는 약탈의 권리는 그런 속성의 극적인 장면이다. 3일간 주어진 시간, 내 맘대로 할 수 있는 권리, 사냥 역시 그렇다. 먼저 보고 먼저 쏘고 먼저 달려가 쟁취하는 자의 소득물이다. 그래서 유쾌했다. 아직 유목민의 기질이 살아 있다니. 질서 정연한 도시의 삶이 아닌 야생의 삶이 몸에 밴 무질서를 접하니 여행의 불편함이 기대로 바뀌었다.

투르크메니스탄의 상징은 한혈마다. 국가의 상징이라서 그런지 한혈마 조각이 도시 곳곳에 상징물로 자리잡고 있다. 한혈마의 고향은 페르가나 계곡이고 톈산 자락이다. 한혈마를 민족의 상징으로 모시는 투르크메니스탄, 이들은 어디서 온 것인가?

투르크멘 사람들은 투르크어를 쓴다. 같은 계통의 언어를 쓰는 사람들은 투르크메니스탄 이외에도 아제르바이잔, 튀르키예가 있다. 모두 오구즈어를 쓰는 투르크인들이다. 이들은 10세기 위구르 왕국이 해체될 때 알타이를 떠나 서천한 9개의 투르크 부족 중 하나다. 이들이 합심하여 셀축 투르크, 오스만 투르크를 세웠고, 현재는 튀르키예, 아제르바이잔, 투르크메니스탄으로 독립 국가를 이루고 있다. 이들은 서천 과정에 페르가나를 지나갔고 한혈마를 앞세워 중동을 휩쓸고 주인이 되었다. 비록 메마른 땅을 지배하고 있지만 한혈마와 함께한 영광을 기억하고 싶은 게 아닐까?

입국 절차를 마치고 세계 10대 기이한 풍경에 꼽힌 지옥의 문으로 향했다. 도로는 폭격을 맞은 것같이 무참히 패어 있어 지프는 달리기와 멈추기를 반복했다. 그렇게 6시간을 달려 카라쿰 정중앙에 있는 지옥의 문에 닿았다. 땅에서 뿜어 올라오는 불은 어둠 속 간결한 메시지 같다. '여기야, 바로 여기!' 불 구덩이를 마주하고 있으니 그 아래서 베르길리우스(단테를 지옥으로 안내하는 로마 시인)가 손짓을 하는 듯하다. 단테는 지옥의 문을 통과하며 하나의 문구를 보게 된다.

"여기 들어오는 너희는 모든 희망을 버려라."

한밤중 사막을 불태우는 지옥불은 1971년 이후 50년 동안 꺼지지 않고 있다. 불구덩이는 면적 5,350m²에 지름은 69m, 깊이는 30m나 되니 꽤 큰 모래 구덩이다. 불구덩이 근처에 텐트를 치고 누웠지만 텐트 안을 밝히는 불빛과 열기로 밤새 잠을 설쳤다. 지난 밤은 에티오피아 다나킬에서 경험한 비바크(Bivouac)만큼이나 짜릿했다. 그날도 잠 못 이루는 밤이었다. 피곤했으나 잠을 잘 수 없는 밤, 대지를 찢으며 부풀어 오르는 마그마가 붉은 피를 토해 내고 어둠 속

지옥의 문으로 불리는 사막의 불. 가스 분출로 1971년부터 50년째 타오르고 있다.

으로 사라지는 광경이 강렬하게 지옥을 연상시켰기 때문이다.

이런 경험은 인도네시아 이젠 분화구에서도 있었다. 분화구의 찢어진 틈새로 흘러나온 유황이 산소와 만나 발화하며 푸른 빛을 내는 광경은 신비로움 그 자체였다. 폭포같이 흘러내리는 유황의 물결이 하늘로 높이 솟구치던 밤, 그날도 잠을 이룰 수 없었다. 지옥불이나 다나킬의 마그마 호수나 카와 이젠의 유황불 축제나, 밤은 하찮은 것을 감춰 주고 부족한 것을 빛나게 해 주었다. 그런 밤을 그냥 보낼 수 없어 분화구를 한 번 돌고 다시 한 번 더 돌았다. 이 밤이 가고 새벽이 오기까지 잘 수 없는 밤이었다.

3. 세상을 바꾸는 땅, 호라산

호라산은 투르크메니스탄 동부와 아프카니스탄 서부 그리고 이란 북부를 포함하는 메마른 땅이다. 반면, 일조량이 풍부하고 파미르에서 기원한 파밀 강을 비롯해 여러 지류가 유입된다. 그래서 고대 페르시아 시대부터 수리 시설이 발달하고 산물이 풍부하여 많은 사람이 모여 살았다. 호라산의 풍요는 자연의 혜택이기보다 노력에 대한 보상이었다. 농수용 수차와 지하수로 카레즈 등 반건조 지대 농업에 필요한 문명의 도구가 모두 호라산에서 발명되었으며, 이런 도구는 호라산을 넘어 유라시아 농업을 발전시키는 원동력이 되었다.

호라산은 역사의 변곡점에서도 중요한 역할을 했다. 이곳은 페르시아 중심에서도 멀고 트랜스옥시아나에서도 박트리아에서도 먼 변방이다. 문명과 정치의 중심지에서 멀기 때문에 중앙의 관심이 적었고 정치적 변화에도 자유로웠다. 대신 격변의 시기에 중심에서 밀려난 사람들이 혼란과 위험을 피해 모여들어 호라산은 중심부에 저항하는 반골의 땅이었다. 거기에 더해 초원의 떠돌이 부족들은 호라산을 거쳐 이슬람 세계의 중심부로 진출했으며 주인 자리를 꿰차기도 했다. 호라산은 그런 땅이었다. 안주하는 자의 땅이 아니라 변화를 위한 땅이었다.

호라산의 극적인 반전은 투르크와 더불어 시작되었다. 8세기 고구려 출신 장수 고선지는 당나라 군대를 이끌고 중앙아시아로 향했다. 이전 원정으로 당나라의 영역을 중앙아시아까지 확대했지만 중앙아시아는 여전히 불안정했다. 우즈베키스탄에 자리잡고 있던 석국은 당나라에 반기를 들었으며, 이슬람 세계의 새로운 주인이 된 아바스 왕조가 배후에 있었다.

반면, 당나라는 전성기를 지나 양귀비의 치마 길이만큼 쇠퇴 일로에 있었다. 기울어가는 당나라의 운명을 등에 지고 고독하게 중앙아시아로 향한 당대 최고의 명장 고선지. 그 이름만으로도 세상이 동요할 만큼 지략이 뛰어난 장수였고 전쟁에서 패한 적이 없는 검증된 리더였다. 당대 최고의 명장과 이제 막 태동하여 기운이 하늘 끝까지 뻗치는 아바스 이슬람의 대결, 역사상 동아시아와 서아시아가 맞붙은 최초의 혈전은 그렇게 시작되었다.

이 전쟁의 승패는 의외의 변수 때문에 갈렸다. 당나라 연합군으로 참가한 카를룩이라는 투르크계 연합세력은 첫날 전투가 끝난 뒤 아바스 진영으로 돌아섰다. 그러고는 배후에서 고선지 군영을 공격하기 시작했다. 고선지는 갑작스럽 배신에 무참하게 패배했고 소수 병력만을 데리고 당나라로 돌아올 수밖에 없었다. 그날의 전쟁은 중앙아시아의 판도를 바꾸어 놓았다. 중앙아시아는 중국의 영향권에서 벗어나 다시 페르시아 영향권으로 돌아갔으며, 전쟁을 승리로 이끈 투르크가 역사적 전면에 등장하는 계기가 되었다.

아바스의 호라산 총독은 중앙아시아를 지키기 위해 투르크 전사들을 대거 용병으로 받아들여 자신의 군영에 편입시켰다. 이슬람 공동체는 중앙집권적 정치체제가 아닌 칼리프의 권위를 인정하고 바그다드에 복종하는 다수의 독립적인 술탄국 연합이었다. 호라산 역시 그런 술탄국이었고, 투르크 전사들은 술탄에 충성하는 사병 집단이 되었다. 투르크 노예 중에는 전공을 세워 장군이 된 자도 있고, 술탄을 옹위하며 왕국을 통치하는 고급 관리가 되기도 했다. 술탄은 투르크 노예에 의지해 권력을 유지할수록 둘의 공생 관계는 더욱 돈독해졌고 투르크의 입지도 단단해졌다. 그렇게 이슬람 세계에 발을 들인 투르크 전사들은 공을 세우며 권력과 지위를 얻었고, 술탄의 묵인 아래 변방에 자신들의 왕국을 세웠고 때로는 술탄 사후에 권력을 장악해 노예 왕국을 세우기도 했다.

호라산에서 시작된 노예 왕국은 호라산만이 아니라 북인도의 고르조, 박트리아의 가즈나조, 멀리 이집트에 세워진 맘무크 왕국까지 여러 노예 왕국을 탄생시켰다. 노예 왕조를 대표하는 맘무크는 호라산 총독인 우베이둘라가 이라크 총독으로 부임해 가면서 킵착 출신 사수(射手) 2,000명을 호위무사로 데리고 간 것이 첫 시작이었다. 이들은 노예 병사였으나 권력을 장악했으며, 바그다드의 칼리프를 카이로로 모셔와 이슬람의 구심점이 되었다. 또한 왕조가 유지되는 동안 십자군의 공격과 몽골의 침공을 막아 이슬람을 지켜 낸 수호자 역할도 하였다. 결론적으로 이슬람의 영광과 명맥은 중앙아시아에서 떠돌이 생활을 하던 투르크 노예들에 의해 유지되었던 것이다.

이들은 어떻게 번개를 타고 다니는 몽골 군단과 신의 아들인 십자군을 물리칠 수 있었을까? 이집트 맘무크 역시 킵착 초원에서 뛰어놀던 투르크계 유목민이었고, 초원에서 단련된 강력한 무력 집단이었기 때문이다. 몽골은 100여 년의 원정 역사에서 네 번의 실패를 맛보았다. 그중 하나가 시리아에서 맘무크에 패한 것이며, 다른 하나는 북인도 원정 중 노예 왕조에 패한 것이다. 그 외에도 월남 정벌과 일본 정벌이 거론되지만 일본은 태풍이 실패의 원인이었고, 월남은 월남인의 극렬한 저항도 한 원인이었지만 그보다 기후와 자연조건이 맞지 않아 철군한 사례였다.

정면으로 맞서 몽골을 물리친 건 투르크가 세운 노예 왕조밖에 없었다. 투르크는 몽골리아에서 칭기즈칸에게 패했고 중앙아시아에서도 노예의 삶을 살았지만, 몽골의 세력 확장을 막은 건 결국 호라산에서 힘을 기른 투르크 노예 왕국이었다. 호라산이 키우고 보듬어 주지 않았다면 셀축과 오스만 투르크의 성공, 노예 왕조의 성립이 가능했을까? 호라산은 그렇게 시대의 주인공을 배출해 냈다.

호라산은 이슬람 세계에도 큰 영향을 끼쳤다. 순니와 함께 이슬람의 한 축을 이루는 시아 이슬람의 탄생을 도운 것이다. 시아는 순니에 대한 저항으로부터 시작되었다. 순니와 시아의 분열은 표면적으로는 알리 암살사건이 원인이지만 내부적으로는 아랍 이슬람 공동체를 이루는 두 세력, 즉 메카를 중심으로 지하디(성전)의 과실을 독점한 남부 세력과 최전선에서 지하디를 실질적으로 주도했으면서 소외되었던 북부 전사들의 대립이었다. 여기에 얼떨결에 지배를 받게 된 미왈리(비아랍계 모슬렘)는 이슬람 교리에 따라 개종하였음에도 여전히 차별받는 것이 불만이 많았고, 문화적으로 우수했던 페르시아인의 저항이 특히 심했다.

이런 상황에서도 메카를 중심으로 한 기득권층이 폐쇄적인 특권을 개방하려 하지 않자 시아와 미왈리 중심의 혁명 기운이 무르익었다. 이에 더해 정통 이슬람주의자들이 우아미야 왕조를 세속화된 권력 집단으로 공격하고 마호메트의 가문인 하심 가문이 아바스 가문을 지지하면서 혁명 세력이 호라산의 아바스 가문으로 모여들었다.

그들 중에는 페르시아인, 시아파, 정통 이슬람주의자뿐 아니라 호라산에 정착한 투르크 전사들도 있었다. 호라산에서 봉기가 일어나자 투르크 전사의 무력은 혁명을 성공으로 이끄는 중요한 열쇠로 떠올랐다. 아바스 가문은 페르시아인의 열렬한 지지와 투르크 전사의 적극적인 참여로 혁명에 성공하고 새 왕조를 열었기 때문에 이들의 영향력을 무시할 수 없었다. 이때부터 페르시아의 고급 문화와 투르크의 개방적인 문화가 이슬람의 주류로 정착했으며, 고립된 아랍 문화에서 벗어나 창의적이고 다원화된 문화 르네상스가 시작되었다. 이슬람 르네상스는 이런 배경에서 태어났으니, 호라산은 이슬람의 새로운 도전과 진화의 발판이 된 땅이었던 것이다.

4. 헬레니즘의 적장자 호라산

카라쿰을 종단하고 파르티아의 수도였던 니샤를 찾았다. 파르티아는 로마의 영원한 짐이었다. 로마 공화정 시대 삼두체제의 한 축이었던 크라수스는 4만의 병력을 이끌고 파르티아를 공략했다. 하지만 3만의 병력을 잃었으며 본인마저 전사하는 대패를 당했다. 첫 패배를 맛본 로마는 자존심을 되찾고자 했다. 시저는 파르티아 정벌을 승인받으러 원로원에 들어가던 중 암살을 당하고 로마와 파르티아의 전쟁은 그것으로 끝이 났다.

그날 이후 로마는 동쪽으로의 확장을 멈추었고, 로마 원정은 서쪽으로 이어졌으니, 파르티아는 로마의 확장을 막고 로마를 지중해에 묶어 놓은 일등 공신이었다. 파르티아는 그리스의 계승자인 로마와 대립했지만 그리스 문화를 편견없이 받아들였으며, 그리스와 페르시아 문화를 유목 문화에 교합하여 헬레니즘을 낳았다. 파르티아에서 만개한 헬레니즘은 유라시아 전역에서 꽃피운 헬레니즘 중에서도 최고의 정수로 일컬어졌다. 그래서 파르티아의 헬레니즘을 '유럽과 아시아의 결혼'이라고 불렀다.

이런 미사여구가 무색하게 니샤는 흙더미에 불과했다. 대부분의 고대 유적이 그렇듯 흙과 벽돌로 건축된 건물은 수명이 길지 않다. 그리스와 로마가 위대한 건 석조 건축물을 공학적으로 설계한 것이 아닐까?

건축은 종합예술이다. 위대한 건축물에는 건축 당시의 수학, 공학, 미학, 철학까지 모든 학문이 집약된다. 그래서 건축은 그 시대의 수준을 가름한다고 한다. 흙더미에 불과한 니샤의 유적지가 파르티아를 대변한다고 볼 수 있을까?

파르티아는 강력한 기마군단을 앞세워 로마 군단을 물리친 동방의 강국이었다. 하지만 그들은 유목민이고 기마 전사의 집은 도시가 아닌 초원이다. 폐허 더미인 니샤를 로마나 그리스의 잣대로 보면 안 되는 이유인 것이다.

셀축과 파르티아, 시아와 티무르에게 성공을 안겨다 준 호라산의 심장을 향해 마리행 비행기에 올랐다. 마리에 내려 차로 30분을 달려 호라산의 심장으로 알려진 메르브에 닿았다. 메르브의 역사는 알렉산더부터 시작한다. 알렉산더는 호라산의 유목 부족을 제압하고 '알렉산드리아 마르기아나'라는 오아시스 도시를 세웠는데, 이것이 메르브의 시작이었다. 이후에도 파르티아, 셀축 투르크가 메르브를 수도로 삼았으니 호라산의 진정한 중심지는 메르브였다.

새로 들어선 왕국은 이전 왕국 터 위에 세워지고 그렇게 왕국은 층층이 만들어진다. 그런데 메르브에 들어선 왕조들은 이전 왕조의 자리가 아닌 인근에 새로 터를 잡고 도성을 형성했다. 그래서 다양한 시대의 성터가 성벽을 사이에 두고 옹기종기 모여 있다. 이런 도시구조가 또 있을까? 서울같이 수도가 된 지 오래되지 않은 도시도 땅을 파면 백제와 조선의 건물 터와 유물이 나온다. 트로이 유적지는 시대를 달리하는 아홉 층의 도시 유적이 층층이 쌓여 있다. 이집트는 건물을 짓다 중지하는 일이 다반사다. 도시는 도시 위에 세워지고 지난 도시는 땅에 묻히기 때문이다.

그런데 메르브는 수평으로 시간차를 두고 지어진 도시였다. 그래서 메르브 여행은 숨겨진 시간 여행이 아니라 전시된 시간 여행이었다. 메르브에서 가장 오래된 유적은 페르시아의 아케메네스 왕조 때의 건축물이다. 그 옆으로는 셀레우스코, 파르티아, 사산조의 도시 유적이 한자리에 터를 잡고 있고, 그 옆으로는 아바스 시대의 도시 유적이 있으며, 마지막을 장식하는 셀축 시대 유적이 그 옆에 자리한다. 셀축 시대 메르브는 '고귀한 메르브'라고 불린 이슬람 세계의 대표적인 거대 도시였다.

그러나 1220년 몽골군의 무자비한 유린으로 완전히 폐허가 되었다. 메르브의 불행은 공성전(攻城戰) 중 칭기즈칸의 손자가 전사하는 일이 발생하며 시작되었다. 몽골군은 칭기즈칸 손자의 혼을 달래기 위해 6일 동안 22만 명을 살육했으며, 영원히 회복될 수 없는 도시로 만들기 위해 철저히 파괴했다. 메르브의 역사는 거기서 멈췄다.

몽골은 제국을 건설했으나 어떻게 운영하겠다는 마스터 플랜을 갖지 않은 채 초원을 벗어났다. 단지 약탈이 가능하면 먼 길을 마다하지 않고 달려갔을 뿐이었고, 부지런히 다니다 보니 제국이 되었다. 그렇게 만들어진 제국이기에 혼란이 난무했다. 심지어 몽골은 혼란이 뭔지조차 몰랐다. 죽은 자를 위해 도시를 파괴하고, 저항한 자들을 대량 살육하는 건 늘상 반복하던 초원의 법칙이고 관습이었다. 몽골은 초원에서 하던 대로 했을 뿐, 그 이상도 그 이하도 아니었다.

그런데 예측 못한 일이 일어났다. 몽골은 계획도 없었고 운영할 능력도 없었으나, 자기도 모르는 사이에 큰 장터를 만들어 놓은 것이다. 몽골의 깃발 아래 유라시아 대륙은 하나의 단일 시장으로 확대되었으며, 무역이 활발해지고 경제가 성장하는 새로운 도약기를 맞이하게 되었다. 몽골의 파괴는 심각했으나 교역이 활성화되며 회복 역시 급격히 진행되었다.

하지만 도약의 시대를 함께하지 못한 도시가 있었다. 철저하게 버려지고 외면받은 도시. 메르브는 그런 도시였다. 한때 페르시아의 변화를 주도한 땅이었으나 심장이 멈춰진 채 역사 속 미라로 남겨진 것이다, 오늘까지도.

호라즘과 호라산은 유라시아의 빛과 그늘이다. 누구든 찾아오는 자에게 빛이 되었으나 떠나고 난 뒤 자신은 짙은 그늘로 남은….

온 도시가 흰색 대리석으로 건축되어 기네스북에 대리석 도시로 등재된 아슈아바드. 세계 최대 유람차 역시 기네스북에 등재된 명물이다.

12장
–
페르시아

1. 페르시아를 찾아서

나의 이란 여행은 페르시아에 대한 궁금증에서 시작되었다. 2,500년 전에도 페르시아에 대한 궁금증에 애달파하는 남자가 있었다. 그는 거대 제국인 페르시아가 어떻게 도시국가인 그리스에 패했을까? 이런 의문을 가지고 있었고, 이 질문의 답을 찾기 위해 전쟁터와 주변국들을 탐사했다. 그는 현장 답사를 통해 그리스가 승리한 원인을 나름 정리했다. 그건 자유를 지키고자 하는 그리스인의 절박함에 비해 속주에서 착출된 페르시아 군대는 승리에 대한 열망과 목적이 부족했기 때문이라는 것이다.

역사의 아버지로 불리는 헤로도투스는 자신의 궁금증을 여행으로 풀었다. 나도 여행으로 궁금증을 풀 수 있을까? 그런 바람을 가지고 이란대사관을 찾았다. 영사는 이란에 왜 가느냐고 질문했다. 나는 설명 대신 뉴스에서 본 사건들이 걱정된다는 말을 했다. 그는 내 말을 듣고 웃으며 한마디 건넸다.

"이란은 위험하지 않습니다. 이란은 평화로운 나라입니다. 그건 이란의 문화가 평화이기 때문입니다. 용기를 내세요, 헤로도토스처럼요."

그리고 보면 헤로도토스는 용감한 여행객이었다. 호기심이 얼마나 대단했으면 전쟁터를 마다하지 않았을까? 유적지 몇 곳을 돌아보는 여행을 계획하면서 안전한지 묻다니, 내가 너무 보잘것없어 보였다.

자그로스 산맥이 감싸는 이란의 서부는 풍요롭고 윤택한 땅이다. 풍족하고 사람 살기 적합한 땅이기에 문명이 싹텄고 손 바뀜이 잦았다. 첫 주인은 수메르 문명 도시인 엘람 왕국이었다. 그 뒤로도 함무라비왕의 바빌로니아, 앗시리아, 신바빌로니아 등 메소포타미아의 강자가 지배하는 셈의 통치시대가 이어졌다.

셈의 통치시대를 끝내고 아리안의 시대를 연 건 메디아였다. 메디아의 선조는 기원전 3,500년 전 킵착 초원 서부에서 내려와 자그로스 산맥에 정착했던 아리안계 유목 부족이었다. 기원전 3,500년경 지구는 홀로세(기원전 1만 년부터 현재까지)의 한랭기였고 아리안인은 추위를 피해 킵착 초원을 벗어나 흑해 북방의 초원지대에 정착했다. 이들이 다시 남하를 시작하여 자그로스 산맥에 정착한 건 홀로세 온난기가 끝나고 한랭기가 다시 찾아온 기원전 2,000년경이었다. 홀로세에 찾아온 두 번의 작은 빙하기는 킵착 초원에 거주하던 아리안계 유목민을 우크라이나 초원을 지나 자그로스 산맥까지 이주시킨 것이다.

자그로스 산맥에 정착한 아리아인들은 어느 정도 세력을 키운 뒤 산에서 내려와 메디아 왕국을 세웠고, 같은 아리안이었던 파르족이 메디아를 접수하며 아케메네스 페르시아 왕조가 시작되었다. 그때부터 이란은 페르시아로 불렸다. 아케메네스 왕조를 세운 게 파르족이기 때문이다.

페르시아는 지역의 패자였으나 유독 그리스에게만은 약했다. 두 번의 전쟁에서 모두 패했으며 결국 알렉산더에 의해 멸망했다. 알렉산더 사후 그리스계 셀레우스코 왕조가 한동안 지배했지만 이란계 유목 민족인 파르티아가 이란을 되찾았고 이란계인 사사조가 페르시아의 명맥을 이어 갔다. 하지만 이란의 풍요를 주변 강국이 그냥 보고 있지 않았다. 아랍 이슬람, 몽골의 일 칸국, 투르크계인 티무르 등 페르시아의 금고를 노린 이민족의 침략과 지배가 이어졌고, 굴곡진 역사는 20세기까지 반복되었다. 오랜 지배와 침탈이 반복되었지만 그런 와중에도 사라지지 않는 게 있었다. 페르시아라는 환상이다. 페르시아는 무엇을 함축하고 있는가?

이집트, 인도, 그리스, 로마, 중국 왕조가 그랬듯이 문명제국은 제국이 해체된 뒤에도 주변을 압도하며 영향을 끼쳤다. 페르시아가 이룩한 문명 역시 오리엔트와 중앙아시아를 압도하며 현재에까지 이어지고 있다. 페르시아라는 단어에는 동화 같은 환상이 포장되어 있다. 페르시아를 상징하는 왕조는 고대 아케메네스 왕조와 중세 사사조다. 이 시대 페르시아의 문화는 주변을 압도할 만큼 세련되고 화려했다. 어떤 학자는 "인류가 지금까지 만들어 낸 철학과

나크시에 로스탐(Naqsh-e Rostam), 이곳에는 다이루스 1세, 그리스-페르시아 전쟁을 이끈 크세르 크세스 아케메네를 포함하여 4명의 왕의 무덤이 있다.

제도는 인도의 영성과 페르시아의 시스템 안에 있다"고 정의했다.

인류는 숱한 철학과 논리를 정립했고 많은 시스템과 제도를 만들었다. 그런데 페르시아가 만든 제도와 시스템에서 크게 벗어나지 못했고 인도가 이룩한 영적 사유의 세계를 못 벗어났다는 것이다. 새로운 듯하지만 연장일 뿐 새로운 것이 아니라니, 페르시아의 제도와 시스템은 완벽했을까? 완벽했음에도 소수의 알렉산더 원정군에 맥없이 무너진 것인가?

너무 무기력하게 무너져서 페르시아의 실체가 궁금했다. 누군가가 주입한 신기루는 아닐까?

2. 새로운 정신세계를 연 조로아스터

"영성을 처음 시도한 이들은 러시아 남부 초원지대에 사는 목축민이었다."

- 축의 시대

흔히 인도-유럽어족이라 불리는 지구촌의 지배자들은 신석기 말기 북캅카스 초원 지대에 살던 한 무리의 동네 주민이었다. 그들은 기원전 4,500년경에 꽤 큰 세력을 가진 유목 집단을 형성했으며, 기원전 3,000년부터 시작해 기원전 1,500년까지 초원을 떠나 유럽과 페르시아, 아나톨리, 인도 대륙으로 이동하여 정착하기 시작했다. 그들이 사용하던 언어는 지구촌을 대표하는 언어가 되었으며, 그들의 믿음은 지구촌을 지배하는 질서와 영성이 되었다. 그들은 누구이고, 어떻게 위대한 성취를 이룰 수 있었을까? 이 질문에 답할 수 있는

페르세폴리스 입구인 만국의 문. 거대한 두 마리의 사자상 조각이 입구를 지킨다.

알현실. 약 18m 높이의 기둥 72개가 받치고 있던 거대한 구조물이다. 지붕이 모두 소실되었지만 남은 기둥만으로도 감탄이 절로 나오는 규모다.

사람이 한 사람 있었다.

인간은 밀집도가 낮으면 호의적이다. 하지만 한정된 땅에 필요 이상의 사람이 거주하게 되면 공격적으로 바뀌고, 폭력성이 증가하며 다툼이 일상화된다. 다툼을 겪은 사람의 반응은 극명하게 나뉜다. 승리자는 다음 다툼을 기대한다. 다퉈서 얻은 게 있기 때문이다. 반면, 패배한 자는 다툼을 피하는 방법을 찾는다. 하지만 폭력이 일상화되는 시기에는 선택의 폭이 줄어든다. 나도 폭력적이 되는 길 이외에.

도구와 무기의 발전은 폭력적이고 공격적인 환경을 더욱 부채질한다. 이제 집단은 약탈과 폭력을 전사의 무용담으로 받아들이고 전사를 영웅시하기 시작한다. 폭력이 초원의 새로운 질서가 된 것이다. 폭력은 사회를 급격히 혼란으로 몰고 가고, 자연의 힘에 의지하여 질서를 유지했던 사회 시스템은 서서히 붕괴된다. 전사의 힘과 폭력이 정의가 되는 야만시대의 목전에서 도덕의 방향을 틀어야 한다고 고민하는 젊은 사제가 있었다.

기원전 1,200년경 약관 30세 된 사제 조로아스터(Zoroaster)는 평화롭고 사제가 통제할 수 있는 전통적인 질서의 회복을 고민했다. 그는 과거의 질서로 돌아가려면 자연계에 존재하는 힘이 아니라 초월적인 힘을 가진 새로운 신을 찾아야 한다는 걸 깨달았다. 그는 선한 신 아후라 마즈다를 창조했고, 폭력을 휘두르는 악의 신과 대립시켰으며, 최후의 승리를 선에 방점을 찍었다. 자연계에서 찾을 수 없는 새로운 형태의 절대적이고 강력한 힘을 가진 유일신이 탄생한 것이다.

축의 시대는 독일 철학자 칼 야스퍼스가 정립한 개념으로 기원전 8세기부터 기원전 3세기까지를 일컫는다. 이 시기에 새로운 사상과 철학이 중국, 그리스, 인도, 페르시아, 유대 사회에서 문명적 상호 교류 없이 시작되었으며, 이런 흐름 속에 인류사를 규정하는 학문과 종교가 탄생했다는 것이다.

이런 인류사적 대사건과 변화의 시작을 조로아스터라는 한 젊은 사제로부터 찾는 것이 옳은 것인가? 그건 알 수 없다. 하지만 그의 작은 생각이 방향을 설정했고 인류는 그때부터 새로운 인식과 사고를 시작하였으니 그의 영향은 매우 위대하다고 할 수밖에. 조로아스터의 가르침이 아직 살아 있는 땅, 그의 가르침을 받들고 사는 땅 야즈드로 향한다.

3. 영원의 불을 모신 땅, 야즈드

야즈드는 이란 중부 저지대에 위치한 사막 도시여서 그런지 사막을 닮아 잿빛이었다. 야즈드에는 카나트(qanats, 지하수로), 시컨스(sequence, 자연 에어컨인 풍탑), 야크찰(yakhchals, 얼음 보관 창고) 등 특이한 건축물이 가득하지만, 그런 건축물 역시 잿빛이었다. "City of Windcatchers"라는 별칭을 가진 야즈드를 돌아보면서 사막에 사는 사람들의 지혜를 모아 놓은 도시라는 생각이 들었다.

조로아스터는 아리아인들이 믿던 다신 사상과 폭력적인 관습을 거부하고 유일신의 출현을 세상에 알렸다. 또 추종자들에게 불안정한 유목 생활을 청산하고 정착하도록 가르쳤다. 조로아스터는 무슨 이유에서 유목 사회에서 정착 사회로의 전환을 꾀했을까. 그의 가르침은 시대를 초월해 전해졌고, 그의 제자들 역시 조로아스터의 가르침에 따라 정착을 가르쳤다. 비옥한 북캅카스의 초원이라면 모를까, 농경지라고는 찾아볼 수도 없는 이란 중부의 사막지대에서까지 그의 가르침은 이어졌고, 야즈드는 조로아스터의 가르침을 지키고 유지하려는 사람들의 도시가 되었다.

　이란 중부는 매우 덥고 메마르다. 아라비아 반도가 아프리카 대륙에서 떨어져 나와 북서로 이동하면서 이란을 밀어붙였고, 그 결과 남부엔 자그로스 산맥이, 북쪽엔 알보츠 산맥이 만들어졌다. 그리고 두 산맥 사이에는 메마른 고원대지가 펼쳐져 있다. 이는 자그로스와 알보츠 산맥이 대기의 흐름을 왜곡하고 거기에 더해 사하라와 사우디 사막의 건조한 대기가 편서풍을 타고 불어오기 때문이다. 수리시설이 완벽하지 않았던 고대사회라면 농경보다는 유목이 훨씬 유리한 자연 환경이었다.

　건조 지대 농업은 수확이 불안정하기 때문에 농경으로는 식량 지급이 어렵고, 가뭄이나 병충해가 발생하면 농사는 절망에 가까운 피해를 입어 재난 상황이 발생하기도 한다. 중부 이란 같은 반건조 지대에서는 수렵이나 유목을 포기하고 농업을 택할 이유가 뚜렷하지 않다. 그럼에도 조로아스터의 제자들은 정착과 농경을 시작하라고 가르쳤다.

　사람들은 조로아스터의 가르침에 따라 유랑을 멈추고 정착을 시작했지만, 정착은 유목보다 난관이 많았다. 특히 농사를 짓기 위해서는 안정적인 물 공급이 필요하고 정착민들은 물을 얻기 위해 대규모 공사를 해야 했으며 그 결과 카나트, 시컨스, 야크찰 같은 건축물이 만들어지고 도시가 건설되었다. 도시가 건설되고 문명과 문화를 얻었지만 삶은 편안해지지 않았다. 도시와 문명은 더 많은 노동을 필요로 하기 때문이다. 주민들이 원하던 것이었을까?

　누구에게든 미래는 추측일 뿐이다. 그래서 미래는 포장하는 자의 것이다. 조로아스터는 미래를 멋지게 포장한 선각자였다. 조로아스터교는 초원의 폭력과 혼란을 극복하려 했고, 사람들의 동의를 끌어내기 위해 절대적 힘에 의존했다. 그가 추구한 절대적 존재는 이전과 다른 차원의 존재여야 하고 다른 차원의 힘이어야 했다. 태양도 아니고 번개도 아니며 사자도 호랑이도 아닌, 볼 수도 만질 수도 느낄 수도 없지만 세상을 온전히 지배하는 존재, 그런 존재를 유지하기 위해서 유목민의 자유가 아닌 정착민의 순응이 필요하지 않았을까.

또한 정착은 사람을 통제하고 노동력을 동원할 수 있는 가장 손쉬운 방법이다. 어쩜 문명의 발달은 노동력 동원과 비례하는지도 모른다. 인류가 세운 문명은 인간의 노동력을 기반으로 이룩되었기 때문이다. 조로아스터가 추구했던 질서는 순응의 질서였다. 절대자에 순종하고 하나의 공간에 모여 평화롭게 살아가는 문명 사회의 틀 안에 속박시키려 한 조로아스터 그의 의도는 공동의 선을 위한 선택이었지만, 유발 하라리는 『호모 사피엔스』에서 이런 동기에 대해 전혀 다른 견해로 문제를 지적한다.

"농업혁명은 인류 최고의 사기극이다."

그는 기원전 9,500년경에 건설된 것으로 추측되는 괴베클리 테페(Gobekli Tepe)라는 사원 유적을 들어 사기극을 증명하려 했다. 기존의 설명은 "기원전 8,500~9,000년경 터키 남부에서 밀을 경작하기 시작했으며, 이런 농업혁명을 통해 얻게 된 잉여 농산물로 인해 일 년 365일 식량 채집을 해야 하는 올가미에서 벗어나게 되었고, 유휴 노동력을 활용하여 신전 건축이 시작되었다"는 것이다. 그런데 유발 하라리는 괴베클리 테페의 예를 들어 역으로 설명했다. 신전을 건축하기 위해 사람들을 정착시킬 필요가 있었고 이 과정에 식량 문제를 해결하기 위해 농업혁명이 일어났다는 것이다.

잉여 생산물이 유휴 노동력을 만들어 낸 것일까? 노동력을 동원하기 위해 농업생산성이 증대된 것일까? 닭이 먼저냐 달걀이 먼저냐를 두고 논쟁하는 모양새다. 이 질문은 조로아스터에게도 적용되는 질문이 아닐까? 조로아스터교에 순응하는 인간을 만들기 위해 정착을 가르친 것일까, 아니면 폭력적인 질서

호텔 창밖으로 내다본 야즈드 시내. 우뚝 솟은 시컨스(sequence, 자연 에어컨인 풍탑)가 인상적이다.

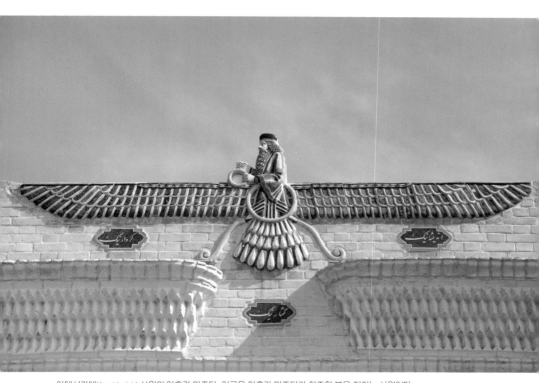

아테시카데(Ateshkadeh) 사원의 아후라 마즈다. 이곳은 아후라 마즈다가 창조한 불을 지키는 사원이다.

를 평화로운 질서로 바꾸려는 의도 때문이었을까? 이유가 무엇이든 조로아스터의 가르침은 단단히 뿌리를 내렸다. 기독교로, 이슬람으로 화장만 고친 채.

조로아스터교는 불을 믿는다. 그냥 불이 아닌 신을 닮은 영원의 불이다. 나는 그 불이 모셔져 있는 아테시카데(Ateshkadeh) 사원을 찾았다. 아테시카데에 모셔져 있는 영원의 불은 신이 창조한 것으로 조로아스터교를 상징하는 성물이다. 그런 추상적 의미가 아니더라도 기원전 400년부터 야즈드에서 모셔 온 정신적 지주다. 그러니 2,400년간 꺼지지 않은 세계 최고 장수 불인 것만은 확실하다. 정말로 2,400년간 유지되어 온 게 진실인가?

오전 11시 Hirbod라고 불리는 사제가 제단에 나무를 올리는 의식이 시작된다. 불은 Hirbod가 나무를 올려 놓지 않으면 오늘을 넘기지 못한다. 그러니 불의 수명은 기껏해야 하루나 이틀 아닌가. 그런데도 2,400년을 유지해 왔다. 2,400년은 불의 시간인가, 인간의 시간인가? 조로아스터가 주입시킨 신념이 얼마나 강한 것인지 새삼 고개 숙이게 된다. 3,400년 전 조로아스터는 자신이 사는 시대를 고민했을 것이다. 그런데도 인간은 3,400년 전의 의식에서 아직도 못 헤어나오고 있다. 조로아스터는 인류의 머릿속에 무엇을 심어 놓은 것인가?

야즈드에서 이스파한으로 향하는 길은 메마른 중부사막을 가로지른다. 하루에 충분히 이동할 수 있는 거리지만 이란의 사막을 체험하고 싶어서 이틀을 잡았다. 중국 신강에 가면 카레즈(karez)라는 지하수로가 있다. 톈산에서 흘러내리는 물을 모아 투르판까지 옮기는 수로인데, 투르판은 너무 덥고 메말라서 증발량이 많기 때문에 땅속에 지하수로를 파기 시작했다. 한 농부에 의해 공사가 시작되었지만 현재는 수로 길이가 무려 5,000km에 달하는 거대한 토목공사가 되었다. 그래서 중국은 만리장성, 경항 대운하와 함께 카레츠를 '중국의 3대 공정'으로 꼽는다. 중국은 많은 발명품을 가지고 있지만 카레츠만은 중국의 발명품이 아니라 페르시아의 아이디어였다. 오늘 머무르는 나인(Naein)은 카나트(중국 신강 카레츠의 원근)가 시작된 오아시스 도시로 알려져 있으니 적당한 숙소를 찾아 짐을 풀었다.

산업화가 진척되며 카나트의 역할이 많이 축소되었지만 카나트는 반건조 지대에서 여전히 널리 사용되는 수리 시스템이다. 나인의 경우 오늘날에도 사용하는 물의 70% 이상을 카나트를 통해 얻는다고 한다. 단색의 사막, 콧구멍에 피딱지가 앉을 만큼 메마른 대기, 찌는 듯한 더위, 정착은 쉽지 않은 선택이지만 정착을 선택한 이상 살기 위해 수로 건설에 매달려야 했고, 카나트는 그렇게 만들어졌다.

정착을 후회하는 사람들은 없었을까? 유목 생활은 자유롭고 노동이 적다. 돌아다니다 적당한 대지에 머무르고, 불편하면 다시 이동하면 그만이었다. 그런데 정착하고 보니 노동량이 대폭 늘었다. 농사는 매일 일정량의 일을 해야 한다. 시간이 남으면 집도 손봐야 하고, 도시는 모여 사는 공간이라 이래저래 공공시설물도 건축해야 한다. 자유를 헌납하고 대가로 받은 건 안락이 아닌 고된 노동이었다. 조로아스터의 가르침이 과연 옳았던 것일까? 나인에서만큼은 잘못된 게 아닐까?

진화적 성공은 종의 번식이다. 닭이 탄생하고 현재의 닭은 진화적 성공의 최상위다. 무려 400억 마리가 지구촌에 존재하기 때문이다. 하지만 닭의 수명은 알에서 부화하고 27일이다. 그것도 하루도 쉬지 않고 밤낮없이 모이를 먹는 고통 속에서 살아야 한다. 개체로서의 닭은 가장 불행한 시기를 살고 있다. 진화적 성공과 무관하게.

사막 한가운데 앉아 저물어 가는 노을을 보고 있으니 조로아스터의 의도가 궁금해진다. 진화적 성공은 성취한 것이겠지, 유일신을 믿는 인간이 절대적으로 늘었으니. 하지만 개인의 삶은 진화적 성공만큼 행복지수가 높아졌을까?

4. 이란 중부의 사막과 이스파한

이스파한은 이란 중앙에 자리잡은 사산조를 비롯해 중세 이란 왕조의 수도였던 역사적인 도시다. 사산조가 번창하던 때 이스파한의 화려함은 세상 어디와 비길 데가 없었다고 한다. 그래서 '세상의 절반'이라는 애칭으로 통하는 도시였다. 인도와 셰익스피어를 바꾸지 않겠다던 엘리자베스 여왕이나, 세상의 절반을 주어야 이스파한과 바꾸겠다는 이란 사람들이나 과함을 넘어 자부심이 대단하다는 생각이 든다.

사산조는 페르시아의 영광을 재현했으며, 조로아스터를 국가 종교로 받아들여 오늘날의 이란을 있게 한 왕조다. 하지만 동로마와 함께 이슬람의 광풍에 맥없이 쓰러졌다. 사막에서 일어난 작은 상업 집단이 어떻게 번성한 제국을 쓰러뜨릴 수 있었을까?

현장 법사는 천축국에 가던 도중 서역의 작은 왕국의 국왕으로부터 금화 100냥과 은전 3만 매를 하사받았다고 『대당서역기』에 기록했다. 현장 법사가 받은 금화는 동로마의 화폐 노미스마이고, 은전은 사산조의 화폐 드라그마였다. 당시 중앙아시아에도 사산조의 은전과 동로마의 금화가 국제 화폐로 널리 쓰이고 있었음을 알 수 있다. 미국 달러가 뉴욕 월가를 통해 전 세계로 퍼져

이스파한 이맘 광장. 중세 페르시아의 문화 중심지이자 왕국의 수도였던 이스파한의 영광을 간직한 중앙 모스크다.

나가듯이 사산조의 은화는 니샤푸르와 메르브를 통해 중앙아시아와 동지중해 각지로 퍼져 나갔고, 그 덕에 실크로드는 무역이 활성화되었다.

동로마의 금화 역시 이태리 상인들을 통해 중앙아시아와 유럽 각지로 실려 나가며 지중해 교역과 산업을 활성하시키는 촉매제 역할을 했다. 기축통화를 두고 미국과 중국이 다투듯 사산조와 동로마는 비슷한 경쟁을 벌이고 있었다. 금화 중심의 동로마와 은화 중심의 사산조, 이들은 400년간 다툼을 멈추지 않았고, 결국 서로 상대하느라 기진맥진하여 이슬람의 발흥을 막지 못했다. 기축통화의 패권싸움이 아니었다면 400년간이나 다툼을 이어 갈 필요가 있었을까.

동로마도 그렇고 사산조도 그렇고 충분히 넓은 땅과 풍부한 생산력을 지녔기 때문에 평화가 더 이로운 선택일 수 있었다. 하지만 제국을 운영하려면 안정적이고 지속적인 화폐 발행이 필요하고, 화폐의 안정적인 발행은 많은 사람들이 그 화폐를 신뢰하고 사용할 때만이 가능하다. 많은 사람들이 사용하고 소유해야만 안정적으로 화폐를 발행할 수 있으니, 둘의 다툼은 하나가 죽기까지 끝나는 싸움이 아니었다. 그렇게 둘의 다툼은 탈진할 때까지 이어졌고 이슬람의 칼 끝에 무너졌다. 팽창 욕심을 버리고 통치 영역을 나누어 공존했다면 어땠을까. 이슬람은 아라비아 반도를 벗어나기도 전에 제압되지 않았을까?

대부분의 제국은 화폐 발행에 실패하며 멸망에 이르렀다. 화폐를 남발하게 되면 하이 인플레이션이 일어나고 하이 인플레션은 민란을 유발해 제국의 몰락으로 이어졌다. 로마가 그랬고 몽골제국도 예외가 아니었다. 몽골제국의 기초를 세운 야율초재(耶律楚材)는 지폐를 처음 발행하였다. 야율초재는 지폐를 무분별하게 발행하다가 멸망에 이른 송나라와 금나라를 교훈 삼아 지폐 발행을 엄격하게 제한했다. 하지만 이런 정책은 저항이 많고 오래 지속하기 어렵다. 화폐 발행의 유혹은 달콤하기 때문이다.

베이징으로 터전을 옮긴 쿠빌라이 역시 교초(交鈔)라는 지폐를 발행했다. 쿠빌라이는 원나라가 보유하고 있는 구리의 양(365만 관)에 맞게 73,000장만 발행하는 등 엄격히 제한했으나 오래가지 않았다. 쿠빌라이는 중국 통일을 원했으며 남송을 멸망시키려고 지속적인 군사작전을 펼쳤고, 심지어 3회에 걸친 일본 침공과 2회에 걸친 남월(월남) 침공까지 벌였다. 그럴 때마다 많은 전쟁비용을 충당하느라 교초를 발행해야만 했다.

몽골은 초원을 떠나올 때와는 다른 상황이었다. 중국과 중앙아시아를 통치하며 화폐경제가 자리잡았고, 동원된 병사 대부분이 임금을 받는 한족이었기 때문이다. 군수용품부터 군사 모집까지 모든 게 돈이었지만, 쿠빌라이는 남송만 정복하면 모든 문제가 해결된다고 믿었다.

송나라는 강남 개발을 통해 막대한 부를 쌓은 나라였다. 12세기 송나라의 철강 생산량이 12만 5,000톤에 달했으며, 이는 1788년 영국이 산업혁명에 성공하고서도 한참 지난 뒤에야 도달한 양이었다. 송나라는 영국보다 500년이나 앞서 산업혁명 초기 단계에 진입했고 산업이 발전했으며 생산성이 높았다. 쿠빌라이는 남송을 굴복시키고 강남만 얻으면 모든 재정 문제가 해결될 거라고 믿었기에 남송 정벌에 적극적이었다. 하지만, 남송은 금나라와 몽골의 침공을 막아내며 경제가 거의 탈진된 상태였다.

몽골은 남송을 손에 넣었지만 재정난을 해결할 수 있었고, 결국 원나라 조정은 교초를 구리로 바꿔 줄 수 없게 되자 교초를 폐지하게 되었다. 그러자 산업은 급속히 위축되었고, 남발한 교초는 인플레이션을 자극하여 민생은 극도로 피폐해졌다. 화폐 운영에 실패한 왕국의 운명은 자명했다. 원나라는 교초 사용을 금지하고 3년이 지나 고비 너머로 쫓겨났다. 적수가 없었던 몽골제국은 화폐라는 보이지 않는 적에게 격침을 당한 것이다.

새로 건국한 명나라는 송나라와 금나라, 원나라마저 무분별한 화폐 발행으로 멸망한 전례를 보고 화폐 발행에 매우 신중했다. 명나라 건국 초기 대명통행보초(大明通行寶鈔)라는 지폐를 발행했다가 물가 폭등 징후를 보이자 지폐 발행을 중단하였고 다시는 발행하지 않았다. 그러자 경기가 침체되고 산업이 위축되었다. 현물이 동전이 지폐를 대신할 수 없었기 때문이다. 지폐가 사라지며 대외 무역도 위축되었다. 명나라는 이를 해결하기 위해 조공무역, 차마교역, 변경무역을 허가했지만 물물교환 형식의 폐쇄적인 교역이었고, 그마저도 조선, 대월국 등 주변국으로 한정했다.

명나라를 따르는 조선 역시 쇄국이 국시가 되었다. 유럽이 대항해 시대에 들어서고 산업혁명이 태동한 격동의 시기에 중국과 조선은 우리만의 울타리

안에 안주해 있었던 것이다. 원나라는 화폐를 무분별하게 발행하여 멸망했지만 화폐 발행을 하지 않은 명나라는 역설적이게도 화폐가 없어 쇠퇴했다. 임진왜란을 지원한 명은 재정이 바닥나 극도의 피로감을 느꼈다. 하지만 산업을 일으킬 화폐가 없었다. 화폐를 찍어 산업계에 공급했다면 한반도에서 일어난 국지전으로 명나라가 명운을 다하는 일은 없지 않았을까?

사산조와 동로마가 다툰 400년간 주변부는 빠른 성장을 했다. 실크로드가 교역로로 활성화되었고, 페르시아가 중앙아시아의 성장을 이끌었다. 서쪽에서는 발칸 반도가 로마 문화권에 흡수되며 급속히 문명화되었다. 모든 원인은 화폐였다. 화폐가 공급되면 성장하고 화폐 공급이 멈추면 침체되었으며, 화폐가 남발되면 멸망했다. 이스파한은 콘스탄티노플과 함께 400년간 뉴욕의 월가였던 것이다. 이것이 400년간 전쟁을 멈출 수 없었던 페르시아와 동로마의 숙명이었다.

한 시대를 이끌어 간 도시, 이스파한은 여전히 영광을 기억하고 있다. 도시의 규모나 건축이 번성한 제국의 한때를 증명하고 있으며 아르메니아인 지구, 유대인 지구 등 국제화된 도시의 단면이 여전히 살아 있다. 세상의 절반은 거저 얻어지는 게 아니었던 것이다.

5. 왕의 대로가 연결하는 페르세폴리스

수사에서 페르세폴리스를 찾아가는 길은 차량으로 이틀이 소요될 만큼 멀고 험했다. 이틀간의 차량 이동을 마다하지 않은 건 수사에서 페르세폴리스를 연결하는 도로가 '왕의 대로'였기 때문이다. 제국은 거대한 영토를 효율적으로 통치하기 위해 통치 도로를 건설했고, 그런 도로가 페르시아에선 왕의 대로였다. 페르시아만이 아니다. 로마에는 로마의 길이 있고, 잉카에는 잉카의 길이 있었다. 제국을 통치하는 데 길의 역할이 중요했기 때문이다. 왕의 대로는 지중해에서 시작했으며 행정 수도인 수사를 거치고 페르세폴리스에서 멈췄다. 길이 끝나는 지점은 특별한 의미와 이유를 가지고 있다. 잉카의 길은 마추피추에서 끝났고, 마추피추는 왕가의 무덤이었기 때문에 잉카의 길은 철저히 비밀에 부쳐졌다.

반면, 페르세폴리스는 공개적인 장소였고 감추기보다 드러내려는 도시였다. 그런 도시에서 길이 멈췄다. 비밀에 부쳐졌기에 마추피추는 잉카의 멸망과 함께 실종되었고 그 덕에 파괴를 면했다. 보여 주려 한 페르세폴리스는 페르시아의 멸망과 함께 철저하게 파괴되었다. 도시국가에 불과한 아테네를 두 번이나 침공하고도 굴복시키지 못했고, 스키타이 침공에서도 힘 한번 써 보지 못하고 후퇴한 그저 그런 무력을 가진 페르시아였다. 지킬 수 없음을 알면서도 제국의 영성(靈性)을 감추지 않은 이유가 무엇이었을까?

키루스 대왕은 기원전 539년 신바빌로니아제국을 멸망시키고 페르시아에 편입시켰다. 바빌론에 입성한 키루스 대왕은 자신의 통치철학을 발표했으며 이를 원통의 점토판(Cyrus cylinder)에 깨알같이 남겼다. 1879년 바빌론 유적지에서 발견된 원통 점토 비문에는 다음과 같은 내용이 적혀 있다.

"아후라 마즈다의 뜻으로 공표하니, 내가 살아 있는 한 너희의 전통과 종교를 존중할 것이며, 그 누구도 다른 사람을 억압해서도 차별해서도 안 되며, 이유 없이 남의 재산을 강탈해서도 안 되며, 다른 사람의 자유와 권리를 침해해서도 안 되며, 부채 때문에 남자도 여자도 노예로 삼는 일을 금한다."

100년 전 조선에선 꿈도 못 꾸던 생각이었고, 200년 전 미국이나 유럽에서도 상상할 수 없는 주장이었다. '세계 최초의 인권헌장'이라는 평가가 전혀 부족하지 않은 내용이다. 신과 권력이 아닌 인권과 평등, 포용 등 20세기의 어젠다를 말하고 있기 때문이다. 2,500년 전 아무도 꿈꿔 보지 못한 세상을 이야기한 키루스 대왕, 붓다나 예수의 재림이라고 해도 부족함이 없다. 유대인은 키루스 대왕의 통치 이념에 따라 예루살렘으로 귀환할 수 있었고, 다른 민족의 종교와 문화, 언어를 편견 없이 페르시아는 당대 최고 수준의 문화적 성취를 이룩했음은 물론 이를 바탕으로 인류 최초의 제국을 완성했다.

제국은 문화와 민족, 언어, 역사적 배경이 전혀 다른 영역과 구성원에까지 통치권을 발휘하는 국가를 말한다. 제국은 무력으로도 완성할 수 있다. 하지만 키루스 대왕은 무력이 아닌 문화의 힘을 선택했다. 키루스 대왕이 시작한 문화 지배 전통은 그리스, 로마로 전승되었고, 서유럽의 근간을 만든 로마의 문화 통치도 그렇게 시작되었다.

문화 지배의 전통을 세운 키루스의 이상은 높았으나 그의 이상은 오래가지 않았다. 70개의 인종이 아나톨리부터 메소포타미아, 페르시아, 박트리아까지 평화롭게 팍스 페르시아의 깃발 아래 공존했지만 알렉산더에 멸망하기까지 200년이었다. 페르시아는 소수의 알렉산더 북방 원정군에 맥없이 무너졌고 페르세폴리스는 폐허가 되었다. 그리고 키루스 대왕의 꿈과 이상은 거기서 멈췄다. 백성들을 위한 이상이었건만 백성들은 페르시아의 멸망을 지켜볼 뿐, 페르시아를 구하려 하지 않았다. 어찌된 것인가? 모든 것이 기만이었나?

예수도 붓다도 힘에 의한 질서를 거부했지만 현실은 정반대로 진행되었고, 무력에 성인은 무력했다. 예수는 십자가에 못박혀 죽음을 맞이했고, 붓다는 친척들의 죽음을 지켜봐야 했다. 예수가 죽임을 당했다고 가르침이 사라지지 않고, 붓다가 칼을 들지 않았다고 해서 말씀이 무력하지 않다. 진정한 힘은 2,000년 전 존재했던 무력이 아니라 2,000년 동안 지배해 온 정신이기 때문이다. 이것이 내가 찾던 페르시아의 실체가 아닐까?

조로아스터의 가르침을 현실 세계에 옮겨 놓으려 한 키루스 대왕의 꿈은 페르세폴리스와 함께 무너졌다. 페르세폴리스를 돌아보고 나오는 발길이 무거웠다. 통치의 패러다임을 바꾸려 한 키루스 대왕의 꿈은 그의 후계자들에 의해 계승되었지만 오래가지 않았다. 계승자인 다리우스 3세는 무기력했으며,

페르시아 제국의 창시자이자 영광을 이끈 키루스 대왕의 무덤. 이 무덤은 이란 남부 파르스 주 파사르가다에에 있으며 단단한 돌로 건축되어 있다.

군중은 저항 대신 알렉산더를 새로운 통치자로 받아들였다. 무엇이 이 모든 것을 가능하게 했을까? 알렉산더의 무력인가?

알렉산더의 무력은 페르시아 제국 전체로 보면 작은 규모였다. 페르시아 제국이 일치 단결했다면 알렉산더를 막지 못할 이유가 없었다. 페르시아의 무기력에는 다른 숨겨진 것이 있지 않을까? 키루스 대왕의 이상이 페르시아라는 단어로 압축되어 전해지는 게 정당한 것인지 궁금해서 다시 페르세폴리스로 들어갔다. 건물은 뼈대만 있고 남은 것이 많지 않다. 벽면에 어렴풋하게 남은 부조들, 석구와 석상만으로 페르시아의 위대함을 증명하기에는 무언가 부족해 보인다. 페르시아는 정말로 위대했던 것일까?

동방의 왕이 되고자 한 알렉산더가 페르세폴리스를 방화한 이유도 이해하기 어렵다. 이집트에서 알렉산더는 신전을 방문하여 파라오의 의식을 가졌다. 페르세폴리스에서도 샤(동방의 왕)가 될 수 있었다. 페르시아를 존중했고 페르시아 문화에 심취했으며, 다리우스의 딸을 아내로 맞이할 정도로 페르시아에 공을 들였던 알렉산더, 그런 그가 가장 중요한 페르세폴리스를 파괴하고 방화했다. 의도적이었을까? 아니면 어쩔 수 없는 이유가 있었을까?

로마 역사학자 플루타르코스는 『영웅전』에 "2만 마리의 노새와 5천 마리의 낙타에 보물을 실어 갔고 약탈이 끝나자 불을 놓아 페르세폴리스의 흔적을 지우려 했다"는 기록을 남겼다. 알렉산더의 북방 원정군은 전투병사만 4만에 이르렀고 식솔과 군속까지 다하면 7만에 이르는 대규모 집단이었다. 대규모 군대를 유지하고 전쟁을 수행하는 데는 많은 돈이 필요하다. 그래서 전쟁은 돈 싸움이라는 말도 있다. 전쟁의 승패는 돈에 의해 좌우되지만 알렉산더에게는 그런 돈이 없었다. 꿈은 컸지만 그리스의 재정은 그리 좋지 않았고, 더군다나 절대왕정이 아니어서 무리하게 재원을 갹출할 수도 없었다. 각각의 폴리스는 할당액만 낼 뿐 독자적으로 폴리스를 운영했기 때문이다.

알렉산더가 모든 걸 뒤로하고 페르세폴리스를 향해 달려온 이유가 달리 있었을까? 알렉산더는 다리우스를 쫓은 게 아니라 페르세폴리스의 금을 쫓아 말을 달렸는지도 모른다. 페르세폴리스의 금이 있어야 전쟁을 지속할 수 있었기 때문이다. 사실이 그럴지라도 이것만이 전부는 아닐 것이다. 금이 필요하면 금만 실어가면 될 일 아닌가? 파괴와 방화는 의도적이었다. 알렉산더는 의도를 가지고 있었다.

알렉산더는 신이 되고자 했다. 그는 신이 되기 위해서 신이었던 키루스 대왕을 지우려 한 게 아니었을까? 이유가 무엇이든 페르세폴리스는 파괴되었고, 키루스 대왕의 이상은 더 이상 유지되지 않았다. 지켜야 했으나 지키지 못한 애달픔이 페르시아라는 환상으로 남은 건 아닐까?

6. 메소포타미아로가 지나는 교차로, 타브리즈

타브리즈는 투르크계 지역 왕조인 흑왕조, 백왕조가 성공적으로 정착한 땅이었다. 셀축이나 오스만같이 성공하지는 못했어도 나름 강력한 세력을 이루었고, 오늘날 아제르바이잔으로 이어지고 있다.

샤슬릭은 유목민들의 대표 음식이다. 그중에서도 으뜸은 아제르바이잔 샤슬릭이다. 타브리즈 시장에는 아제르바이잔 샤슬릭과 튀르키예 대표 음식인 케밥, 이란이 자랑하는 노란밥 쉬린 폴로(Shirin polow) 등 각국의 음식이 즐비하다. 다양한 음식만큼이나 오가는 사람들도 다양하다. 타브리즈는 튀르키예

마슈하드 이맘 레자 모스크는 이슬람 시아파의 3대 성지 중 하나다.

조로아스터의 풍장탑. 시신을 탑에 안치하여 자연 부패한 후에 뼈만 추려 매장했다.

인, 이란인, 아제르바이잔 상인들이 교역을 하고 있어서 이란에서 가장 국제적이고 이색적인 도시에 꼽힌다.

현대에도 이국적인데 옛날에는 어땠을까? 타브리즈를 남북으로 지나는 길은 북캅카스에서 시작해 메소포타미아의 중심지인 바그다드를 지나 바스라 항까지 연결하는 메소포타미아로(路)이며, 타브리즈는 위치상 메소포타미아로 한중간이다. 동서로는 페르시아와 콘스탄티노플을 연결하는 실크로드의 주요 경유지이고, 남북으로 메소포타미아로가 통과하고 있으니 카쉬가르 같은 교역의 십자로였다. 하지만 동로마와 사산조, 오스만과 페르시아 왕조들이 타브리즈를 경계로 대립했기 때문에 타브리즈는 크게 활성화되지 못했다.

여러 문명과 종교가 모이는 교차로에 기독교 최초의 교회가 세워졌다는 것은 흥미로운 일이다. 동방박사는 천문을 연구하는 조로아스터 박사였다. 이들은 별똥별이 떨어지는 걸 보고 구세주의 탄생을 예감했고 유향과 몰약, 황금을 들고 별똥별이 떨어진 서쪽으로 향했다. 여러 날 별똥별이 떨어진 장소를 찾아 헤매던 동방박사는 베들레헴 마구간에서 갓 태어난 예수를 찾았으며, 구세주 아기 예수의 탄생을 축복하였다. 이들은 예수 탄생을 축복하고 고향인 우르미아(Urmia)로 돌아와서 기독교로 개종하였고, 자신들이 머무르는 조로아스터 교회를 기독교 교회로 바꾸었다. 세계 최초의 교회는 아이러니하게도 조로아스터교 박사에 의해 이란 땅에 세워졌던 것이다.

예수도 이 길을 지나갔다는 기록이 있다. 라닥의 헤미스 사원에서 발견된 고전 불경 『이사전(傳)』에 따르면 "예수는 13세가 되었을 때 인도 힌두 왕국의 왕족인 라반나의 초대를 받아 인도 유학을 떠났다. 인도에서 10년 수학하는 동안 힌두와 불교를 수학하였으며 불교에 귀의하고 '이사(Issa)'라는 법명을 받았다. 24세 때 페르시아를 경유하여 귀국하던 중 자신이 태어날 때 찾아온 3인의 조로아스터교 사제인 '홀', '룬', '메루'와 재회했다."

  예수가 3인의 동방박사와 재회한 곳, 최초의 교회가 들어선 곳, 거기는 현재 타브리즈에서 멀지 않은 우르미아로 알려져 있다. 우르미아는 차로 3시간 거리라서 하루에 충분히 갔다 올 수 있는 곳이었다. 나는 장터에 늘어선 택시를 향해 목적지를 외쳤다.
  "혹시 성마리아 교회라고, 우르미아에 있는 교회 아세요?"
  "모르겠는데요."
  "세계 최초의 교회라는데….”
  "글쎄요."
  택시기사 몇 사람에게 물어보았지만 아는 사람이 없었다. 이슬람 땅에서 기독교 교회를 찾는 일이니 쉽지 않을 거라고 생각했지만, 그래도 세계 최초의 교회인데, 아쉬웠다. 주태균 님의 『낙타 선생 페르시아 가다』라는 책에는 교회 위치가 자세히 기술되어 있다. 하지만 여행 전 위치를 챙기지 못했다. 그러니 누굴 탓하랴.
  마음을 접고 나니 도리어 편했다. 여행 중 모든 걸 다 봐야 하는 건 아니다. 하나쯤 남겨 놔야 또 오게 되지. 다음을 기약하며 튀르키예로 향했다.

13장
-
아라라트와
티그리스

1. 쇠퇴한 지역의 실크로드

타브리즈에서 국경을 건너 도우바야지트로 가는 길은 수월했다. 별 어려움 없이 국경을 통과했고, 무엇보다 길이 살아 있어서 좋았다. 유라시아를 횡단하며 육로로 국경을 수차례 넘었다. 몽골에서 중국, 중국에서 타지키스탄, 타지키스탄에서 키르기스스탄, 키르기스스탄에서 우즈베키스탄, 우즈베키스탄에서 투르크메니스탄, 투르크메니스탄에서 이란까지 모두 여섯 번이었다. 그 길에서 내가 받은 인상은 유라시아의 육로는 여전히 상인과 물건이 건너다니는 교역로지만 시대에 뒤처진 길이었다.

타브리즈에서 도우바야지트를 연결하는 길 역시 노쇠했다. 그나마 위안이라면 지금도 충실히 활용되고 있는 것이다. 17세기 이후 실크로드는 쇠퇴를 거듭했지만 내륙에서는 여전히 널리 활용되었고, 해로와 함께 한 세기 더 공존했다. 실크로드가 본래 기능을 상실한 것은 18세기 들어서부터였다. 성장의 중심축이 내륙에서 해안으로 옮겨지며 내륙 국가들은 세계 질서의 중심에서 변방으로 밀려났다. 부를 생산하는 방식이 바뀌고 부의 창출이나 산업 생산력이 해양국가에 비해 턱없이 부족했기 때문이다.

내륙의 교역 도시는 그렇게 역사의 뒤안길로 사라졌다. 이때부터 실크로드는 교역의 중심에서 소외된 지역을 연결해 주는 지방도로로 전락했다. 타브리즈에서 도우바야지트를 연결하는 길도 그랬다. 한때 북캅카스와 메소포타미아를 연결하는 메소포타미아로의 중앙이고 이스파한과 콘스탄티노플을 연결하는 실크로드의 교차로였지만 모두 과거의 영광이었고, 현재는 항구에서 멀리 떨어진 내륙 도시와 도시를 잇는 쇠퇴한 길일 뿐이었다.

사실 그런 길도 얼마 남아 있지 않다. 교통이 발전하며 옛길을 대체할 수단이 많기 때문이다. 나 같은 여행자에게나 인정받는 낡고 허름한 길. 그래도 남아 있는 게 어딘가, 이만한 길이.

이란 출국장인 바자르간(Bazargan)를 통과하면 튀르키예 입국장인 구르불락(Gurbulak)까지 두 나라 사이의 공백지대를 걷게 된다. 지금까지 지나온 나라는 모두 비자를 요구했다. 그것만으로도 중앙 유라시아는 여전히 폐쇄적이고 서구가 선도하는 세계화에 한참 뒤떨어진 모습이었다. 튀르키예도 크게 다르지 않을 거로 생각했는데, 튀르키예는 한국을 비롯해 많은 나라의 여행객에게 무비자 입국을 허용하는 개방된 나라였다. 투르크 벨트의 종주국이고 이슬람을 신봉하는 국가지만 여타 중앙아시아 국가와는 분위가가 사뭇 달랐다. 변화를 위해 꿈틀거리는 공룡이라고나 할까?

오스만은 알타이 자락에서 쫓기듯 서천을 감행했을 때는 물론이고 킵착 초원을 떠돌 때도 그렇고, 심지어 호라산을 거쳐 아나톨리 동부에 터를 잡았을 때만 해도 그리 대단한 사람들이 아니었다. 그런데 어느 순간 유럽 전체를 상대하는 큰 세력이 되었다. 한참 번성했을 때는 아나톨리 반도는 물론이고 발칸 반도, 사우디 반도를 넘어 북아프리카까지 아우르는 거대 제국을 건설했다. 이들의 성공 과정을 보고 있으면 대단하다는 탄성이 나올 뿐이다.

유라시아에서 제국을 건설한 민족은 많았다. 그들은 토착민이거나 인접한 거주민이었고 현재도 그 땅에 살고 있다. 중원으로 침투해 수나라와 당나라를 세운 선비족과 원나라를 세운 몽골족, 청나라를 세운 만주족 이외에도 중국의 절반을 차지했던 여진족, 거란족은 모두 만주와 몽골리아에서 활동하며 중국 북방과 긴밀하게 교류해 온 유목 부족이다. 이들은 이웃 부족이 중국에서 성공하는 광경을 목도했고, 이웃의 성공을 시금석 삼아 중원으로의 진출을 꾀했다.

반면, 오스만은 예외적인 집단이었다. 몽골리아에 기반을 둔 유목 부족에서 시작했지만 익숙한 중국이나 중앙 유라시아가 아니라 전혀 연고도 없고 익숙하지도 않은 아나톨리 반도로 이주하여 대성공을 거두었다. 남의 땅에 들어와 주인이 되었기 때문일까? 오스만의 후예는 낯선 여행객에게 호의적이다. 출입국 관리소 공무원은 유쾌하게 "welcome!" 하고 외치면서 도장을 찍어 주었다.

출입국 관리소 밖으로 나오니 도우바야지트를 외치는 택시들이 줄지어 있고, 그들 사이에서 한 남성이 내게 손을 흔들었다. 여행을 시작하기 전 반(Van)에 있는 여행사에 픽업을 부탁했더니 그가 나를 맞이하러 온 것이다. 그에게 다가가니 내 이름이 적힌 쪽지를 보여 주었다.

"It's me."

"나는 함자입니다."

남자는 웃으며 문을 열어 주었고, 나는 그에게 짐을 맡기고 차에 올랐다.

"쿠르드인인가요?"

"예, 여기는 쿠르디스탄(Kurdistan)입니다."

쿠르디스탄은 쿠르드의 땅이라는 뜻이다. 쿠르디스탄에 있으니 쿠르드인을 만나는 게 아주 자연스러운 일인데, 문득 겁이 났다. 쿠르드 민족은 분리독립을 주장하는 테러리스트로 통하기 때문이다. 쿠르드족은 인구가 4천만이 넘는 데도 독립국가가 없고 이란, 이라크, 튀르키예, 시리아 등 여러 나라의 국민으로 살아가고 있다. 인구가 이렇게 많은 데도 나라가 없으니 갈등이 없을 수 없다. 그래서 갈등의 땅으로 불린다.

세상의 갈등은 이유가 있다. 민족주의는 근세가 정착해 가는 과정에 성립된 주요 의식이었다. 그래서 민족을 상상의 공동체라고 한다. 상상의 공동체라고 정의하는 이유는 같은 역사와 문화를 공유하는 운명공동체지만 실제는 특정 가문이나 집단의 역사였고 문화이기 때문이다. 그런데 개인들이 이를 자신의 역사와 문화로 인식하며 민족이라는 단단한 울타리에 자신을 가두었다. 그리고 나누기 시작했다. 우리와 우리가 아닌 사람들로.

중동에서 쿠르드족은 민족이라는 벽에 의해 모질게 희생당한 경우다. 쿠르드족을 포위하고 있는 튀르키예, 이라크, 시리아, 이란은 모두 역사적 뿌리가 깊고 민족의 아이덴티티가 분명한 나라들이다. 이들은 쿠르드족을 흡수하거나 해체하려 하고, 쿠르드족은 이들 국가에 흡수되지 않으려 모질게 저항하고 있다. 쿠르드족이 갖고 있는 역사적 벽은 무엇이기에 고독하게 남아 있는 걸까.

쿠르드족은 최초의 아리안계 왕국이었던 메디아의 후손이다. 이들은 페르시아에 흡수되었고 주변부로 밀려나 아나톨리 동부 산악지대에 유목민으로 살아왔다. 민족주의가 부상하지 않았던 근세까지 쿠르드족은 아나톨리 동부에서 평화롭게 사는 유목민이었다. 하지만 민족주의 광풍이 불고 민족국가가 세워지면서 쿠르드족은 주요 이슈가 되었다.

영국은 투르드족을 어떻게든 처리하려 했지만 쿠르드에는 두 가지 문제가 있었다. 독립국을 세우기에는 주변 강대국들의 마찰과 대립이 문제이고, 어느 한 나라가 흡수하기에는 인구가 너무 많았다. 인구가 4천만이나 되기 때문에 한 나라가 흡수할 경우 그 나라 자체가 쿠르드 나라가 될 위험이 컸다. 그렇게 쿠르드는 분리되었고 미아가 되었다. 누군들 이런 상황에서 테러리스트가 되지 않을 수 있을까? 동네 불량배나 범법자가 테러리스트가 되지 않는다. 대부분의 테러리스트는 정의롭고 지적인 사람들이다. 대의를 위해 자기를 희생해야 하기 때문이다. 안중근 열사도 일본에서는 테러리스트라고 하지 않는가.

뉴스에서나 보던 쿠르드 사람을 만나니 기분이 묘했다. 잘생기고 매너 좋은 사람인데 테러리스트는 아니겠지? 그의 밝은 미소를 보며 차에 올랐다.

2. 노아의 방주 운석공(Noah's Ark meteorite crater)

도우바야지트는 아라라트로 향하는 도시다. 그곳으로 향하면서 물의 심판을 계산해 낸 성서학자를 떠올렸다. 그는 그런 일을 하지 말았어야 했다. 왜냐하면 계산은 가능하지만 계산한 뒤에 하느님을 증명하기가 더 어려워지기 때문이다. 그런데도 이 성직자는 천지창조와 노아의 방주를 계산했다.

천지창조와 물의 심판을 시간이라는 선상에 올려 놓고 계산한 제임스 어셔(James Ussher)는 독실한 아일랜드 주교였다. 그가 믿은 건 성경이었고 그랬기에 성경에 언급된 시간을 기초하여 사건의 시간을 역산했다. 그의 계산에 따르면 천지창조는 BC 4004년 10월 23일(춘분) 자정이었다. 그럼 물의 심판은 언제였을까? 역시 성경에 기초하여 역산하면 BC 2304년이라고 한다. 계산은 솔로몬이 성전을 건축하기 시작한 해인 기원전 967년을 기준으로 삼았다. 솔로몬의 성전 건축은 성경 이외에 앗시리아의 기록에도 언급된 역사적 사실이기 때문에 시간 계산의 기점으로 삼은 것이다. 따라서 솔로몬의 성전 건축 시기를 기준 삼아 성경에 기록된 사건의 시간을 역산하면 노아의 방주와 물의 심판을 계산해 낼 수 있다고 한다.

성경은 잘 짜인 시간 기록이지만 기록하고 있는 시간은 길지 않다. 수메르인이 아라비아 반도 북부 산악지대에서 메소포타미아로 이주한 건 기원전

5,000년에서 4,000년경이고 500년이 지난 기원전 3,500년경 수메르 문명이 시작되었다. 성경이 기록한 천지창조의 시간이 암흑에서 문명이 태동한 시간을 의미하고 있는 것은 아닐까? 어쩜 그럴지도 모른다. 동물과 구분되지 않는 삶을 살던 인간에게 동물을 지배하고 동물과 구별되는 삶으로 인도한 게 문명이기 때문이다.

그렇다면 노아의 방주는 왜 일어난 것일까? 물의 심판이 일어났던 시기와 비슷한 기원전 2,650년 이집트에선 절대왕정이 절정에 다다랐으며, 왕권의 힘을 보여 주려는 듯 대피라미드가 건설되었다. 메소포타미아에선 아르곤 왕이 나타나 수메르의 도시국가를 정복하고 아키드 왕국을 세웠다. 평화롭던 도시국가가 절대왕정에 통합되는 과정은 혼란이었을 것이다. 문명의 외곽에서 두리번거리던 유대인에게도 새로운 통제와 압박이 생겼을 터이고, 평화롭고 자유롭던 종교 생활에 제약이 생겨났을 것이다. 물의 심판은 이때 시작되었다.

물의 심판을 꿈꾼 사람들이 있지 않았을까? 노아의 방주는 새롭게 시작되는 인류의 희망선(希望船)이었다. 그렇게 소망이 기원이 되었고, 기원이 이야기로 각색되어 성경의 한 페이지를 차지했는지도 모른다. 무엇이 진실일까? 질문의 답을 찾아 아라라트로 향했다.

성경에 따르면 노아가 방주의 문을 닫자 비가 밤낮없이 40일간 퍼부었으며 세상은 모두 물에 잠겼다고 했다. 며칠 동안 비가 오면 세상이 모두 물에 잠길까? 최초의 성경은 기원전 7세기 바빌론에서 쓰여졌다. 바빌론은 비가 잠깐만 와도 도시가 물에 잠기거나 엉망인 티그리스 강가의 저지대였다. 성경을 집필한 이야기꾼은 세상에서 가장 높은 산을 아라라트로 알고 있었을 테고, 어느 정도 비가 오면 아라라트마저도 물에 잠길까 고민하지 않았을까?

40일이라는 날짜는 그런 고민의 결과인지 모른다. 어쩌면 이야기꾼이 경험한 실제 사건이거나 실제 사건을 소재로 이야기를 설계했을 수도 있다.

구약은 유대 민족의 신화로 치부되었으나 최근엔 성경을 통해 주변 역사를 검증할 정도로 기록의 정확성과 신뢰도가 높다고 한다. 그런 유대 민족이 창세기에 기록한 물의 심판이다. BC 2304년 어느 날 비는 40일간 밤낮으로 내렸고, 대지를 뒤덮은 물은 지상의 모든 생명체를 삼켰다. 노아의 방주만 남겨놓고…. 유대는 과장과 왜곡은 했을지언정 실재하지 않은 것을 기록으로 남기지 않았다. 창세기는 구전된 내용을 정리하였기 때문에 일말의 의혹을 가질 수 있지만, 구전이란 문자 기록에 비해 더 진실하고 거짓이 없다. 단지 정확하지 않고 과장이 있을 뿐이다. 그런 면에서 물의 심판은 실재했던 사건으로 봐야 하지 않을까? 단지 과장이 되었을 뿐.

1908년 아무도 살지 않는 시베리아 깊은 숲에서 폭발이 일어났다. 이때 서울 면적의 3.3배에 달하는 2,600km^{2}에 걸쳐 나무 8천만 그루가 쓰러지는 사건이 발생했다. 소련 정부는 사건이 벌어지고 13년이 지난 1921년 학술탐사대를 현장에 파견했다. 탐사대가 발견한 것은 충돌 중심부에서 불에 그을린 채 밖을 향해 쓰러진 수천만 그루의 나무와 충돌 지점 주변에 흩어져 있는 작은 다이아몬드 알갱이들이었다. 소행성이 충돌한 것이라면 현장에 충돌 흔적인 운석공(meteorite crater)이 있어야 하는데 운석공은 발견되지 않았다. 운석공이 13년 만에 사라진 것인가, 아니면 애초부터 없었다는 것인가?

그렇다면 8천만 그루의 나무를 쓰러뜨리고 불태운 주범은 무엇인가? 충돌 규모를 계산했을 때, 정상적이라면 지름 약 10km의 거대한 운석공이 있어야만 했다. 하지만 운석공은 어디에도 존재하지 않았고, 그날의 사건은 퉁구스 이벤트(Tunguska Event)라는 미스터리로 과학계에 남겨졌다. 원자폭탄보다 더 강한 충격으로 지구에 흔적을 남겼음에도 실체는 존재하지 않는 미스터리한 통구스 이벤트, 사건의 주범은 무엇이었을까?

칼 세이건은 『코스모스(Cosmos)』라는 책에서 혜성을 범인으로 지목하고 있다. 카이퍼 벨트(해왕성 바깥쪽에서 태양계 주위를 도는 작은 천체들의 집합체)에 떠다니는 무수한 혜성 중 일부가 궤도를 이탈하여 태양계에 진입했고, 그중 하나가 시베리아에 떨어졌다는 것이다. 현재도 혜성은 긴 꼬리를 흔들며 지구를 스쳐가고 있으며, 그중 일부는 지구로 떨어지는 일이 반복되고 있으니 충분히 설득력 있는 주장이다.

그는 또 "시베리아를 초토화시킨 혜성은 대기권을 통과하며 불이 붙었고, 지상 8km 지점에서 폭발을 일으켰으며 거대한 물 폭탄이 지상으로 일시에 떨어졌다. 물 폭탄은 대지와 충돌하며 사방으로 퍼져 나갔고, 이때 수천만 그루의 나무가 바깥쪽을 향해 쓰러졌다. 또 대지와 충돌한 물은 그 충격으로 다시 하늘로 솟구쳐 올랐으며 비구름을 만들어 여러 날 비를 뿌렸다"고 주장했다. 통구스 이벤트의 범인은 혜성이었기 때문에 운석공이 없었던 것이다.

이런 일이 아라라트에서도 일어났고 그 증거가 '노아의 방주 운석공'이라고 주장하는 과학자들이 있다. 그들의 주장대로 BC 2304년 혜성이 아라라트에 떨어졌고, 지구와 충돌한 혜성이 하늘로 솟구쳐 올라 비구름을 형성했으며 40일간 물 폭탄을 쏟아부었다면, BC 2304년 메소포타미아에 살았던 사람들에게는 지옥이었을 것이다. 허술한 집은 무너지거나 파괴되고 범람하는 강에 쓸려갔을 것이다. 특히 메소포타미아는 대부분 저지대라서 물에 잠기고 사람들은 물에 휩쓸려 목숨을 잃었을 것이다. 운 좋게 살아남은 사람들이 그때를 심판의 날로 받아들이며 사건을 부풀리지 않았을까? 그날의 사건은 수메르의 서사시 『길가메시』에도 언급되어 있다고 한다. 과학적 분석, 성경의 기록, 수메르의 점토판에도 기록으로 남아 있으니 확실히 실재한 사건이었다. 이제 확인할 건 사건 현장이다. 그 현장이 아라라트가 맞을까?

혜성은 대지와 충돌하며 지표면의 암석층을 파쇄하고 물은 파쇄된 대지를 휩쓸고 지나가며 퇴적의 흔적을 남기게 된다. 그 시간이 비록 4천여 년 전이지만, 땅의 역사로 보면 4천 년은 갓 태어난 아기의 울음소리에 불과하다. 그러니 쓸려간 토사가 쌓인 퇴적층이 어딘가 있어야 한다.

나는 물의 심판을 증명할 증거를 퇴적층이라고 단정했으며 그 현장을 찾고 싶었다. 하지만 안내자인 함자씨는 그 현장을 알지 못했다. 도리어 그런 사실이 있었냐고 흥미롭게 되묻는다.

"함자씨, 나는 물의 심판이 실재했다는 걸 확인하고 싶어요."

"방주를 묶었던 돌기둥, 방주가 내려앉은 흔적인 두르피나르(Durupinar), 아라라트에는 이게 전부입니다. 당신이 찾는 건 이야기일 뿐이죠."

"당신이 모른다고 근거 없는 이야기라고 하면 안 돼요. 우리가 모르는 사실이 너무 많잖아요?"

"난 20년간 아라라트 가이드를 했어요. 여기 사는 사람들은 모두 몰라요, 처음 듣는 이야기예요."

나는 우연히 본 듯한 기억을 떠올렸다. 어느 과학자는 물의 심판이 일어난 날 충돌에 의해 파쇄된 암석층과 물에 의해 쌓인 퇴적층을 '노아의 방주 운석공'이라고 표현했으며, 세계에서 두 번째로 큰 운석공이라고 했다.

지구에서 가장 큰 운석공은 칙술룹 운석공이다. 칙술룹 운석공은 6,500만 년 전 지름 10km의 운석이 멕시코만에 충돌하며 생긴 것이다. 그날의 충돌은 지구에 큰 변화를 가져왔다. 1억 년 이상 지구를 지배해 온 공룡은 멸종했으며, 포유류가 공룡을 대신해 지구의 지배종이 되었다. 그날의 충돌 흔적은 현재도 150km 너비의 운석공으로 존재하고 있다.

하지만 칙술룹 운석공조차도 증명된 게 그리 오래된 이야기가 아니다. 지구에서 두 번째로 크다지만 노아의 방주 운석공은 크기가 지름 10km밖에 안 되고 완벽하게 인정되지 않은 가설 상태다. 함자씨가 모르는 게 당연하다는 생각이 들었다. 모든 사건은 성경에 기록된 것이고 그게 전부이며 그것으로 충분하다. 과학적 진실과 실체는 그리 대단한 일이 아니다. 이런 사건은 우리가 아직 발견하지 못했을 뿐, 지구의 역사에서 수백만 번도 더 일어난 일이기 때문이다. 나는 '노아의 방주 운석공'을 마음에서 접었다. 내가 확인할 수 없는 대상이기 때문이다.

가벼운 마음으로 함자씨를 따라 방주가 물에 떠내려가지 않게 묶었다는 돌기둥을 찾았고, 뒤이어 두르피나르를 찾아갔다. 두르피나르는 노아의 방주가 내려앉았다는 퇴적암이다. 주변 들판은 물에 쓸려간 두터운 퇴적층이고 퇴적층 한쪽에 축대를 쌓은 성같이 돌출된 흙 선반이 있는데, 이곳이 방주가 내려앉은 자리로 알려져 있다.

두르피나르를 바라보고 있으니 '노아의 방주 운석공'이 바로 여기가 아닐까 하는 생각이 들었다. 칙술룹에 떨어진 운석은 단단한 철 성분이었지만 아라라트에 떨어진 혜성은 99.99% 얼음이다. 얼음은 대기권을 통과하며 마찰열에 녹기 시작했고 물과 얼음이 뒤섞인 상태로 지구와 충돌했다. 얼음과 물 폭탄은 대지와 충돌하며 대지의 암석을 깨부수었고, 대지와 충돌한 물은 충돌 에너지 때문에 대기권으로 상승했으며 거대한 비구름을 만들어 여러 날 비를 쏟아부었다. 성경은 무려 40일간이라고 했다. 성경 기록이 맞다면 양동이로 물을 쏟아붓는 그런 현상이 40일간 밤낮을 가리지 않고 지속되었을 것이고, 대지를 휩쓴 물은 저지대에 두꺼운 퇴적층을 만들었을 것이다.

　나는 다시 대지를 훑어보았다. 방주가 내려앉은 대지는 물에 쓸려 내려가 긴 경사면을 이루고 있고, 능선은 깨져 나간 암석층의 잔재가 일어서 있다. 혜성은 저 능선의 암석층에 충돌하여 두터운 암석층을 깨부쉈고, 저 아래 계곡으로 대지를 쓸고 내려갔을 거라는 추측을 가능하게 했다. 특히 방주가 착지했다는 두르피나르는 단단한 퇴적암으로 면적이 방주의 길이에 아주 근접해 있다. 물기 가득한 퇴적층은 연하고 물렀을 것이고, 무거운 방주가 여기에 착지했다면 도장을 찍듯이 젖은 퇴적층을 눌러 단단히 굳어진 게 아닐까?
　현장에 와서 보니 하나하나 실재했던 사건의 증거로 가득하다. 파쇄된 지반의 암석권, 경사면을 따라 넓게 쌓인 퇴적층 대지, 그리고 성같이 돌출된 채 세월을 이겨 내고 있는 두르피나르, 내가 상상했던 그대로여서 너무 놀랐다.
　두르피나르 앞에 서서 한참을 움직이지 않았다. 이야기라고 치부했던 일이 실제 일어난 사건이었다니, 신은 인간을 벌하되 버리지 않았고 노아에게 재탄생의 축복을 내렸다. 어디까지가 진실일까? 그건 알 수 없다. 중요한 건 하느님의 메시지든 지구적 사건이든 비는 40일간 내렸고 노아는 가족을 살렸다. 이것만은 진실이 아닐까?

3. 아라라트 광야를 걷는다

방주를 나온 노아의 자식들은 하느님이 준비한 새로운 세상의 주인이 되었다. 그들은 큰아들 '셈', 둘째 아들 '함', 막내아들 '야벳'이었다. 노아의 자손은 아라라트 주변에 모여 살았다. 하지만 세대를 거듭할수록 자손이 급격히 불어났고 좁은 땅을 두고 싸우는 일이 잦아졌다. 결국 세력이 약한 집단은 새로운 보금자리를 찾아 아라라트를 떠나야 했으며, 그 결과 세계 곳곳으로 노아의 자손이 퍼져 나갔다.

야벳의 자손은 코카서스를 넘어 스키타이와 유럽인의 원조인 코카서스인이 되었고, 함의 자손은 북아프리카로 이주하여 아프리카인의 조상이 되었으며, 셈의 자손은 오리엔트 세계의 주인이 되었다. 그럼 아시아 황인은 어찌 되는 거지? 노아의 이야기를 집필한 이야기꾼은 아직 아시아인의 존재를 몰랐던 모양이다. 이유야 어떻든 노아의 자손들은 방주에서 나와 아라라트 주변에 모여 살았고, 소수지만 아라라트 주변에는 여전히 사람들이 살고 있다. 이들은 자신을 쿠르드인이라고 부른다. 노아의 자손 중 아라라트를 지키라는 운명을 부여받은 사람이 있다면 이들이 아닐까?

그런 상상과 추측으로 아라라트 아래 첫 마을 세비르메(Cevirme)에 도착했다. 마을은 고도가 2,200m나 되고 아라라트 등반이 시작되는 마을이라서 사람들로 왁자지껄했다. 등반대는 가벼운 차림으로 아라라트를 향해 트레킹을 시작하고, 마을 사람들은 그런 외지인을 물끄러미 바라본다. 이들이 아라라트에 남아 성지를 지키라는 소명을 받은 사람들이 맞을까?

7만 년 전, 적게는 200명에서 많게는 2,000여 명의 현생 인류가 아프리카를 떠났고 일부는 남았다. 당시 인류를 1만 정도로 추측하니 200명이라도 적지 않은 사람들이 용기를 낸 것이다. 떠난 사람들은 지구촌 곳곳으로 퍼져 나갔지만 아프리카에 남은 사람들은 1만 년 뒤 닥친 기후 변화로 멸종에 가까운 피해를 입었다. 떠난 자의 선택이 빛나는 이유다.

노아의 자손들은 대부분 아라라트를 떠났고 70족속으로 번창하여 지구촌 각지로 퍼져 나갔으며 신인류의 조상이 되었다. 아라라트에 남은 사람들은 어찌 되었을까? 아라라트 아래 첫 마을은 남은 자의 후손이 사는 마을일 거라고 상상하며 찾아왔지만, 진실은 베일 속에 있을 뿐 무엇이 진실인지 알 수 없다. 아프리카를 떠났던 사람들의 후손은 아프리카로 돌아와 남은 자의 후손을 노예로 삼았다. 변화를 택하지 않은 자의 말로는 좋지 않았다.

유라시아 대륙을 횡단하며 끝없이 반복적으로 질문한 단어가 있었다. 떠난 자와 남은 자. 떠나기를 거부한 사람들은 역사의 화석이 된 반면, 떠난 자들은 새로운 인간이 되어 돌아왔다. 아라라트에 남은 사람들은 어찌되었을까? 그 날을 기억하는 화석이 되었을까?

마을을 뒤로하고 광야를 걷기 시작했다. 인류가 다시 시작된 광야라서 한 발 한 발 조심스럽게 아라라트로 향했다. 함자씨가 뒤따라오며 소리쳤다.

"조금만 걷다 오세요. 베이스캠프까지 가면 안 돼요. 너무 멀어요."

아라라트는 화산이라 광야에 불쑥 솟아 있다. 그래서 멀리서 봐도 가까이 다가가도 항상 같은 자태였다. 화산이 번쩍 들어올린 대지는 정점을 향해 일정한 경사를 유지한다. 처음 경사는 완만하지만 정점에 다가가며 가팔라지고 그 끝에 대지의 정점이자 광야의 시작점인 정상이 있다. 등산로는 정점을 향하지만 베이스캠프까지는 경사가 일정해서 단순하고 지루하다. 그렇다고

아라라트와 아라라트를 품은 광야. 노아의 자손들은 이 광야에서 평화롭게 새 세상을 시작했다.

쉬운 걷기가 아니다. 완만한 듯하지만 완만하지 않고 계속되는 오르막이라 피곤하고 지치게 하는 길이다. 서너 시간 걸은 것 같은데 땀이 적당히 배어 나왔다. 그만 갈까?

나는 발길을 돌렸다. 앞만 보고 걷다 보면 자칫 놓치는 게 있다. 젊었을 때는 그걸 미처 깨닫지 못해 앞만 보고 걸었었다. 나이 들어 힘이 드니 중간에 발길을 돌리는 일이 자주 생겼다. 그때마다 아쉬움이 남았지만 뒤에도 보상이 있다는 걸 알게 된 뒤에는 아쉬움도 사라졌다. "올라갈 때 못 본 꽃 내려갈 때 보았네." 시 한 구절처럼 돌아섬에도 미학이 있지 않은가?

대아라라트와 소아라라트. 아라라트는 성층 화산이며 두 개의 화산으로 이루어져 있다.

아라라트를 마주보며 앞으로만 걷다가 발길을 돌리니 대지를 들어올려 광야를 만든 아라라트의 노고가 한눈에 들어온다. 노아의 자손들은 이 광야에서 평화롭게 공존하지 못했다. 좁은 땅을 두고 다투었고, 힘에 밀린 후손들은 아라라트를 떠나기 시작했다. 그래도 노아는 대단히 성공한 삶을 살았다. 하느님의 선택을 받았고 가족을 구했으며 본인도 950살까지 살았다. 노아의 자손들도 번성하여 70족속으로 불어났고, 각지로 이주하여 신인류의 조상이 되었다.

노아로부터 시작한 신인류의 이야기는 이렇게 끝났다. 물의 심판이 있었는지, 그 시간은 언제인지, 그건 중요한 문제가 아니다. 여전히 중요한 건 신이 물의 심판을 주도했다는 것이다.

4. 티그리스

에덴동산에서 벌어진 최초의 부부 싸움에서 승자는 누구일까? 참 궁금증을 자아내는 자극적인 문구다. 그리고 답 또한 엉뚱하다. 유대의 전승 기록에 의하면 아담의 짝은 릴리트라는 여성이었다고 한다. 아담은 릴리트에게 자기 말에 순종하라고 요구했지만, 릴리트는 그의 요구를 거부했다. 그녀는 신이 아담과 자신을 동시에 빚었으니 아담과 자신은 동급이라고 주장했다. 하지만 아담은 자신이 더 우위라는 주장을 굽히지 않아 릴리트는 에덴동산을 떠나고 말았다.

릴리트가 떠나자 하느님은 아담이 낙담할까 걱정했다. 그래서 아담이 잠자는 동안 아담의 갈비뼈를 하나 잘라 이브를 만들었다. 이브는 이제 어쩔 수 없는 존재가 되었다. 아담보다 늦게 만들어졌고 더더군다나 아담의 갈비뼈로 만들었으니, 이브는 처음부터 아담의 부속품이자 소유물이 될 운명이었다. 이브가 탈선한 이유가 달리 있었을까? 아담의 무리한 요구와 거만 때문은 아닐까? 반면, 천사장(天蛇長)은 릴리트의 이야기를 이브에게 들려주었다.

"아담한테 굽신거릴 필요 없어. 너는 유일한 여성이야. 여성과 남성은 동등하지."

이브가 천사장의 꾐에 넘어가 선악과를 따 먹은 데는 아담의 과실이 있었다고 봐야 한다. 하찮게 대하는 아담보다 존중해 주는 천사장이 더 친근하고 좋은 상대이기 때문이다. 릴리트는 신의 보호와 에덴동산의 편의를 포기하고 광야의 시련을 택했다. 그녀는 무엇을 얻으려 편의와 안전을 포기했을까? 그 질문에 대한 답은 에덴동산을 찾지 않고는 얻을 수 없을 것 같다. 하지만 아무도 알지 못한다. 에덴동산이 어디에 있는지.

에덴동산의 위치에 대해 창세기 2장 8-14절에서는 이렇게 설명하고 있다.

"에덴에서는 강이 발원(發源)하여 에덴동산을 적시고 거기서부터 갈라져 비손 강과 기혼 강과 힛데겔 강과 유브라데 강을 이루었다."

힛데겔 강은 티그리스 강을 말하고 유브라데 강은 유프라테스 강이다. 비손 강은 인더스 강이고, 기혼 강은 이집트 나일 강으로 추측되고 있다. 현재 지형으로 볼 때 그런 장소는 존재하지 않는다. 성경은 노아의 홍수로 세상의 모든 지형이 완전히 변경되었다고 하니, 억지로라도 연결해 보면 아라라트가 위치상 가능성이 가장 높다. 네 강의 시원은 아니지만 현재도 힛데겔 강과 유브라데 강이 아라라트 주변에서 시작하고 있으니 말이다.

유프라테스는 아나톨리 동부 고원에서 발원해 아나톨리 반도를 횡단하며 지류들을 모아 시리아와 이라크를 적시고 이라크 남부 바스라에서 티그리스 강과 합수하고 페르시아 만으로 빠져나간다. 강폭이 좁고 유량도 크지 않지만 대지 곳곳을 적시며 흘러 메소포타미아의 진정한 젖줄이라고 할 수 있다. 반면, 티그리스는 하제르 호수와 반 호수에서 시작하며 이라크 북부에서 남부로 굴곡 없이 직선으로 흐른다. 동쪽에 위치한 자그로스 산맥에서 많은 지류가 합수하기 때문에 수량이 풍부하고 강폭이 좁아 고대부터 내륙 수상 운송의 주요 수단으로 이용되었다.

물자 수송이 쉬운 티그리스 강변은 영광스러운 고대 왕국이 왕국의 터전으로 삼았다. 수메르 최고의 문명 도시 우르, 바빌로니아 수도인 바빌론, 앗시리아 수도인 니네베(현 모술), 이슬람 압바스 왕조의 중심지인 바그다드, 파르티아 왕국의 수도 크테시폰(바빌론), 우기라트 왕국의 수도 반(튀르키예 동부) 등 당대 오리엔트를 호령하던 최강국들이 티그리스 강역을 선택했다. 따라서 티그리스 강은 셈족의 자존심이자 오리엔트 문명을 낳은 생명수였다.

유프라테스와 티그리스는 메소포타미아의 모든 생산에 관여하며 문명의 단계를 끌어올렸다. 문명을 일구어 낸 유프라테스와 티그리스, 두 강이 발원한 아나톨리 동부 고원 어딘가에 에덴동산이 있었다고 생각하니 흥분을 누를 수가 없다. 아나톨리 동부에는 에덴동산이 있었고 인류가 재탄생한 아라라트가 있고 유프라테스와 티그리스가 발원한다. 여기야말로 천당이 아닐까?

아라라트를 떠나 다음 목적지인 반(Van)에 도착했다. 반은 도시의 상징인 호수 이름에서 따왔다. 반 호수는 티그리스의 시원 중 하나지만 평범한 호수다. 그나마 아라라트가 멀찍이 보이는 게 인상적일 정도로 특별하지 않다. 하지만 겉모양과 달리 어느 호수와 비교해도 부족하지 않은 특별함이 있다. 반 호수는 자그레브 산맥에서 많은 지류가 유입됨에도 밖으로 유출되는 통로가 티그

아크다마르(Akdamar) 섬에 있는 성 소피아 교회. 배경으로 자리잡고 있는 아르토스 산(3,515m)이 교회의 웅장함을 더한다.

반 호수와 아크다마르 섬 뒤로 급하게 떨어지는 석양

리스의 시원을 이루는 작은 지류 하나뿐이다. 유입량에 비해 호수 밖으로 유출되는 물의 양이 적고 그나마도 통로가 수중에 있어서 부유하는 유사가 배출되지 않는다.

이런 상황이 80만 년간 지속되면서 부유하던 유사들은 호수 바닥에 침전되었고, 호수 바닥에는 400m에 이르는 퇴적층이 형성되었다. 400m 두께의 퇴적층은 80만 년의 기후 변화를 기록하고 있어 과거 기후를 판독하는 데이터 창고로 불린다. 과거 기후를 기록한 코어로는 남극의 빙하 코어가 으뜸이지만, 80만 년간의 기후 기록이라면 반 호수의 퇴적층이 으뜸이다. 80만 년이면 노아가 겪은 물의 심판도 그 안에 고스란히 기록되어 있을 것이다. 아라라트를 침수시킨 물도 반으로 유입되었을 텐데, 그 증거를 반에서 찾을 수는 없을까?

아크다마르(Akdamar) 섬으로 향하는 보트가 호수 중간에 이르자 함자씨가 호숫물을 두레박으로 퍼 올리더니 만져보라고 한다. 물에 손을 비벼 보니 비누칠을 한 듯 미끌미끌하다. 반 호수는 왜 미끌미끌하지? 양잿물인가? 나의 질문에 함자씨는 호수가 강한 알칼리성(9.75 pH, 보통의 민물은 7pH)을 띠고 있기 때문이라고 대답한다. 그래서 호숫가에 사는 사람들은 호숫물을 증발시켜 세제로 사용하기도 하고, 빨래가 귀찮은 엄마는 애들에게 호수에서 수영을 하고 오라고 한단다. 수영으로 빨래가 된다니…. 민물은 산성인데, 민물이 끊임없이 유입되어도 농도가 희석되지 않고 강알칼리를 유지한다는 게 이해하기 어려웠다. 더더구나 수만 년 동안이나 알칼리성 호수였다면 신비한 묘약이 있는 게 아닌가?

바닷물에 소금을 만드는 맷돌이 빠졌듯이 반 호수에도 양잿물을 만드는 맷돌이 있는 것인가? 우주에서 날아온 특이물질이 작동하고 있다는 상상을 해 보았다. 혜성은 99.9%가 물이고 그 물은 pH 11.5나 되는 강알칼리다. 물 외에 혜성을 구성하는 소수 결정체 역시 탄소와 암모니아이며 역시 강알칼리성이다. 아라라트에 충돌한 혜성은 비가 되어 40일간 퍼부었으며 대지를 휩쓸고 지나갔다. 그 물은 지구의 민물과 다른 강알칼리성이었고, 그 물이 대지를 쓸고 흘러가다 저지대로 유입되어 반 호수가 만들어졌다면…. 그렇지 않고서야 반 호수를 설명할 방법이 없지 않을까?

노아의 방주가 내려앉은 두르피나르와 노아의 방주 운석공

유라시아 대륙 심장부를 횡단하다 캄차카에서 아조레스까지

BC 2304년 아라라트 주변에 무슨 일이 있었던 건 분명한 것 같다. 그리고 앞으로도 그런 일은 또 일어날 것이다. 인간은 신의 자리를 조금씩 침해하는 단계를 넘어 스스로 신이 되려 하기 때문이다. 인간은 신이 될 수 있을까? 신이 되려는 인간을 신은 그냥 보고만 있을까?

14장
–
캅카스

1. 신화의 산, 카즈베기

제우스의 맏아들이자 그의 뒤를 이을 적장자였던 헤파이스토스는 화산에 살며 불을 다스렸다. 불은 신만이 소유하는 귀한 물질이었기 때문에 가장 믿을 만한 자식에게 맡긴 것이다. 어느 날 평화롭던 올림포스 산에 풍파가 일었다. 인간을 너무 사랑한 프로메테우스가 헤파이스토스 몰래 불을 훔쳐 인간에게 가져다준 것이다.

이 사건으로 신과 인간의 관계는 새롭게 정립되었다. 인간은 불을 이용하며 문명이란 걸 만들기 시작했고, 문명을 알게 되면서부터 교만해지고 신의 영역을 침범하는 일이 자주 일어났다. 신과 인간의 다툼은 그렇게 시작되었다. 일방적인 관계에서 거래관계가 되었고, 제우스는 인간의 무례함에 심기가 불편했다. 또 다른 일탈을 막기 위해서라도 이 사건에 대해 응징을 해야만 했고, 프로메테우스는 카즈벡(Kazbek)의 절벽에 쇠사슬로 묶인 채 독수리에게 간이 쪼이는 형벌에 처했다. 프로메테우스는 자신에게 닥쳐올 제우스의 분노를 충분히 예측했기에 동생인 에피메테우스에게 단단히 당부했다.

"동생아, 제우스가 주는 건 무엇이든 받으면 안 돼."

생각보다 행동이 앞서는 에피메테우스는 형의 당부를 깜박하고 제우스가 보내 준 선물을 덥석 받았다. '형이 제우스가 보낸 선물은 받지 말라고 했는데, 어쩌지?' 뒤늦은 후회를 했지만 거절할 수 없었다. 제우스가 보낸 판도라는 거절할 수 없는 너무나 아름다운 여인이었기 때문이다.

에피메테우스는 판도라와 결혼해 즐겁게 지냈다. 그러던 어느 날 제우스가 보낸 결혼 축하 상자가 또 도착했다. 이번에도 에피메테우스는 형의 부탁을

깜박하고 그 상자를 열고 말았다. 상자 안에는 제우스가 준비한 질병과 고통, 좌절과 분노가 가득했고, 상자가 열리며 인간 세상에 퍼져 나갔다. 깜짝 놀라 급하게 닫느라 그나마 필요한 희망이 미처 상자 밖으로 나오지 못했다. 그리스 신화는 프로메테우스의 불을 빗대어 인간사의 역경에는 다 원인이 있다고 말하려 하는 것 같다. 불을 얻었으니 경쟁도 불안도 마다해선 안 될 보상이라는 것! 그런 면에서 그리스가 땅의 끝이라고 설정한 카즈벡은 교훈적인 산이다.

성경의 산 아라라트에서 신화의 산 카즈벡을 찾아가는 길은 복잡하다. 육로로 가면 3일 걸리는 거리라서 주저했다. 그래서 육로를 포기하고 이스탄불을 거쳐 트빌리시로 향하는 비행기에 올랐다. 이로써 알타이부터 시작된 육로 연결은 끝이 났고 비행기 여행이 시작되었다.

트빌리시에 도착해 차량으로 1시간 30분을 달리니 카즈벡이 눈에 들어왔다. 카즈벡은 알프스-히말라야 조산대의 일부인 대캅카스 산맥에 자리잡은 고봉이다. 아프리카 대륙에서 떨어져 나온 인도판이 히말라야와 티베트 고원을 만들었듯이, 아프리카 대륙에서 분리된 아라비아 반도가 유라시아 대륙 밑으로 섭입되며 만들어진 산맥이라서 남면은 반듯한 벽을 이루고 북면은 완만한 구릉을 이루는 산세를 가졌다.

카즈벡과 마주서니 남면의 벽이 가파르고 웅장하여 프로메테우스를 감금한 그리스의 상상력을 이해할 듯하다. 저런 벽은 세상의 끝으로 상상하기 너무 좋은 대상이고, 그래서 프로메테우스를 감금하기 딱 좋은 장소 같아 보인다. 그리스 신화를 엮은 이야기꾼은 아직 캅카스 너머 파미르의 존재를 몰랐겠지. 파미르를 알았다면 프로메테우스는 캅카스가 아니라 파미르에 감금되었다고 쓰지 않았을까? 그랬다면 프로메테우스는 어떻게 되었을까? 헤라클레스도 너무 멀어 도중에 발길을 돌렸을 테고, 프로메테우스는 파미르의 어딘가에 여전히 묶여 있지 않을까? 그런 면에서 캅카스를 세상의 끝으로 설정한 게 프로메테우스에게 얼마나 다행스러운 일인가.

카즈벡을 조망하는 최적의 장소에 삼위일체 교회가 자리잡고 있다. 별로 크지도 화려하지도 않지만 카즈벡의 가파른 설벽을 배경으로 서 있어 경관이 멋진 교회에 꼽힌다. 삼위일체 교회는 외부와 단절되어 있어 조지아 교회의 숨겨진 금고였다. 이교도의 침략을 받아 교회가 위태로워지면 교회는 주요 상징물을 이곳으로 보내 보관했다. 누구도 이런 깊은 산중에 교회가 있으리라 생각하지 못했기 때문이다.

이런 의식은 카즈벡을 신화의 산에서 가톨릭의 성지로 변모시켰다. 카즈벡에 위치한 '베틀레미' 동굴에는 아브라함의 텐트와 예수의 구유를 포함한 신성한 유물이 많이 보관되어 있다고 전해져 온다. 조지아 교회의 성물로는 부족하고 프로메테우스와 아브라함, 예수까지 불러들였으니 카즈벡은 최고를 추구한 듯하다. 그런데 무엇을 향한 최고인가?

아라라트는 상상을 자극하는 산이었다. 카즈벡도 바라보고 있으면 상상을 자극한다. 과장된 이야기는 상상을 유도하고 상상은 쾌감을 자극한다. 그래서 진실은 맨 마지막이라고 하지 않던가. 사람들은 믿고 싶은 대로 믿고 생각하고 싶은 대로 생각할 뿐 진실은 중요하지 않기 때문이다. 그러니 카즈벡을 만나는 데 진실은 중요하지 않다. 중요한 건 상상이다. 프로메테우스와 아브라함, 예수, 할 수 있는 건 다 모아 놓았지만 조금도 위축되지 않는 산이기 때문이다. 카즈벡 트레킹은 그런 산을 만나는 트레킹이었다.

삼위일체 교회, 카즈벡의 아찔한 벽을 마주하고 있어서 작지만 성스럽고 자태가 우아하다.

삼위일체 교회를 오르는 산 입구에는 지프를 타라고 소리치는 호객꾼으로 시끌벅적하다. 지프를 타면 20분, 걸어가면 2시간, 트레킹 거리는 2km, 거리도 적당하고 가벼운 오르막이라서 걷기에 부담이 없다. 그래서 걸어 올라가고 내려올 때만 타려고 가격을 물어보니 편도와 왕복 비용이 같다고 한다. 빈 차로 올라가야 할 테니 나름대로 일리 있는 설명이었다. 난 왕복 비용을 지불하고 차 번호를 받아 적었다.

"3시간 뒤에 태우러 와야 해요."

트레킹은 지프가 달리는 산악도로와는 좀 떨어진 산길을 걷는다. 조금 가파르지만 마을 뒷산을 오르는 듯 가볍고, 목축을 위해 조성된 넓은 초지가 펼쳐져 있다. 나무 하나 없는 산비탈은 조망이 시원하고 고갯마루 너머에는 카즈벡이 번듯하게 지키고 있다. 비탈길은 능선에 다다르며 경사가 심해지고 경사가 심해질수록 카즈벡은 몸을 감춘다. 조금씩 작아지다가 사라진 카즈벡은 언덕배기에 올라서자 완전체로 다시 눈에 들어온다. 그리고 그 앞에 홀연히 앉은 삼위일체 교회. 영화 같은 로맨스가 실타래같이 풀려 나간다. 둘의 매칭은 무엇일까? 사랑일까, 감화일까? 아니면 존중과 경애일까? 누구를 향한 몰입인지 몰라도 둘은 한 몸 같이 엉켜 있다.

작고 허름한 삼위일체 교회는 중세를 관통한 정교 교회 양식이다. 십자가 형식의 건축물이며 십자가가 교차하는 중앙에 돔을 얹는 형식을 취했다. 십자가는 하느님에 대한 복종을 의미하고, 중앙 돔은 하느님의 집으로 숭배를 의미한다고 한다. 하늘에서 내려다보는 하느님의 시각을 고려한 건축 양식이다. 이런 양식은 중세 내내 군건해서 이스탄불의 소피아 성당을 포함하여 대부분 정교 교회가 이런 양식으로 건축되었다.

교회를 둘러보고 나와도 시간이 많이 남았다. 그래서 초원 한쪽에 앉아 카즈벡을 바라보며 쉬었다. 그리스인들은 지브롤터 해협 너머를 절벽이라고 생각했다. 카즈벡 너머는 무엇이라고 생각했을까? 역시 끝도 없는 절벽이라고 상상했을 것이다. 질문을 하고 질문에 대한 답을 찾으려고 골몰했던 그리스인. 그들은 절벽 아래에는 무엇이 있을까, 절벽에서 뛰어내리면 어떻게 될까, 그런 고민은 하지 않았을까? 그리스인은 경험하지 않은 것에 대해 단정하지 않는다고 한다. 제우스의 상자에 들어 있는 정치체제가 무엇인지 알고 싶어 왕권정치, 귀족정치, 금권정치, 참주정치, 민주정치를 두루 실험해 본 사람들이다. 민주주의에 대한 확신을 갖기까지 단정하지 않았던 그리스였다. 그런 그들이 지구의 끝이라고 단정했을까?

캅카스를 넘어가는 길, 마곡의 자손들은 저 길을 걸어 초원으로 이주하여 새 시대의 주인이 되지 않았을까?

카즈벡을 대지의 끝으로 설정한 이유가 있을 것 같다. 그리스가 있기 전부터 캅카스와 메소포타미아를 이어 주던 메소포타미아로가 존재했고, 사람들이 이 길을 오갔다. 지중해를 지배한 그리스가 캅카스 너머의 세상을 모를 리 없지 않은가? 캅카스가 세상의 끝이라는 표현은 그리스인 누군가가 남긴 잡다한 기록일 뿐이다. 그리스는 그렇게 정의한 적이 없을지도 모른다.

프로메테우스를 카즈벡에 감금한 이유는 대지의 끝이라서가 아니라 그리스가 알고 있는 가장 험산 산이기 때문일 것이다. 실제로도 메소포타미아로에는 캅카스가 유일한 산맥이고 카즈벡은 프로메테우스를 감금할 수 있는 유일한 절벽이다. 인간의 우상을 보잘것없는 산에 감금할 수는 없지 않았을까?

2. 마곡의 자손이 선택한 길

유대 역사가 요세푸스의 분류에 따르면, 노아의 열일곱 자손은 주요 민족의 조상이 되었다고 한다. 장자인 셈의 자식들은 오리엔트에 정착했고, 그중 셈의 셋째 아들 아르박샷은 아브라함의 직계 조상이 되었으니 그가 유대의 조상인 셈이다. 둘째 함의 자식들은 시나이 반도를 지나 아프리카로 이주해 이집트, 에티오피아 등 아프리카 여러 민족의 조상이 되었다.

가장 넓게 퍼져 나간 건 막내 야벳의 자손이다. 특히 야벳의 둘째 아들 마곡의 자손은 캅카스 산맥을 넘어 북캅카스의 넓은 초원을 차지했으며, 스키타이의 조상이 되었다. 마곡의 자손들은 다른 자손들이 오리엔트라는 작은 세상을 벗어나지 못하고 있을 때 초원이라는 새로운 세상에 진출하였고 유럽 민족과 초원 민족의 조상이 되었으니, 그들은 노아의 방주에서 시작된 인류의 재탄생을 주도한 실질적인 주역이었다.

캅카스를 넘어가는 길은 마곡의 자손들이 북캅카스로 갔던 인류 확장의 길이다. 이 길은 신화의 길이며 실존한 고대 실크로드의 한 지선이다. 그런 길을 달리고 있으니 가슴이 뭉클하다. 유라시아의 길은 상인의 길이자 군사의 길이었다. 하지만 캅카스는 러시아가 군사도로를 만들기까지 군사적으로 이용되지 않았다. 그만큼 캅카스의 북과 남은 평화롭게 공존했다.

캅카스 북쪽은 초원의 중심부에서 실패하고 쫓겨온 사람들이 정착했기 때문에 대부분 조용한 삶을 살았다. 캅카스 남쪽은 오리엔트의 강자들을 피해 산간으로 피신한 사람들의 땅이라서 역시 남의 것을 탐하지 않았다. 이들은 새로운 삶을 선택했기 때문에 건드리지 않으면 남을 공격하지 않았다. 그래서 캅카스 남과 북은 서로 다툼이 없었다. 남쪽은 남쪽대로, 북쪽은 북쪽대로 다툼의 상대가 따로 있었기 때문이다.

대캅카스는 현재 러시아와 조지아의 국경이고, 캅카스를 넘는 군사도로는 양국을 연결하는 유일한 육상도로다. 그래서 국제버스가 다닌다. 조지아의 수도인 트빌리시에서 출발한 국제버스는 카즈벡 시티에서 잠시 멈추었다가 북오세티야 공화국의 수도 블라디캅카스까지 운행한다. 오세티야는 사르마트의 후예가 사는 공화국으로 알려져 있다. 사르마트는 스키타이를 멸망시킨 전설의 유목 부족이다. 이들은 우크라이나 초원을 지배하며 위세를 떨쳤으나 아틸라가 이끄는 훈에 의해 멸망하고 훈에 복속되었다. 이때 주류는 훈에 흡수되었지만 일부는 이를 거부하고 북캅카스로 이주하여 정착하였고, 일부는 서쪽으로 도피하여 이베리아 반도에 정착했다. 이베리아 반도에 정착한 사르마트는 게르만 부족인 수에비족과 섞여 포르투갈인의 조상이 되었다.

반면, 흉에 흡수되었던 주력은 흉 왕국이 멸망하자 독립적인 세력을 구축하였고, 트란실바니아에 진출해 헝가리인의 조상이 되었다. 북캅카스로 이주한 사르마트의 후손들도 가만 있지 않았다. 그들은 알란 왕국을 세우고 우크라이나 초원 대부분을 회복하여 옛 영광을 재현했다. 하지만 얼마 지나지 않아 이들에게도 운명의 사신이 도착했다. 몽골이 침략해 온 것이다. 알란 왕국은 몽골에 괴멸적인 패배를 당했으며, 다시 북캅카스로 도피했다. 그렇게 초원의 한 축을 담당했던 사르마트는 초원에서 사라졌다.

카즈벡 시티를 출발하면 얼마 지나지 않아 국경 검문소에 도착한다. 국경 검문소 통과는 의외로 절차가 간단했다. 아마도 소련 연방에 속했던 옛 형제국이라서 그런 게 아닐까 하는 생각이 들었다. 한때 전쟁을 한 사이지만 소련 연방 시대 스탈린뿐 아니라 많은 공산당 리더가 조지아 출신이었고, 두 나라의 관계는 소련 연방을 건국하고 유지하는 긴밀한 형제국이었다.

국경을 통과한 버스는 쉬지 않고 북오세티야 공화국 수도인 블라디캅카스까지 달린다. 국제버스는 블라디캅카스가 종착역이지만 나의 여행은 엘브러즈가 있는 테르스콜로 이어져야 한다. 블라디캅카스에서 테르스콜은 먼 거리가 아니지만 교통편이 복잡하고 러시아어를 구사하지 못하는 내가 계속 배낭여행을 이어 가기에는 위험하고 불편한 일이었다. 또 이런 속담도 있지 않은가?

"왕이 미치면 캅카스에 전쟁하러 간다."

왕도 미치지 않으면 감히 엄두를 못 낸다는 이 땅을 안내자 없이 혼자 여행하는 건 무모하다는 생각이 들었다. 그래서 엘브러즈 등반을 전문으로 하는 Lena Alps 여행사에 픽업을 부탁했다.

블라디캅카스에 도착하니 다부진 체격의 남자가 나를 기다리고 있었다.

"니콜라이입니다."

"저는 경석입니다. 그냥 준이라고 불러주세요."

여행이란 그런 게 아닐까? 새로운 사람을 만나 새로운 세상으로 들어가는 과정. 니콜라이를 만나니 새로이 만날 세상에 대한 기대로 용기가 솟구쳤다.

내가 북캅카스에서 니콜라이를 만났듯이 몽골의 위대한 장수 수베타이와 제베는 북캅카스에서 은인을 만나게 된다. 제베와 수베타이는 본격적인 서방 원정에 앞서 정보를 수집하기 위한 소규모 원정을 떠났고, 이때 북캅카스에서 동방무역을 독점하고자 하는 베네치아 상인과 운명적인 만남을 갖게 된다. 베네치아 상인은 몽골이 필요로 하는 서방에 대한 여러 정보를 제공하는 조건으로 몽골이 정복한 지역의 상품교역소를 모두 파괴해 달라는 요청을 하였고, 몽골은 이를 받아들였다. 그렇게 둘은 필요한 것을 얻고 성공에 한 발 다가갔다. 베네치아 상인이 건네 준 정보 덕에 몽골은 큰 성공을 거두었고, 베네치아는 몽골 덕에 아드리아 해의 상업 강국이 되었다.

북캅카스에서 맺은 둘의 동맹은 서로에게 이로운 협약이었다. 나도 북캅카스에 발을 디뎠다. 그리고 니콜라이라는 사람을 새로이 만났다. 새로운 땅에서 새로운 사람을 만나 새로운 세상인 엘브러즈로 가는 일, 나는 북캅카스에서 무슨 인연을 만들게 될까?

니콜라이가 뒷문을 열어 주었지만 그의 옆에 앉았다. 옆자리에 앉아 이야기를 주고받았으나 대화는 그리 길게 연결되지 않았다. 서로 서먹서먹해질 때쯤 니콜라이가 음악 테이프를 밀어 넣었다. 짙고 호소력 있는 남성의 목소리가 둔탁한 기타 소리에 튕겨 나왔다. 몰아쉬는 숨이 느껴질 만큼 목소리는 거칠고 묵직해서 창밖의 해바라기 밭과 묘하게 어울렸다.

한 시간을 달렸는데도 창밖은 여전히 해바라기 밭이고 카세트에서 흘러나오는 노래가 얼마나 가슴을 후벼파는지, 내가 들판에 서 있는 것 같은 착각이 들었다. 나는 눈물을 닦으며 니콜라이에게 말을 건넸다.

"영화를 보는 것 같네요."

해바라기 밭을 달리고 있으니 오래된 영화 한 편이 생각났다. 2차대전이 끝나도 돌아오지 않는 남편을 찾아 지오바니는 러시아 전역을 헤맨다. 하지만 그녀는 남편의 생사를 알 수 없었다. 그녀는 마지막으로 이태리 병사들이 묻혀 있다는 북캅카스의 해바라기 밭을 찾았다. 광대한 해바라기 밭을 걸으며 남편의 비석을 찾는 여인, 걸음을 옮길 때마다 탄식과 아쉬움이 반복되었지만, 그녀는 해바라기 밭에서 절망이 아니라 희망을 찾아냈다. 남편의 무덤을 찾지 못했으니 어딘가 살아 있을 거라는…. 눈물이 흐르는 볼에 희망이 솟아나는 장면을 여주인공 소피아 로렌은 멋지게 연기했다.

음악 때문인지 몰라도 내가 지오바니가 된 것 같았다. 목청껏 울고 싶어도 울 수 없는 상황, 아직 운명은 정해지지 않았다. 울어야 할지 웃어야 할지. 마치 해바라기의 한계 같은 상황이었다. 진고개 신사라는 분은 영화 〈해바라기〉를 소개하며 해바라기의 운명을 이렇게 표현했다.

"해바라기는 태양만 바라보느라 가장 키가 큰 꽃이 되었지만, 뿌리가 땅에 깊게 박혀서 태양에 닿을 수 없는 꽃이다."(실버 아이뉴스)

참 멋진 해석이다. 기다려야 하는 여인의 마음을 너무 잘 표현했다. 해가 뜨면 태양을 향해, 해가 지면 땅을 향해 마음을 두어야 한다. 결론이 날 때까지. 그녀는 얼마나 힘든 시간을 보내고 있는 것인가.

영화 속 여주인공은 결국 살아 있는 남편을 만난다. 하지만 남편은 전쟁 중에 큰 부상을 입고 생명을 구해 준 여성과 가정을 꾸린 상태였다. 현실을 인정하고 돌아서는 지오바니, 이번엔 눈물이 가슴을 적신다. 이젠 놓아 주어야 하기 때문이다.

카즈벡과 엘브러즈, 둘은 대캅카스 산맥의 남쪽과 북쪽을 대표한다. 둘의 관계는 경쟁이나 대립이 아닌 같은 운명을 타고난 일란성 쌍둥이다. 엘브러즈를 찾아가기를 잘한 것 같다. 카즈벡에서 멈췄다면 나도 영화같이 될 뻔한 게 아닌가. 영화와 다를 수 있어서 행복한 하루였다.

3. 유럽의 최고봉 엘브러즈

엘브러즈는 캅카스 산맥의 최고봉이고 유럽의 최고봉 대우도 받는다. 이는 우랄 산맥과 캅카스 산맥을 분기점으로 해서 유럽과 아시아를 나누기 때문이다. 엘브러즈는 그리 높은 산은 아니지만 높이에 비해 만만한 산이 아니다. 카스피해와 흑해가 좌우에 자리잡고 있어 적설량이 많고 기온차가 매우 크다. 그래서 위도가 낮고 고도가 높지 않은 데도 만년 설봉이다.

파미르에서 4,000m 고도를 체험했고 3,000m 중후대에서 여러 날 숙박했지만, 고소 적응 없이 고도가 3,900m인 LeapRus 호텔에 묵는 건 무모할 수도 있다. 그래서 고도 적응 트레킹을 먼저 가졌다. 고소 적응 트레킹으로 선택한 체켓봉에는 리프트가 있어서 등산이 쉬웠다. 리프트 첫 역인 AY전망대에는 카페가 있어 커피를 한잔 마시며 엘브러즈를 조망했다. 산은 가까이 다가가면 전체를 볼 수 없고 어느 정도 거리가 있어야 비로소 완전체와 만날 수 있으니, AY전망대는 엘브러즈를 만나는 최고의 전망대였다.

AY전망대에서 다시 리프트를 타면 3,083m의 체켓 케이블카 역에 도착한다. 체켓봉 리프트는 이곳에 끝나지만 정상은 여기서 1.7km 떨어져 있고, 먼 거리가 아니라서 천천히 걸어도 한 시간이면 정상(3,461m)에 오를 수 있었다. 이 정도만 체험해도 만족스러웠다. 비록 리프트를 타고 정상에 올랐지만 높은 고도를 체험했으니 내일 엘브러즈를 오르는 데 유익한 도움이 되겠지.

다음 날 본격적으로 엘브러즈에 올랐다. 엘브러즈는 체켓봉보다 높고 가팔라서 두 번의 리프트와 한 번 케이블카를 타야 한다. 마지막 종착역인 카라바시는 고도가 3,800m이고 출발지인 아자우역은 2,350m여서 1,500m의 고도차가 있지만 케이블카는 순식간에 카라바시역에 내려 놓는다. 그래서인지 카라바시역에 내리면 몸이 공중에 부양하는 듯하고 멍했다. 그나마 어제 3,600m를 체험한 게 큰 도움이 되었는지 가벼운 어지럼증 외에 큰 불편은 없었다.

카라바시역을 나오니 호텔 숙박자를 픽업하는 스노캣(snowcat)이라는 설상차가 기다리고 있었다. 20명을 태울 수 있다는 설상차는 불도저 바퀴에 고무체인을 치고 전면에는 불도저의 흙삽을 달았다. 한마디로 눈을 밀며 전진하는 힘찬 탱크에 가까웠다. 난 배낭만 설상차에 올려놓고 걷기를 택했다. 한낮의 열기 때문인지 설원은 물기 먹은 얼음 가루였고 발이 푹푹 빠졌다. 설상차가 설원을 오가며 설사면을 다 깨 놓았기 때문이다.

그렇게 한 시간을 걸어 LeapRus 호텔에 도착했다. 호텔은 3개의 진공 튜브를 눕혀 놓은 형태로 지어져 있어서 외형이 화성 우주 탐험기지 같다. 그래도 튜브 끝에는 창이 있어 캅카스 산맥을 조망할 수도 있고 따뜻한 식사가 제공되는 식당도 있다. 수면실은 개방형 2층 침대라서 함선 승조원 숙소 같다.

하나하나가 새로운 체험이고 깨알 같은 재미가 있었다. 밤새 묵직하게 뒷골이 당기지만 않았다면….

어제 고도 체험만으로는 부족했던지 두통이 찾아왔다. 고산 증세는 내 몸을 제 집처럼 들락거리며 밤새 불편하게 해 새벽녘에 겨우 잠이 들었다. 그런데 얼마 지나지 않아 니콜라이가 나를 깨운다. 밖은 컴컴한데 설상차가 부르릉거리고 등반을 준비하는 사람들은 배낭을 꾸리느라 분주했다. 그들에 섞여 스노캣에 오르자 설상차는 4,650m까지 단숨에 올라와 멈춰 섰다.

새벽의 상쾌함이 밀려오는 시간, 등반객은 모두 정상을 향해 움직이기 시작하고 4,650m에 나 혼자 남았다. 설상차 기사는 내려간다고 어서 타라고 채근했다. 걸어갈까? 해가 능선을 넘어 세상은 점점 밝아오고 있으니 걸어가도 괜찮을 거 같은데… 좋은 추억이 되지 않을까?

그런데 설산면이 어제와 달리 단단히 얼어 있었다. 자칫 미끄러질 수도 있고 걷기에는 위험한 상태였다. 크램폰을 가져왔으면 좋았을 걸 하는 아쉬움이 있었지만, 유라시아 대륙을 횡단하는데 무슨 크램폰을 가져온단 말인가?

주저없이 설상차에 올랐지만 전혀 아쉬울 게 없었다. 엘브러즈에 오르려고 온 게 아니고 캅카스를 만나러 온 것이 아니었다. 4,600m에서 대캅카스의 우렁찬 산줄기를 만났고, 이 산줄기를 넘어 세상으로 퍼져 나간 사람들의 자취를 만났으니 캅카스를 찾아온 이유로 충분했고, 그것으로 대만족이었다.

엘브러즈의 등산 베이스 캠프인 배럴 산장(3,800m), 군대 막사 같지만 LeapRus 호텔이 들어서기 전에는 유일한 숙박 시설이었다.

지구촌에서 가장 높은 곳에 위치한 LeapRus 호텔. 이탈리아 장인이 건축한 생태형 호텔이다.

15장

–

피오르와
라플란드

1. 피오르의 사람들

우크라이나는 소련 연방의 충직한 동반자였지만 연방이 해체된 뒤 서구화의 길을 걷고 있다. 그런 영향인지 우크라이나를 여행하는 한국인에게 우크라이나 정부는 공항에서 도착 비자를 발급해 준다. 비자 없이도 부담 없이 여행할 수 있는 나라인 것이다.

하지만 러시아에서 입국하는 경우엔 도착 비자를 발급해 주지 않는다. 즉 러시아에서 입국하는 경우엔 정식 비자를 받아야 한다. 물론 비행기 노선도 없다. 구소련 시대 양국을 오가던 기차나 육로가 두 나라를 연결하고 있지만 수시로 단절되고 입국 수속도 여의치 않다. 북캅카스는 러시아 영토이니 여기서 우크라이나를 가려면 다른 나라를 경유해야만 한다. 육로로 가려던 일정에 문제가 생긴 것이다. 어느 나라가 좋을까? 예정에 없던 나라를 하나 골라 여행지에 꾸겨 넣었다.

스칸디나비아 반도는 유럽에서도 가장 인구밀도가 낮은 반면, 소득은 가장 높은 땅이다. 그중에서도 노르웨이는 가장 잘사는 나라다. 그런데 노르웨이가 잘살게 된 게 그리 오래지 않다. 영국이나 프랑스같이 산업혁명을 겪은 것도 아니고, 스페인같이 신대륙에서 막대한 부를 가져온 것도 아니다. 국토의 3%만이 농경이 가능한 빈토라서 농업도 변변하지 않고 늘 식량 부족에 시달리던 배고픈 땅이었다. 그래서 노르웨이의 주산업은 전통적으로 어업이었다. 수산업에 종사하는 배고픈 나라에서 유럽의 부국이 된 계기는 1971년 북극해 유전 발견이 전환점이었다.

쉐락볼튼에서 조망하는 뤼세 피오르 전경. 노르웨이에서 가장 인상적인 피오르 해안이며 프레이케스톨렌, 쉐락볼튼 등
대표적인 피오르 트레킹이 여기서 시작된다.

노르웨이를 구한 북극해 유전과 역사를 함께한 도시는 피오르 트레킹의 베이스캠프로 알려진 스타방에르다. 정어리를 가공해 생계를 이어 가던 어촌이었지만 석유로 벌어들인 돈은 스타방에르를 빠르게 변화시켰다. 석유가 발견되기 전 노르웨이 사람들은 대구와 정어리를 잡아 식량과 바꾸었다. 바이킹 시대가 아니어서 노략질도 불가능했을 테고, 해양과 내륙을 오가며 활발히 하던 무역도 대형 선박에 밀려 길을 잃은 지 오래되었다. 그저 열심히 물고기를 낚으며 근근이 살아가는 게 전부였다.

석유가 발견되기 전 노르웨이 인구는 410만인 데 반해 미국에 살고 있는 노르웨이 이민자 인구는 470만이나 되었으니, 바이킹 시대가 끝났어도 노르웨이는 고향을 등지고 떠날 수밖에 없는 땅이었다. 그런데 석유가 나오면서 상황이 바뀌었다. 석유로 벌어들이는 돈은 금고에 넘치게 쌓여 있고 유럽에서 가장 부유한 국가로 탈바꿈했다. 이제 더 이상 고향을 등지고 떠날 이유가 사라진 것이다. 그러나 석유가 나오기까지 그들의 삶은 극지 환경에 적응해야 하는 어려운 곡예 같았다.

극지의 삶이란 자연에 지배를 받는다. 한 세기 정도 온화한 날씨가 지속될 때면 곡식 생산량도 늘고 인구도 덩달아 늘어났다. 그러다 갑자기 한랭기에 들어서는 경우 바이킹 사회는 궤멸적인 피해를 입었다. 그럴 때면 바이킹은 고향을 떠날 수밖에 없었고, 살기 위해 때로는 도적떼가 되고 강도가 되었다.

평상시 바이킹은 강도나 도적이기보다 장사꾼이었다. 이들은 무역으로 필요한 물자를 조달했고 교역이 거부되었을 때 완력을 사용했다. 그런 면에서 초원의 유목민과 같은 처지였다. 산물이 풍족하지도 다양하지도 않아 교역이 없으면 생존할 수 없지만, 그렇다고 팔 물건이 마땅히 있는 것도 아니었다.

그러니 교역이 순조로울 리가 없다. 하지만 이들에게 교역은 생존이므로 정상적인 교역이 불가능하면 강탈이 일어났고, 강탈 역시 생존 과정이어서 치열했다. 대충이 없는 그들의 삶엔 그래서 꼬리표가 붙는다. 바이킹은 해적인가, 아니면 상인인가?

바이킹은 교역과 탈취만으로는 더 이상 스칸디나비아에서 살아갈 수 없었다. 그들은 결국 이주를 선택했다. 바이킹의 이주는 유럽을 통합한 카알 대제가 사망하고 프랑크 왕국이 분열된 틈을 이용해 대규모로 시작되었고 200년이나 지속되었다. 그 결과 프랑스, 영국은 물론 지중해의 시칠리아에까지 바이킹 왕국이 세워졌고, 내륙으로 진출한 스웨덴 바이킹은 돈 강과 드네프르 강변에 루시 공동체를 건설하여 러시아, 우크라이나의 초기 왕조를 세웠다. 한마디로 유럽의 격변을 이끈 것이다.

그래서 유럽의 변화를 이끈 거대한 변화를 논할 때 게르만의 민족 대이동 이전과 이후를 유럽 사회의 1차 변화로 보고, 바이킹의 이주 이전과 이후를 2차 변화로 본다. 그런데 조금만 더 들어가면 게르만과 바이킹은 뿌리가 하나다. 게르만 역시 스칸디나비아 반도에서 건너온 사람들이었기 때문이다. 게르만은 스칸디나비아 반도 남부에 거주하던 사람들로 발트해를 건너 독일 북부에 정착했고, 점차 독일 남부와 동부로 거주지를 확장했다.

유럽 북부 평원에 퍼져 살던 게르만은 어느 날 남하를 시작했다. 이는 바이킹이 남하를 선택한 이유와 별반 다르지 않다. 기후 변화였다. 급격한 기후 변화는 게르만의 삶을 위협했고, 먹거리 부족에 시달리던 게르만은 로마의 땅을 침범하기 시작했다. 그렇게 철옹성 같던 게르만 장벽은 굶주린 게르만에 의해 무너진 것이다. 많은 게르만과 바이킹이 이주했지만 스칸디나비아 반도에 남은 사람들이 있었고, 그들은 현재 세계에서 가장 잘사는 부국을 이루었다.

떠난 자는 유럽의 주인이 되었고 남은 자는 유럽의 부자가 되었다. 이 땅은 도대체 어떤 땅인가? 떠난 자와 남은 자 모두 성공했으니 이런 경우가 있었나? 스칸디나비아 반도는 참 기이하고 복 많은 땅이다.

스타방에르를 반나절 안내해 준 이스라욱은 금발에 푸른 눈을 가진 전형적인 북구 여성이었다. 네안데르탈인을 형상화한 여러 작품에서 그들은 건장한 근육질 몸에 금발이나 붉은 머리를 가졌으며 피부가 맑고 투명하게 묘사되어 있다. 지금 앞에 서 있는 이스라욱이 그런 모습이다. 이 여성은 네안데르탈인의 직계 후손이 아닐까? 씨름을 해도 단숨에 나를 제압할 것 같은 단단한 체구와 강력한 카리스마로 17명이나 되는 일행을 손바닥에 올려 놓고 자유자재로 통제했다.

그녀의 자신감과 강인함은 어디서 오는 것일까? 북구 여성들은 푸른 눈에 금발을 가진 미녀가 많다.

스칸디나비아와 덴마크, 아이슬란드 등 바이킹이 거주하던 지역의 전통 가옥. 집이 낮고 지붕에 잔디를 덮어 한겨울의 추위를 이겨 냈다.

사회적 지위도 높아서 남녀 차별이 거의 없다. 현재만 그런 게 아니라 바이킹 시대에도 사회적 책임과 사회적 분담이 다를 뿐 남녀 차별이 없었다. 그럼에도 바이킹의 약탈 물자엔 젊은 여성이 빠지지 않았다. 바이킹 사회는 여권이 강했음에도 스스럼없이 타 지역 여성을 공동체의 구성원으로 받아들였다. 바이킹 남성은 여성을 겁탈하는 것이 아니라 필수품으로 조달한 것이고, 바이킹 여성은 질투와 경쟁의 대상이 아닌 도우미로 받아들였다.

바이킹이 해적 집단이고 민주화된 사회라서 그런 게 아니라 절실한 이유가 있었다. 바이킹 공동체에는 다발성 경화증을 앓는 여성이 많았다. 다발성 경화증은 중추신경계에 생기는 염증으로 발생 부위에 따라 신경계에 손상을 주어 신체 활동력을 떨어트리는 자가면역질환이다. 주로 18세에서 50세 사이에 나타나며, 특히 아이를 낳는 연령에 집중되었다. 원인을 알 수는 없으나 학자들의 추측에 의하면 북구는 일조량이 적어서 비타민D를 만들 기회가 적고, 이런 이유로 신경계에 교란이 생기면서 나타나는 자가면역질환일 것으로 추측한다.

또 다른 견해는 위생가설이다. 오염 지역에 살면 여러 질병으로 고통을 받지만, 한편 항체가 생겨 병원체에 대한 저항력이 강해진다. 병원체가 없는 깨끗한 환경에 살면 질병은 적지만 병원체 감염을 통해 형성되는 면역력을 갖지 못하게 된다. 스칸디나비아는 춥고 깨끗한 환경 때문에 병원체가 적고, 그런 이유로 병원체에 대해 적절히 대처하지 못하는 상황이 길어지면서 유전적 인자로 자리잡았다는 것이다.

어떤 원인에 의한 것이든 바이킹 거주지나 바이킹이 지배했던 땅에서 발생 빈도가 매우 높은 것으로 보아 바이킹의 유전병인 것은 확실하다고 한다. 아이를 낳아야 할 젊은 여성이 다발성 경화증으로 임신을 할 수 없다면 여자를

쉐락볼튼. 600m 절벽에 걸쳐 있어서 위대한 촉스톤이라 불린다.

납치해 가는 바이킹을 탓할 수도 없을 것이다. 종족 보존을 위해 여자를 탈취하는 관습은 원시시대부터 내려오던 사회 현상이기 때문이다.

투어가 끝나고 헤어지면서 그녀에게 악수를 청했다. 손이 듬직하고 곱다. 이스라욱이 특이한 것일까? 북구 여성은 이스라욱같이 강하고 고운 것인가?

현생 인류는 아프리카에서 출발했을 때 똑같은 얼굴이었다. 이들은 태양을 쫓아 동쪽으로 이주하기 시작했으며, 중앙 유라시아에서 이주와 정착을 반복하며 대륙 전체로 퍼져 나갔다. 하지만 유라시아 대륙에는 현생 인류보다 먼저 터를 잡고 사는 이들이 있었다. 네안데르탈인이었다. 현생 인류는 네안데르탈인과 2만 년 정도 공생하며 이웃으로 살았다. 이 과정에 현생 인류와 네안데르탈인 간에 광범위한 혼혈이 이루어졌다.

네안데르탈인은 현생 인류와 달리 흰 피부에 금발 혹은 붉은 머리털을 가진 백인이었고, 덩치가 훨씬 크고 근육이 발달한 강건한 체구였다. 하지만 약점이 있었다. 큰 체구와 강한 근육을 유지하기 위해서는 많은 에너지가 필요한데, 빙하기에 그만한 먹거리를 구할 수 없었다. 결국 네안데르탈인은 현생 인류에게 자리를 내어주고 멸종되었다.

그들은 사라졌지만 현생 인류와 2만 년간 공생하며 사랑을 맺은 결과 현생 인류에게도 네안데르탈인의 유전적 형질이 1~4% 정도 남아 있다고 한다. 실험 결과 백인은 네안데르탈인의 유전전 형질이 아시아인보다 많고, 사하라 이남의 흑인은 유전적 형질이 전혀 나타나지 않는다고 한다. 한마디로 아프리카를 떠난 현생 인류에게서만 나타난 특질인 것이다.

이제 하나의 질문이 구체화된다. 아스라욱은 네안데르탈인의 유전적 형질이 특히 많은 여성 같아 보인다. 노란 머리에 푸른 눈, 그리고 단단한 근육질의 체형, 아프리카를 출발했을 때의 현생 인류와는 어딘가 어색한 모습이다. 중앙 유라시아에서 네안데르탈인과 공생하던 현생 인류 중 일부 그룹은 뷔름기(기원전 12,000년경)에 유럽으로 발길을 돌렸다. 이들이 현재의 유럽인 조상으로 추정된다. 그들이 다른 그룹과 달리 동쪽에서 서쪽으로 이동 방향을 바꾼 이유가 네안데르탈인과 가정을 꾸렸었기 때문이 아닐까. 그녀를 보고 있으면 네안데르탈인이 더욱 궁금해진다. 네안데르탈인이 아스라욱같이 매력적이고 건장한 여성이라면 그들의 무리에 끼고 싶다. 현생 인류는 너무 조잔하고 유약하지 않은가.

2. 피오르 해안과 피오르 트레킹

프레이케스톨렌(Preikestolen), 쉐락볼튼(Kjeragbolten), 트롤퉁가(Trolltunga)를 노르웨이를 대표하는 3대 피오르 트레킹이라고 하고, 송네 피오르(Sogne Fjord), 하당게르 피오르(Hardanger Fjord), 게이랑게르 피오르(Geiranger Fjord)를 노르웨이를 대표하는 3대 피오르 해안이라고 한다. 다 둘러보고 싶지만 세상을 다 볼 수 없으니 이번에도 선택을 해야 했다.

피오르는 유라시아 대륙의 가장 헐벗고 헤진 땅의 끝단이다. 그런 이미지에 적합한 곳이 어디일까? 고민 결과 프레이케스톨렌과 쉐락볼튼 하이킹, 송네 피오르 크루즈를 선택했다.

피오르는 빙하가 만든 해안이다. 가장 긴 피오르는 캐나다 동북부 해안이지만, 캐나다 피오르 해안은 여행객의 접근이 어렵고 여행 인프라도, 교통편도 없으니 아직은 탐험가의 놀이터라고 할 수 있다. 반면, 노르웨이 피오르 해안은 혼자서도 찾아갈 수 있을 만큼 교통과 여행 인프라가 잘 갖춰져 있다. 석유의 시대가 끝나가는 요즈음 석유를 대체할 산업으로 여행을 염두에 둔 것인지 여행자에 대한 배려가 수준 높고 편리하다.

그래서 물가가 살인적으로 비싼 지역인데도 여행객으로 북적인다. 내가 계획한 프레이케스톨렌, 쉐락볼튼 하이킹은 타이드(tide)라는 회사가 관광버스를 운영해 개인 트레킹이 가능했다. 스타방에르에서 버스를 타면 트레킹 시작점에 데려다 주고, 끝나는 시간에 맞춰 출발하는 버스를 타고 스타방에르로 돌아왔다. 국내 산악회를 따라 설악산에 다녀오는 것같이 쉽고 편리했다.

프레이케스톨렌은 산이 평이하고 사람이 많아 전혀 위험해 보이지 않았다. 종착지인 프레이케스톨렌에 오르면 물 위로 604m 수직으로 서 있는 절벽이 피오르의 실상을 보여 준다. 빙하에 깎이고 바위틈에 흡수된 수분이 얼었다 녹기를 반복하는 과정에 바위가 떨어져 나가 수직 절벽이 만들어진 것이다. 현재도 프레이케스톨렌 중간에 균열이 크게 가 있다. 100만 년 뒤에는 이 균열선(creek)을 따라 프레이케스톨렌의 절반이 다시 떨어져 나갈 것이라고 한다.

프레이케스톨렌에 올라 절벽 끝으로 기어가서 배를 깔고 누워 고개만 절벽에 걸치니 이 땅이 뉘 땅인지 궁금하지 않을 수 없다. 이 땅은 뉘 땅이기에 이리도 인상적인가!

피오르는 스칸디나비아 반도 해안이고 스칸디나비아 반도는 칼레도니아 산맥의 잔유물이다. 칼레도니아 산맥은 3억 년 전 대륙이 하나로 모여 판게아를 만드는 과정에 생겨났다. 곧 스칸디나비아 반도는 유라시아와 북아메리카

트롤퉁가, 피오르의 혀로 불리는 바위다.

대륙의 충돌 지점이며 접점이었다. 작은 인도판 하나가 히말라야와 티베트 고원을 만들었는데, 아메리카판과 유라시아판이 충돌했으니 칼레도니아는 얼마나 높았을까? 20,000m쯤 되지 않았을까? 인류가 도저히 오를 수 없는 높이였을 수도 있다.

　지구에도 그런 대지가 실재했었다. 캐나다 순상지는 단지 마그마가 수억 년간 뿜어져 나와 쌓였을 뿐인데 높이가 12,000m나 되었다. 대륙이 충돌하고 땅이 솟구쳤는데, 용암이 분출하여 차곡차곡 쌓인 고원에 비교할까? 칼레도니아 산맥은 우리 상상을 뛰어넘는 높이였을 것이다. 그런데도 현재 가장 높은 갈회피겐 산은 높이가 2,469m밖에 되지 않는다. 90%의 높이가 사라지고 겨우 10%만 남았다면 나의 상상이 너무 지나친 것인가?

　판게아는 2억 년경부터 다시 분리되는 길을 택했는데, 1억 8,000만 년 전에는 로렌시아 대륙과 곤드와나 대륙으로 갈라섰다. 그 뒤로도 대륙 간 분리 현상이 지속되었으며 현재는 7개 대륙으로 갈라져 있다. 대륙이 갈라지며 칼레도니아 산맥도 해체 위기를 맞았다. 산이 쪼개지고 무너졌으며 분리되는 지판에 끌려 사방으로 찢겨 나갔다. 그렇게 분해된 칼레도니아 산맥은 스코틀랜드, 아일랜드, 노르웨이, 뉴펀들랜드, 애팔레시아 산맥으로 분해되었다.

사방으로 찢겨 나갔어도 칼레도니아 산맥은 웅장한 산이었다. 칼레도니아가 현재의 온화한 모습으로 변하게 된 원인은 2억 년간 지속된 해안 침식과 빙하 침식 때문이었다. 해안에 위치해서 바다로부터 심한 침식을 받았고, 극지방의 빙하가 확장과 후퇴를 반복할 때마다 빙하에 의한 광범위한 침식 작용이 일어났다. 빙하와 바다는 오랜 시간 칼레도니아 산맥을 깎고 다듬는 과정을 반복했으며, 현재와 같이 깊고 오묘한 피오르를 만들었다.

피오르 해안 중에서도 송네 피오르는 가장 길고 깊은 해안이다. 내륙 깊숙이 파고든 송네 피오르 끝에 자리잡고 있는 플롬 마을에서 이틀을 보냈다. 가벼운 트레킹을 상상했지만 플롬의 전면은 송네 피오르이고, 피오르 양편은 깎아지른 절벽이라서 걸을 장소가 마땅히 없고 호텔 뒤편 뭉툭한 뒷동산이 유일한 산보 코스였다. 오르고 내려오는 데 30분밖에 걸리지 않는 짧은 걷기지만 플롬 마을과 주변을 일목요연하게 보여 주는 전망대여서 매일 아침나절이면 동산에 올랐다.

30여 분을 올라 동산에서 목격한 광경은 충격에 가까웠다. 작은 집 10여 채가 전부인 마을에 도시 하나를 옮겨다 놓은 듯한 거대한 크루즈선이 정박한 것이다. 이게 어떻게 가능할까? 양편 절벽이 배에 닿을 듯 좁은데 10여 층 높이의 배가 들어오다니, 보통의 해안은 대륙붕이 있어서 대형 선막은 접근이 어렵다. 큰 배는 저 멀리 정박하고 작은 쪽배로 갈아타야 육지에 접근할 수 있다.

대양을 앞에 둔 해안 포구도 그런 상황인데, 내륙 깊숙한 해안이 얼마나 깊기에 거대한 크루즈선이 들어와 정박한 것일까? 피오르는 알다가도 모를 일이다. 감추는 것과 보여 주는 것의 경계가 어디일까?

두 번째 트레킹으로 쉐락볼튼을 계획했다. 타이드 버스는 쉐락볼튼 트레킹에도 왕복 교통편을 제공하고 있어 하루에 갔다 올 수 있다. 하지만 나는 트레킹만을 원한 게 아니어서 다른 방안을 찾았다. 알려지지 않은 피오르 마을에서 숙박하는 방안은 없을까? 오랜 시간 고민 끝에 마을을 정했고, 그 마을을 향해 페리에 올랐다.

페리가 뤼세 피오르 안으로 깊이 들어갈수록 안개가 짙게 내려앉고 비가 간간이 뿌린다. 페리는 안개 속을 2시간 운행하여 뤼세볼튼에 닿았다. 여름의 북구는 비가 많다. 어제도 그렇고 오늘도 그렇고 비가 간간이 내리지만, 이틀간 내린 강우량을 더해도 얼마 되진 않는다. 안개비가 말 그대로 간간이 내리고 바람도 그렇게 분다. 여행자라면 즐길 만하지만 생활인이라면 지루하고 짜증스런 삶의 터전이었을 것이다. 폭풍우가 지나가면 쾌청한 하늘이 온다는 그런 희망과 믿음이 없기 때문이다.

그런 환경에 사는 사람들이라서 그런지 북구 사람들은 잔머리를 굴리는 일이 적다고 한다. 정직하고 우직하며 변함없다는 표현이 알맞은 사람들이다. 피오르에 와서 보니 이 사람들의 기질을 이해할 수 있을 것 같다. 넘기 어려운 암릉과 암릉 사이에 작은 평지가 있고 그곳에 마을이 있다. 옆 마을을 가려면 높은 암릉을 넘거나 긴 피오르 끝을 돌고 다시 내륙 깊숙이 노저어 가야만 옆마을에 닿을 수 있다.

걸어가기에는 위험한 길이고 배를 타고 가려 해도 멀고 험한 길이다. 우리

네 해안같이 작은 산줄기 하나 돌면 마을이 나오는 게 아니다. 어떤 길을 가든 여러 날 고생해야 한다. 이런 환경에서 약속은 어떤 의미일까? 어렵게 만날 날과 장소를 정했지만 사정이 생겨 약속 날짜를 바꾸거나 내용을 바꾸려면 피오르를 넘고 넘어 상대를 찾아가서 이야기해야 한다. 상대가 먼 거리에 산다면 약속을 변경하러 가는 일이 목숨을 거는 일이다. 그러니 약속은 바꾸거나 변경할 수 있는 게 아니다. 약속은 무조건 지키는 것이다.

법과 규칙도 마찬가지다. 정해진 규칙은 바꾸기가 어렵다. 규칙을 바꾸려면 모여야 하는데, 모이기가 쉽지 않다. 그러니 법과 규칙은 목숨으로 지키는 거다. 거기엔 이유가 없다. 이유를 설명하려면 또 그만큼의 노력이 더 들기 때문에 그냥 지키는 게 낫다.

마을을 한 바퀴 돌고 나니 피오르에 사는 사람들의 기질과 정서가 이해되었다. 이 마을은 여기저기 기웃거려도 반 시간이면 더 갈 데가 없다. 좁은 땅, 사방이 절벽으로 막힌 곳을 터전 삼아 살아가는 사람들, 이들에게 화려한 수사는 사치 같아 보인다. 이런 사람들이 유럽 왕조의 지배자가 되었다.

약속에 기반한 계약사회가 영국의 전통으로 자리잡은 이유가 달리 있었을까? 현대 산업사회는 계약과 규칙 이행을 기반으로 이룩되었다. 모든 게 사인(sign)으로 결정되고 합의한 규칙을 어기면 제재를 가했다. 그런 문화를 낳은 피오르 사람들. 여기 와서 보니 유럽이 세상을 지배한 원동력을 이해할 것만 같다. 그건 결핍이었다. 바이킹이 유럽을 이끌면서 그리스의 현학적이고 기독교의 몽환적인 의식은 냉철하고 단순한 현실감으로 자리바꿈했다. 피오르의 방식이란 이런 게 아니었을까.

다음 날 쉐락볼튼 트레킹을 시작했다. 뤼세볼튼 마을은 해안이고 쉐락볼튼 트레킹은 피오르 능선이어서 거리가 많이 떨어져 있다. 쉐락볼튼 트레킹을 하려면 깎아지른 절벽을 차로 한 시간 정도 올라가야 트레킹 시작 지점에 닿는다.

예약한 차를 타려고 숙소 앞 정류장으로 가니 세 명의 일본 아가씨가 차를 기다리고 있었다. 내가 묵은 숙소도 일본 사람이 운영하는 곳이었는데, 예약하는 데 꽤 많은 시간을 들였다. 뤼세볼튼에서 가장 크고 괜찮은 곳이어서 예약을 하려 했지만, 개인 예약은 받지 않으니 현지 여행사를 통하라는 회신만 받았다. 그리고 숙소에서 소개해 준 현지 여행사는 트레킹 프로그램 참여를 유도하고 숙소 예약만은 하지 않는다고 했다. 그런데 비용이 너무 비싸고 일수가 길어 결정을 미뤘다. 그렇게 몇 달 대안을 찾지 못하고 있던 중 우연히 숙박협회 사이트를 찾았고, 이 사이트를 통해 겨우 예약을 했다.

나는 이 과정이 너무 불편했다는 생각이 들어 일본 아가씨에게 물었다.

"예약이 어렵지 않았어요?"

"일본 여행사에서 해 줬어요, 여행 전부를."

이런 것 하나에도 원칙을 지키는 나라라는 생각이 들었다. 일본은 원칙에 충실한 나라이고, 노르웨이에 사는 일본인은 더욱 더 그랬을 것이다. 수익을 좀 더 올리려고 룰을 어기는 것은 바이킹한테 도끼 맞을 일 아닌가? 여행사를 통해서만 예약을 받는다는 약속을 절대로 어기지 않는 일본 주인. 노르웨이 여행사는 그런 약속을 믿기에 프로그램을 패키지로 얹어서 판다. 일본 여행사도 여행과 숙박을 패키지로 판다. 난 운 좋게 빈틈을 찾아 들어왔다.

그런데 잘한 일인지 판단이 서질 않는다. 자연을 빌려준 사람들은 즐긴 만큼 대가를 지불하라는 것 같은데, 난 제대로 지불한 것인가? 아니면 부족하게 지불한 것인가?

쉐락볼튼은 프레케스톨렌보다 걷는 거리가 길고 좀 더 힘든 트레킹이었다.

트레킹은 초반에 가파른 절벽을 오르고 나면 비교적 완만한 화강암 바위를 걷게 된다. 바위 표면은 경사가 급하지 않았지만 비가 내려 미끄러웠다. 젖은 바위를 조심스럽게 걸으며 트레킹을 이어 간 끝에 마침내 촉스톤인 쉐락볼튼에 도달했다. 쉐락볼튼 주변은 장쾌한 피오르였다. 600m 절벽 사이에 걸린 촉스톤은 가락지에 끼워 놓은 보석같이 빛났다.

누가 이런 돌덩어리를 바위틈에 끼워 넣었을까? 북구의 전설에는 트롤(troll)이라는 거인 이야기가 많다. 걸리버 여행기의 소재도 트롤을 꿈꾸는 인간의 욕망이었다. 쉐락볼튼 위에 올라서니 미지에 대한 두려움은 항상 인간의 호기심과 기대를 꺾지 못했다는 사실이 직접 와 닿는다. 피오르 사람들의 이주는 그런 현상이었다.

피오르 사람들은 척박한 고향을 등지고 떠나 성공했다. 이는 유럽에 불어온 새로운 바람이었고 변화의 동기였다. 피오르 해안만이 아니라 피오르 능선에 올라도 주변엔 아무것도 없다. 이들이 본 세상은 그런 것이었다. 아무것도 없는 세상에 홀로 남겨진 땅. 강할 수밖에 없고 강해질 수밖에 없는 그들이 유럽으로 이주하여 남긴 선물은 무엇일까? 그것을 명확히 알 수 없지만 중세 말기의 유럽은 다시 도약하기 시작했다. 그들이 이주하고 나서.

3. 라플란드의 사람들

스타방에르에서 베르겐을 거쳐 나르비크(Narvik)로 이동했다. 사미족(Sámi)의 땅 라플란드로 향하는 길목이기 때문이다. 라플란드는 북회귀선이 지나는

66.5도를 기점으로 한 극지방으로 지리적으로는 유럽의 최북단이다.

사미족은 핀란드를 이룬 핀족. 발트해에 정착한 에스토니아인과 함께 우랄 산맥에서 이주한 것으로 알려져 있다. 이들은 빙하기에 고단백과 고지방을 얻기 위해 큰 포유류를 사냥했으며, 맘모스 등 추위에 강한 동물이 극지로 이주함에 따라 삶의 터전을 극지로 옮겼다. 하지만 빙하기에 덩치 큰 동물의 개체수가 줄어들었고, 사냥으로는 식량 조달이 충분하지 않아 순록을 키우고 물고기를 낚시하는 반유목, 반어민으로 바뀌었다. 그 과정에 먹이를 찾아 스칸디나비아 반도까지 이주하게 된 것이다. 하지만 핀족이나 에스토니아인같이 힘이 센

나르비크 항구. 나르비크 해안은 해수면이 유난히 깊어서 2차대전 때 U-Boat가 연안에 숨어 상선을 격침했다고 한다.

사람들이 아니어서 다툼이 없는 한적한 땅, 극지로 이동하여 정착했다.

라플란드는 북극해와 맞닿은 유라시아 최북단으로 요철형의 평원이다. 배수가 되지 않는 라플란드 대지는 물을 흡수하지 않고 품고 있어서 대지에는 물 웅덩이와 늪지가 많은데, 무려 대지의 12%에 달한다. 이는 라플란드가 툰드라토이기 때문이다. 툰드라 토양은 지하의 영구 동토층이 물의 침투를 막기 때문에 강우량이 적음에도 대지 표면에는 물웅덩이가 많고 대부분 습지를 이룬다. 특히 노르웨이는 빙하 침식으로 표피가 대부분 씻겨 나가고 단단한 암석층에 먼지와 초목의 부식물이 얇게 쌓인 것이라서 토양층이 매우 얇다. 그래서 물은 대지로 스며들지 않고 저지대 웅덩이에 고이게 된다.

나르비크에서 키루나로 향하는 시닉 트레인(Scenic Train)은 이러한 대지를 만나는 여행이다. 차창 밖에 펼쳐진 툰드라 대지는 메마르고 거칠다. 곳곳에 종재기같이 물이 담겨 있지만 빈약하기 그지없다. 초본류의 사체와 먼지가 쌓인 대지는 표피가 얇아 발로 툭 차면 허물이 벗어지고, 이런 대지에 관목이 어렵게 목숨을 부지하고 있다. 이런 툰드라 대지를 기차로 2시간 30분 달려 쿵스레덴(Kungsleden trail, 왕의 길)의 종착점으로 알려진 아비스코에 도착했다. 쿵스레덴은 세계 10대 걷기에 들어가는 트레일이라서 트레커를 위한 산장 호텔이 자리잡고 있다.

호텔에 짐을 풀고 주변을 산책하다 보니 쿵스레덴을 완주한 사람들을 격려하려는 듯 트레일 입구가 잘 치장되어 있다. 쿵스레덴은 라플란드를 걷는 대표적인 장거리 트레일이다. 전체 거리는 440km, 구간에 따라 수 일에서 수십 일을 걸어야 한다. 쿵스레덴을 걷는 동안 거대한 툰드라 대지와 인셀베르그 평야, 타이가 삼림과 차디찬 빙천의 울림까지 만나게 되니 한여름의 페스티벌로 부족함이 없는 트레킹이다. 어쩌면 라플란드가 어떤 곳이냐는 질문에 가장 적합한 답인지 모른다. 예전에는 텐트와 침낭 등 무거운 짐을 메고 걸었지만, 지금은 하루 거리에 산장이 있어 쉽게 도전할 수 있다. 쿵스레덴의 종점에 서서 나도 잠시 갈등했다. 어느 만큼 걸어가야 나에게 위로가 될까?

다음 날 아침, 빵 하나와 물 하나를 챙겨 트레킹을 시작했다. 쿵스레덴 시작 지점으로 가던 중에 하산하는 여성을 만났다. 나는 반갑게 아침 인사를 건넸다.

"쿵스레덴을 완주하셨나요?"

"아뇨, 아침 운동으로 잠시 걸었어요."

"지금 내려온 길은 쿵스레덴이 아닌 거 같은데, 어딜 갔다오는 건가요?"

"쿵스레덴이요."

쿵스레덴 종착 지점을 알리는 기념물. 이 통으로 들어가면 쿵스라덴의 시작하고, 나오면 쿵스라덴을 종료한다.

"이 길이 쿵스레덴 아닌가요?"

"이 길로 가도 만나요, 알려진 길은 좀…."

그녀는 말을 흐렸지만 난 그녀가 하고자 하는 말을 금방 알아들었다. 소문난 잔치에 먹을 것 없다는 건 동서고금을 망라하는 진리 아닌가?

아비스코는 쿵스레덴의 끝이고 잘 알려진 장소여서 그런지 트레일이 넓게 패이고 자연스럽지 않았다. 나는 코스를 바꿔 그 여성이 내려온 길을 역으로 오르기 시작했다. 처음엔 가파른 오르막으로 시작하지만 곧 넓은 개활지가 나왔다. 개활지는 대부분 자연 상태의 습지여서 훼손되기 쉬운 연약한 지반 위에 나무판을 깔아 습지와 이끼류 식물을 보호하고 있고 자작나무 숲이 운치있게 드리워져 있다. 좁은 나무판을 디뎌 습지를 건너고 가냘픈 숲을 지나 호수에 이르니 쿵스레덴 이정표가 나왔다. 여기서 쿵스레덴의 원래 길을 따라 아비스코로 돌아왔다. 왕복 10km정도였고, 4시간을 걸었다. 좀 짧긴 했지만 다양한 자연을 만날 수 있어서 참 좋았다.

쿵스레덴 전 일정을 걸은 것에 비교할 순 없지만, 그래도 그 여성이 알려 준 길은 쿵스레덴을 하루나 이틀 걷고 나서야 만나볼 수 있는 속 깊은 자연이어서 기분좋았다. 산장 호텔로 돌아와 맥주를 한잔하며 푸른 하늘과 메마른 대기를 즐겼다. 비록 반나절의 짧은 트레킹이었지만 쿵스레덴 마지막 구간을 걸었으니 나도 쿵스레덴을 맛본 거라고 자위해도 되지 않을까.

4. 새벽 2시 다시 떠오르는 일출

북극권의 밤은 11시가 되어도 사물을 분간할 만큼 밝다. 저녁을 간단히 먹고 로비에 앉아 있으니 가이드로 보이는 남자가 내 이름을 부른다. 그를 따라 차에 오르니 두 커플이 먼저 앉아 있었다. 내가 마지막이라고 하니 오늘 여행 동반자는 5인인 셈이다. 저녁 9시 30분에 출발한 백야 트레킹은 케이블카를 타고

쿵스레덴의 툰드라 지대. 광활한 툰드라 대지에도 여름 한철 생명의 활기가 넘친다.

조망대에 올라 해 지는 대지와 노을을 감상하는 것으로 시작해 백야의 대지를 한 시간 걷고 끝났다. 조금 아쉬웠지만 그래도 특이한 경험이었다.

해는 동쪽에서 뜨고 서쪽으로 질 텐데, 서쪽으로 지는 듯하다 동쪽에서 떠오른다. 그 간격이 너무 짧아 12시경 해가 지는 듯한데 2시경 저 멀리서 햇볕이 달려오는 게 보였다. 이 무슨 경이로운 일인가. 태양이 지구를 한 바퀴 돌았을 텐데, 지구 뒤편에서는 뜀박질을 한 건가? 그래서 지구 전면에 다시 나타났을 때는 숨을 고르느라 밤 늦도록 하늘에서 서성거리는 건가? 한여름 극지방의 밤은 참 신비로웠다. 한겨울 극지방의 밤은 어떨까? 여전히 신비로울 것이다.

백야(白夜)는 66.5도 이상 고위도 지방에서 태양이 지평선 아래로 내려가지 않는 현상을 말한다. 백야가 되려면 태양의 기울기가 적어야 하는데, 고위도 일수록 태양의 기울기가 적기 때문이다. 이런 이유로 90도 북극점에서는 춘분에서 추분까지 186일 동안 백야가 이어진다. 물론 남극은 정반대여서 그 만큼의 극야(極夜)가 이어진다.

아비스코는 위도가 68.3도이니 백야를 품을 자격이 충분하다. 한여름 아비스코의 밤은 2시간 정도다. 그 2시간마저도 칠흑 같다는 표현은 어울리지 않는다. 해가 진 뒤에도 어슴푸레하고 설익은 어둠을 쫓아내듯 일출이 곧 뒤따르기 때문이다. 일출이나 일몰 같은 극적 대비나 장엄한 의식이 없는 극지방. 여행자에겐 신비한 체험이지만 이 땅을 삶의 터전으로 삼고 있는 사람들에겐 어떨까?

여행의 70%를 끝내고 알게 된 진실이 있다. 아시아에서 몽골리아가 주도하던 일을 유럽에서는 스칸디나비아가 주도했다. 인종의 확산과 사회 변화, 역사의 추동까지, 한마디로 변화의 맨 앞자리에서 세상을 이끌었다. 하지만 주도하지 못한 게 하나 있었다. 문명이었다. 문명은 윤택한 대지에서 탄생해 풍요를 먹고 성장했다. 그러니 빈약한 몽골리아나 스칸디나비아에서는 문명이 들어설 자리가 없었다.

반면, 문명은 아편 같아서 취할수록 헤어나오기 어렵다. 문명에 갇혀 사는 사람들을 흔들어 깨운 건 척박한 땅에 사는 사람들이었다. 몽골리아와 스칸디나비아는 그런 땅이었다. 밤이 없는 날과 낮이 없는 날이 절반인 땅. 이 땅에 사는 사람들은 역사적 소명을 부여받은 사람이었다.

16장
–
우크라이나 초원

1. 우크라이나의 풍요는 축복?

우크라이나와 북캅카스는 오랫동안 하나의 지역으로 인식되었다. 두 지역은 초원으로 연결되어 있고 차량으로 몇 시간이면 연결될 만큼 근접해 있기 때문이다. 하지만 소련 연방이 무너지고 우크라이나와 러시아가 각기 다른 길을 걷기 시작하면서 양국은 견원지간이 되었다. 돌이켜보면 가까운 친구가 가장 위험하다는데, 우크라이나에 러시아는 그런 존재였다.

러시아와 우크라이나의 적대적 관계는 나의 여행에도 여행을 미쳤다. 이유가 무엇이든 엘브러즈에서 내려와 우크라이나로 이동하는 나의 행로가 21세

1991년 겨울, 시골의 작은 역사 앞에서 한 장 찍었다. 등에 맨 작은 배낭이 100일간 여행 짐의 전부였다.

기의 시대상을 보여 주듯 복잡해졌다. 차로 몇 시간이면 될 거리인데 모스크바행 비행기에 올라야 했고, 스칸디나비아 반도를 경유하고서야 우크라이나행 비행기를 탈 수 있었다.

키이우에서 내가 받은 첫인상은 '아름다움을 감추지 못하는 소녀의 수줍음' 같은 느낌이었다. 금으로 덮인 둥근 돔과 푸른 돔이 하늘을 향해 우뚝 솟은 정교회가 도심 곳곳에 가득하고, 소비에트의 비효율성을 상징하는 둔탁하고 거대한 건물과 매끈하고 날렵한 현대 건축물이 혼합되어 조화를 이룬다. 도시를 치장하는 데 낯설지 않은 듯 구시대 유물들이 도시의 한 자리를 차지하고 있어 러시아의 어느 시골 도시에 온 듯한 착각을 일으키게 한다. 그래서 궁금했다.

러시아의 변두리인가, 러시아와 전혀 다른 우크라이나인가? 그런 의문을 갖게 하는 건 뿌리가 같고 한 배를 탔기 때문이다. 그런데 한 배를 탄 이유가 우크라이나의 의지인지 러시아의 강요인지 알 수 없다. 나의 여행이 끝나고 우크라이나와 러시아는 물러설 수 없는 전쟁에 돌입했기 때문이다.

보통 거인을 상대로 싸울 때 다윗과 골리앗을 예로 든다. 다윗의 민첩함과 골리앗의 파괴력, 누가 더 승리할 가능성이 높을까? 성경은 다윗의 승리를 기록하고 있다. 후대 이야기꾼들은 골리앗의 패배 원인으로 골리앗에게 백내장이 있었을지 모른다고 추측한다. 어쨌거나 다윗의 승리는 부정할 수 없는 사실이다. 골리앗에게 누눅들지 않았던 다윗, 그는 골리앗의 약점을 간파하고 대결에 나섰던 것일까? 이 전쟁이 어떻게 끝날지 궁금하기만 하다.

우연히 접한 '우크라이나 역사'에 대한 요약에 이런 문구가 있다.

"우크라이나 역사에서 단 하나의 주제를 꼽자면 '나라가 없었다'는 점이다. 역사가 수브텔니(Subtelny)는 '우크라이나 역사의 핵심이 국가의 틀 없이 민족이

카르파티아 산맥에서 가장 웅장한 하이 타트라 산군. 슬로바키아와 폴란드의 국경을 이루고 있다.

"the Eye of the Sea"라는 명칭을 갖고 있는 모르스키에 오코 호수.

유라시아 대륙 심장부를 횡단하다 캄차카에서 아조레스까지

카르파티아는 온순한 산이지만 타트라 산군만큼은 거친 암봉이 즐비해 카르파티아의 알프스로 불린다.

어떻게 살아남았는가에 있다'고 말했다."

우크라이나 초원은 스키타이의 터전이었다. 이 땅에 게르만이 내려와 정착하며 스키타이와 게르만의 동화가 이루어졌다. 그리고 보면 원주민은 아리안이었다. 스키타이도 게르만도 아리안이기 때문이다. 5세기 아틸라의 훈이 서천하며 우크라이나를 침공했다. 훈의 출현에 놀란 게르만은 로마 영내로 이주했고, 아틸라의 훈도 우크라이나를 떠나 헝가리 초원에 훈 왕국을 세우고 로마와 대적했다. 아틸라의 훈 왕국은 곧 망했지만 그를 따라온 튀르크계 민족들이 바통을 이어받아 계속 우크라이나를 지배했다. 아바르, 하자르, 마자르, 불가르족으로 이어지며 우크라이나는 훈의 정원으로 불렸다.

슬라브인들은 게르만이 쫓겨나고 훈마저 헝가리로 무대를 옮겼던 5세기 카르파티아 산맥에서 내려와 주인 없는 우크라이나 초원에 정착하기 시작했다. 슬라브는 점차 세력을 키워 드네푸르 강을 따라 공동체를 이루며 살았고,

강을 따라 발트해에서 흑해까지 무역을 독점하던 바이킹이 루씨 왕국(류크 왕국)을 세우자 여기에 흡수되었다. 최초의 슬라브 국가는 여기 키이우에서 바이킹에 의해 세워진 것이다. 러시아와 우크라이나는 한 뿌리이고 형제라고 부르는 이유는 러시아의 뿌리인 모스크바 공국 역시 루씨 왕국에 속한 작은 공국이었기 때문이다. 이렇게 한 뿌리 같은 문화에서 시작했건만 둘은 견원지간이 되었다. 배다른 이복형제의 한계였을까?

13세기 몽골 세력이 러시아를 침공하고 키예프 공국을 비롯해 슬라브인이 세운 공국 대부분이 몽골의 지배를 받게 되었다. 지방의 작은 세력이었던 모스크바 공국은 몽골에 저항하기보다 몽골에 충성하며 주변 공국에 대한 조세징수권을 얻었다. 이때부터 모스크바는 동포인 슬라브인들에게 세금을 거두고 폭력을 행사하는 등 원성을 샀으나, 그렇게 거둔 재원으로 국방을 강화하여 몽골을 쫓아내는 구심점이 되었다. 키이우는 피해자로 끝났으나 모스크바는 가해자에서 구원자로 바뀐 것이다.

몽골이 러시아에서 쫓겨나며 우크라이나는 다시 무주공산이 되었다. 모스크바 공국이 세력을 뻗치지 못하고 있을 때 우크라이나는 리투아니아와 폴란드에 분할 병합되었다. 이때부터 러시아, 우크라이나, 벨라루스가 서로 다른 역사적 경험을 하게 되면서 현재의 삼국으로 분리되는 계기가 되었다. 이런 혼란기에 우크라이나 남부에서 군사 공동체인 코사크가 만들어지고 폴란드와 리투아니아가 하나의 왕국으로 합병하며 우크라이나를 더욱 거세게 착취할 때, 영화로 유명한 대장 부리바의 저항이 시작된다.

영화 「대장 부리바」는 폴란드에 저항한 '복단 흐멜닛스키'의 독립 투쟁과 그의 아들 안드레이와 폴란드 귀족의 딸 나탈리아의 사랑 이야기를 복합적으로 다루고 있다. 영화의 결말은 코사크의 승리였으며, 코사크는 폴란드군을 몰아내고 '코사크 수장국'을 건국했다. 하지만 이는 일시적인 승리일 뿐, 폴란드의 위협에서 자유스러울 수가 없었다. 복단 흐멜닛스키는 모스크바 공국에 보호를 요청하였고 이때부터 우크라이나는 자연스럽게 러시아의 일부로 편입되었다.

러시아의 일원이 된 코사크는 스스로 러시아 황실의 용병이 되었다. 그리고 러시아 역사의 중대한 기로에서 시대에 저항하는 역할을 맡았다. 러시아 혁명의 발단이 된 '피의 일요일 사건' 현장에도 코사크 근위병이 있었다. 백성이 아닌 황실에 충성하는 코사크 근위병은 방아쇠를 당기는 데 주저함이 없었다. 코사크인들은 러시아 황실을 위해 험한 탐험도 주저하지 않았다. 시베리아뿐 아니라 캄차카까지 진출하여 모피 무역을 전담했으며, 이 과정에 러시아의 영토를 시베리아와 극동까지 넓히는 첨병 역할을 하였다. 러시아 황실을 지키기 위해 볼셰비키군에 가장 먼저 전쟁을 선포한 것도 코사크였다. 코사크는 참 충실한 군사들이었다. 이들은 무슨 이유로 시대의 변화를 무시하고 차르에게만 충성했을까? 「대장 부리바」에 명대사가 나온다.

"내 아들아, 내가 너의 생명을 주었으니, 너의 생명 또한 거두겠다."

코사크는 목숨이 위태로운 순간에 러시아 황제인 차르의 구원을 받았으며, 자신들의 목숨을 거둘 수 있는 사람도 차르뿐이라고 생각했던 게 아닐까?

러시아가 이런 주장을 한다면 하나의 문제를 더 풀어야 한다. 코사크는 모두 우크라이나인이다. 그렇다면 우크라이나인은 모두 코사크인가? 우크라이나 초원에는 다양한 부족과 인종이 어울려 살았고 코사크는 그런 부족 중 하나였다. 혼란기에 무력집단인 코사크가 우크라이나의 중심이 되었을 뿐이다. 그러니 러시아에 충성한 코사크를 우크라이나로 치부할 수는 없지 않을까?

코사크의 반란 이후로도 20세기까지 우크라이나는 국가가 없었다. 1차 세계대전 시기에는 러시아와 오스트리아-헝가리 왕국에 분할되어 있었고, 2차 세계대전 때는 러시아의 영토였다. 우크라이나는 13세기 키예프 공국이 망하고 1991년 소비에트가 해체될 때까지 자신의 나라를 갖지 못했다. 그럼에도 넓은 영토와 많은 인구를 가진 큰 세력으로 존속했다. 어떻게 가능했을까?

12세기 말 우크라이나 인구는 800만 명에 이르렀다. 당시 신성로마제국의 인구와 맘먹는 정도였고 영토 역시 비슷한 크기였다. 신성로마제국이 유럽을 쥐락펴락할 때 비슷한 덩치의 우크라이나는 주변에 별 영향을 끼치지 못했다. 그래서인지 Ukraine(우크라이나)는 국가명으로 쓰이지만 러시아가 말하는 the Ukraine는 '변방'이라는 뜻이다. 거대한 땅과 인구를 가졌지만 독립국을 이루지 못하고 변방의 피지배민족으로 수백 년을 존속했다. 우크라이나에 멍에가 씌워져 있는 건 아닌가?

중앙 유라시아는 지난 2,500년간 유라시아의 역사를 주도했다. 반면, 우크라이나는 중앙 유라시아의 일원이고 가장 큰 스텝 지대를 가지고 있으면서도 국가의 독립을 유지하지도 못했고 세상의 질서에 작은 흠집도 내지 못했다. 너무 풍요로워서 그런 건 아닌가? 결핍의 땅이었다면 어땠을까? 진화도 발전도 결핍에서 시작된다고 하니, 풍요는 우크라이나를 멈추게 한 멍에가 아니었을까?

2. 우크라이나는 초지인가 농토인가?

키예프는 역사적인 도시다. 바이킹에 의해 시작된 도시지만 키예프를 단장한 건 슬라브 문화였고 그리스 정교였다. 구도시는 그런 면면이 가득하다. 도시 어디에서도 볼 수 있는 랜드마크이며 키예프를 대표하는 건축물은 황금을 입힌 타워가 교회당을 호위하는 소피아 성당이다. 구도심은 소피아 성당을 중심으로 방사선으로 구축되어 있다. 교회만이 아니다. 정교의 계승자임을 보여주는 흔적이 도심 곳곳에 남아 있다.

해질 무렵 드네푸르 강 선셋 크루즈에 올랐다. 낮 시간 동안 걸어다니며 보았던 교회 지붕이 배 위에서도 잘 보인다. 강변으로는 나무들이 우거져 있어 마치 숲에 들어온 듯하고 숲 뒤로는 번듯한 고층 건물들이 즐비하다. 드네푸르 강 크루즈는 도시의 얼굴을 숨김없이 볼 수 있는 여행이었다. 그런데 우크라이나는 나무 생육에 적합하지 않은 스텝 지대다. 내가 무엇을 잘못 알고 있는 건가?

슬라브가 정착하기 전 우크라이나는 유목민의 정원이라 불렸다. 우크라이나가 유목민의 정원이 된 데는 자연의 혜택을 받았기 때문이다. 스텝이란 유라시아 대륙의 중위도에 위치하는 기후대로 '숲을 이루기엔 물이 부족하지만 풀이 자라는 데는 큰 문제 없는 반건조 지대'다. 물이 부족해 농경에도 나무 생육에도 적합하지 않으니 농경 민족도 삼림 부족도 살 수 없는 오직 유목민에게만 허락된 땅이다.

그런 스텝이 북만주에서 흑해 북단인 우크라이나까지 무려 8,000km에 걸쳐 동서로 길게 펼쳐져 있다. 우크라이나는 세계에서 가장 큰 규모의 스텝인 '흑해-카스피해 스텝(Pontic-Caspian steppe)'의 중심이다. 신이 유목민을 위해 준비한 스텝 중 가장 큰 규모가 우크라이나에 자리잡고 있으니 흉의 정원은 피할 수 없는 운명이었다. 그런데 우크라이나는 다른 스텝 지대와 다른 한 가지를 더 가지고 있다. 그래서 의문이 든다. 우크라이나는 초원인가 농토인가?

우크라이나 대지는 검은색이어서 '흑토'라는 뜻인 체르노젬(Chernozem)이라 불린다. 우크라이나 땅이 검은 이유는 풀의 생육은 활발하여 사람 키보다 크게 자라는 반면, 물이 충분하지 않고 대기가 건조해서 나무가 성장하지 못한다. 즉 풀이 성장할 정도는 되지만 나무가 성장하기엔 강수량이 부족한 것이다. 넓은 대지가 온통 사람 키만 한 풀로 가득 차고, 풀은 일년생 식물이라 겨울이면 대지에 쓰러져 거름이 된다. 그런 과정이 수천 년간 반복되면서 우크라이나의 대지는 비옥한 흑색 부식토가 되었다.

이런 대지엔 인산과 암모니아가 풍부하다. 인산과 암모니아는 풀의 성장을 촉진하고 풀은 다시 거름이 되어 영양분을 대지에 환원한다. 짐승도 배설로 대부분의 영양분을 대지에 돌려준다. 반면, 땅에서 영양분을 흡수하여 성장하는 나무가 없고 땅의 영양분을 빨아들여 낟알을 맺는 농경도 없다. 이 땅이 초원으로 남아 있었던 건 이 땅의 주인인 스키타이와 흉이 유목민이었기 때문이다. 우크라이나의 주인이 유목민에서 농경 민족으로 바뀌기 전까지 우크라이나는 마이너스 질량의 대지가 아니라 플러스 질량의 대지였다.

농경민이 세상을 주도하면서 우크라이나에도 새로운 변화가 시작되었다. 인산과 암모니아가 풍부한 대지는 다른 토양에 비해 수확량이 많고 우크라이나의 메마른 대기는 밀농사에 적합한 기후였기 때문이다. 그렇게 우크라이나 초원은 유목의 대지에서 유럽의 빵 바구니(Bread Basket of Europe)로 변신했다.

지구의 경작지는 육지 면적에 11.6%밖에 안 된다. 경작지의 절대 면적은 '인도'가 가장 넓지만 국토 대비 경작지 면적은 우크라이나가 57.6%로 가장 높다. 지구촌 인구가 80억을 넘는 오늘날 우크라이나의 식량기여도는 절대적이다. 우크라이나는 북미의 그레이트 플레인(Great Plains)과 함께 전 세계 밀 생산량을 도맡고 있기 때문이다. 우크라이나의 식량기여도가 얼마나 대단하면 유럽 사람들은 이런 조크를 날린다.

"우크라이나에 흉년이 들면 유럽이 굶주리고 아프리카에서는 전쟁이 난다."

우크라이나는 흉의 정원이었으나 슬라브의 안뜰이 되었고, 현재는 유럽의 빵 바구니 역할을 하고 있다. 한 시대도 머무는 자를 실망시키지 않았던 땅, 우크라이나 대지는 얼마나 은혜로운 대지인가. 키이우의 한가로움도 좋지만 지구촌 최대의 스텝인 '흑해-카스피해 스텝'을 걷고 싶었다. 그것이 어디인가? 도시와 농토, 숲이 혼재된 키이우 주변에서 광활한 스텝을 찾는 일은 이제 어려운 과제가 되었다.

몇 사람의 의견을 듣고 미츠리친스키 지역 풍경구(Mizhrichynskyi Regional Landscape Park)를 찾았다. 미츠리친스키는 키이우에서 멀지 않은 보호구일뿐 아니라 스텝과 숲이 어우러져 있고 드네프르 강으로 합수하는 지천이 있어서 우크라이나를 축압해 놓은 듯하다.

트레킹은 키이우를 출발하여 2시간을 달려 막심이라는 마을에서 시작했으며 스텝을 횡단하여 건너편 도로까지 10km를 걸었다. 풍경구에는 스텝을 아우르는 숲이 제법 번창하다. 우크라이나에 숲이 없다는 건 학술상의 정의인가, 아니면 슬라브가 정착하며 변화된 현상인가? 슬라브는 카르파티아에 기거하던 삼림 민족이었다. 유목민이 아닌 삼림 민족이 대지의 주인이 되었으니 나무도 더불어 활개를 피는 것이겠지.

3. 카르파티아를 넘어서 이어지는 길

몽골의 2차 서역 원정대는 스텝을 따라 서쪽으로 이동했으며, 우크라이나 평원을 지났고 카르파티아 산맥과 트란실바니아(현 루마니아 북부, 헝가리)에 머

흑해-카스피해 스텝은 흑해 북단에서 우크라이 전체를 포함하는 지구촌 최대의 스텝 대지다. 면적은 994,000Km²로 한반도의 약 4.5배 규모다.

무르며 다음 행로를 결정했다. 당시 서유럽은 빽빽한 숲이라서 말의 이동에 불편이 많았고, 이에 더해 약탈할 만한 도시도 몇 개 없어서 그리 매력적이지 않았다. 유럽의 부는 지중해 연안 도시에 모여 있었지만 이태리 반도는 알프스가 가로막고 있고, 또한 단단한 성곽 도시들이어서 침공이 쉽지 않았다.

큰 저항 없이 우크라이나 초원까지 달려온 초원의 전사들은 카르파티아 산록에 머물며 시간을 끌었다. 그렇게 시간을 끌다 몽골의 2차 원정대는 본국으로 귀환했다. 몽골 이전에도 초원의 전사들은 헝가리 초원에 근거지를 두고 로마와 유럽을 농락했었다. 아틸라의 훈은 헝가리에 왕국을 세우고 동로마를 압박했으며, 아바르는 헝가리에서 시작해 이베리아 반도까지 유럽을 휘저은 뒤 트란실바니아로 돌아왔다. 마자르족도 헝가리 초원에서 서진을 멈추고 헝가리 왕국을 세웠으며, 불가르족은 발칸 반도로 진입해 불가리아 왕국을 세웠다. 초원의 전사는 카르파티아와 트란실바니아를 근거지로 삼아 유럽을 농락했으니 카르파티아와 트란실바니아는 스텝 초원과 유럽 평원을 덮은 검은 숲과의 경계선이었다. 거침없이 스텝을 달려온 초원의 전사들이 지친 심신을 달래며 휴식을 취했던 카르파티아. 그들은 카르파티아에서 진행을 멈추고 깊은 고민에 빠졌다. 더 갈 것인가, 그만 돌아갈 것인가?

초원의 마지막 경계선 같은 산맥, 카르파티아가 궁금하여 관문격인 이바노프랑키브스크(Ivano Frankivsk)로 향했다. 프랑키브스크의 고도는 260m, 키이우와 별 차이가 없지만 공기가 청량하고 맑다. 카르파티아가 보내 준 선물을 깊이 들이마시며 산자락 마을로 향했다. 카르파티아는 톈산과 파미르에 비교할 수도 없는 낮은 산맥이다. 최고봉은 2,665m지만 일부 봉우리를 제외하면 대부분 높이가 390~470m 사이의 낮은 구릉이다. 산이 낮고 부드러워서 산맥이라기보다는 동산에 가깝고, 구릉형의 산맥이어서 산악 초지(Alpine meadow)가 산사면에 넓게 펼쳐져 있다.

날카롭고 위협적인 암봉이 없어서 무시하기 쉽지만 카르파티아는 엄연히 알프스-히말라야 조산대의 일부다. 알프스-히말라야 조산대는 아프리카 대륙에서 떨어져 나온 이태리 반도, 인도판, 아라비아 반도, 이베리아 반도가 유라시아 대륙과 충돌하면서 생겨난 산맥이다. 아프리카에서 떨어져 나온 지판이 유라시아 대륙을 아래서부터 위로 밀어붙이기 때문에 알프스-히말라야 조산대는 동서로 길게 산맥이 만들어졌다.

그런데 예외가 하나 있다. 카르파티아는 동서가 아닌 말굽형으로 심하게 휘어져 있고 거의 반원을 그린다. 동서로 뻗지 못하고 곡선으로 휘어 버린 카르파티아, 알프스-히말라야 조산대가 맞는 것인가?

아프리카에서 떨어져 나온 이태리 반도는 시칠리아 섬을 축으로 하여 오른쪽으로 회전하며 유라시아 대륙을 파고든다. 이태리 반도의 회전선을 따라 유라시아 대륙엔 활처럼 휜 알프스가 만들어졌고, 측면인 발칸 반도에는 디나르 알프스가 만들어졌다. 문제는 디나르 알프스 뒤에 자리잡고 있는 단단한 화산암이다. 화산암은 마그마가 지상으로 분출하지 못한 채 지하에서 식은 암석이다. 디나르 알프스 뒤에 위치한 화산암은 거대한 마그마방(Magma Chamber)이 지하에서 그대로 굳으며 만들어진 단일 암석으로 크기가 어쩜 우리나라보다 더 큰 돌덩어리인지도 모른다. 이런 돌덩어리가 카르파티아를 만들었다.

이태리 반도는 동쪽으로 회전하며 계속 발칸 반도를 밀어붙였고, 이태리 반도에 밀린 디나르 알프스는 뒷걸음치기 시작했다. 보통은 디나르 알프스 뒤에 있는 대지가 접히며 충돌 에너지를 흡수해야 하는데, 디나르 알프스 뒤에는 거대한 화산암이 자리잡고 있고 화산암은 균열 없이 뒷걸음치며 대지를 파고

들었다. 카르파티아는 그렇게 만들어졌다. 화산암이 뒷걸음치며 대지를 파고든 만큼 말굽 모양으로 융기하여 산맥이 형성된 것이다.

카르파티아는 초원의 전사와 이미지가 꼭 맞는 산맥이다. 초원에선 전면전의 개념이 없다. 초원의 전술은 기만전술이고 이를 '망구다이'라고 한다. '망구다이'는 패한 척 적을 깊숙이 유도하여 일거에 몰살시키는 전술이다. 망구다이에 걸려든 유럽의 기사들은 번듯한 철갑옷을 입었지만 적의 칼이 아닌 제풀에 지쳐 쓰러졌다. 카르파티아의 형세가 '망구다이'다. 밀고 들어오는 만큼 틈을 내주고 뒤로 여유롭게 물러나 있지만 사면을 포위하고 있다. 이런 산맥은 지구상 어디에도 없다. 품새도 자세도 너무나 다른 산맥이다. 초원의 전사는 자신을 닮은 카르파티아를 사랑했다. 그리고 카르파티아에서 결정했다. 앞으로 갈 것인가, 돌아갈 것인가!

카르파티아의 능선은 파릇한 풀로 덮여 있다. 그래서 카르파티아 트레킹은 알파인 초지를 걷는 것이다. 능선은 낮고 완만하여 어디에서 시작해도 좋고 어디서 끝내도 마을이 있다. 어느 방향을 택하든 막힘이 없고 불편함이 없는 초원 걷기다. 가도 되고 멈춰도 되고 돌아가도 되는 산, 초원의 전사들이 다음 행로를 고민했던 능선에서 나도 걷기를 멈추고 다음 행로를 고민했다.

카르파티아 산맥에서 북쪽으로 내려가면 유럽 대평원으로 이어지고 그곳엔 검은 숲(schwarzwald)이 펼쳐진다. 서쪽으로 내려가면 트란실바니아를 거쳐 루마니아로 향하는 지름길이다. 두 길 모두 나에겐 잊지 못할 추억이 있다.

1991년 유라시아 횡단에 나섰던 나는 서울을 출발하여 3개월쯤 지나 루마니아에 도착했다. 아는 사람 하나 없었지만 나에겐 믿는 구석이 있었다. 한국을 출발하기 몇 주 전 루마니아 비자를 받으려고 용산에 있는 대사관을 방문했다. 처음 인터뷰한 남성이 여권을 가지고 들어갔는데, 비자가 찍힌 여권을 들고 나온 건 중년 여성이었다. 그녀는 사진 한 장을 내게 건네며 사진 뒤에 주소와 이름을 적었다.

"안네?"

"내 딸이야. 부쿠레슈티에 오면 여기로 찾아가."

사진 속 여성은 너무 아름다워서 보기만 해도 취할 정도였다.

"우리도 곧 본국으로 철수해. 돈이 안 와, 돈이."

중년 여성은 수다스럽고 부산했지만 대화가 가능할 만큼 한국어를 구사했다. 처음 여권을 가져간 남성은 영사였고, 비자를 들고 나온 여성은 영사 부인이었다. 부쿠레슈티에서 시민혁명이 일어나고 차우셰스쿠 대통령이 공개처형을 당한 혼란기여서 루마니아 대사관엔 한국인 직원이 없었다.

그렇게 비자를 받고 여행을 시작했다. 그리고 3개월이 지나 부쿠레슈티에 도착했다. 기차역에서 택시를 타고 사진에 적힌 주소를 보여 주었다. 기사는 고개를 갸웃하더니 낡은 아파트 앞에 내려 주었다. 주소에 적힌 대로 아파트 2층으로 올라가 문을 두드렸다. 잠시 후 문을 열고 나온 여성은 보기에도 너무 화려했다. 긴 머리에 속눈썹이 유난히 길고 뾰족구두를 신어서인지 키가 나보다 컸다. 짧은 미니스커트에 흰색 니트를 입었으며 벨트로 허리를 잘룩하게 조였다. 담뱃대를 들고 있는 손가락은 매니큐어를 발라 반짝였다. 짙게 화장한 얼굴에 붉은 입술이 탐스러웠고, 머리를 뒤로 묶어서인지 이마가 도톰했다. 너무 이쁘고 화려해서 여행에 찌든 나에게는 부담스럽고 도리어 거부감이 들었다. 내가 들고 있는 흑백사진은 지금에 비하면 너무 청순한 여성이었다. 그녀도 내가 들고 있는 사진을 보고 피식 웃었다.

문을 열어 주어 안으로 들어가 앉았다. 방 하나 거실 하나가 전부인 아파트

카르파티아에서 내려다본 트란실바니아 평원. 거대한 평원이 서유럽까지 힘차게 이어진다.

구석에는 디제이 박스가 있고 그 안에 남자가 앉아 있었다. 그 남자는 누가 왔
냐고 묻는 것 같은데, 그게 전부였고 디제이 박스에서 나오지도 않았다. 소파
에 앉아 30분을 기다리고 있으니 서울 대사관에서 만났던 그 중년 여성이 나
타났다. 서울에서 비자를 내주며 한국말로 호들갑을 떨던 여성인데, 한국말을
다 잊었는지 한국어 소통이 불가능했다. 느릿느릿 영어로 그간의 이야기를 건
넸다. 중년 여성이 설명해 준 건 간단했다. "내 딸은 한 달 전에 결혼했어. 저
박스에 있는 애가 딸애의 남편이야. 너가 너무 늦게 왔어. 뭐하다가 이제 왔
니?" 그게 전부였다. 정말로 나를 사위로 맞으려 했던 걸까?

중년 여성은 어디론가 전화를 하더니 부쿠레슈티 의과대학 1학년 학생을
소개해 주었다. 그날부터 나는 블라드라는 열 살이나 어린 청년을 보호자 삼
아 루마니아 여행을 시작했다. 블라드는 크리스마스 휴가를 함께 가자고 제안
했고, 나는 흔쾌히 동의했다. 다음 날 아침 부쿠레슈티역에 도착하니 모델학
과에 다닌다는 여자아이 두 명과 블라드의 친구가 기다리고 있었다. 이렇게
다섯이 카르파티아 산맥의 휴양도시 시나이아(sinaia)로 향했다.

기차는 오후 늦은 시간 시나이아에 도착했다. 기차에서 내려 화장실에 간
일행을 기다리느라 대합실을 배회했다. 그때 한 여자아이가 눈에 띄었다. 조
잡한 비닐가방의 지퍼를 닫느라 애쓰는 모습이었다. 가방은 옷이 가득 들어
배불뚝이같이 벌어져 있고 지퍼는 조금만 힘을 주면 이탈할 것 같은 상황이었
다. 나는 다가가서 가방 양쪽을 힘껏 잡아당겨 주었다. 겨우 지퍼를 닫은 아이
는 쓸려 내려온 머리를 귀 뒤로 감아올리며 고개를 들었다. 웃는 모습에 향기
가 있다는 걸 처음 느꼈다. '웃음에도 향기가 있구나!' 나는 속삭이듯 혼잣말을
했다.

"고마웠어."

"아냐, 나도 즐거웠어."

그만 돌아서야 하는데 몸이 움직이지 않았다.

"이름이 어떻게 돼?"

"리사라고 불러."

"몇 살?"

"열여덟 살이야, 대학 1학년."

"무슨 공부해?"

"유아교육학과 다녀."

"우리는 크리스마스를 보내려고 왔어. 같이 파티 할래?"

"나는 5일간 시나이아에서 보내고 오늘 집으로 가는 길이야. 미안해."

"어디 사는데?"

"콘스탄차(Constanta), 흑해에 있어."

"전화번호 줄래? 이름도. 나 흑해로 여행 갈지 몰라."

리사는 싫지 않은지 전화번호를 적어 주었다. 나는 숙소에 짐을 풀고 파티 준비를 도왔다. 가져온 술과 비스킷, 초콜릿을 펼쳐 놓고 상점에서 과일과 햄을 사 왔다. 파티 준비를 하는 동안 여자아이들은 다리미로 파티복을 다리고 가져온 구두를 꺼내 신었다. 치장을 끝내고 나타난 여자아이들은 한눈에 봐도 화려한 미인이었다. 그런데 나는 신이 나지 않았다. 도리어 시간이 갈수록 허전하기만 했다.

"블라드, 나 가야 할 것 같아."

"그래? 데려다줄게."

블라드는 내가 무슨 말을 하려는지 알고 있는 듯 더 묻지 않고 기차역까지 데려다주었다.

"부쿠레슈티에 도착하면 새벽이야. 거기서 기차를 갈아타고 콘스탄차로 가면 돼. 리사도 기다리고 있을 거야."

다음 날 한낮이 되어서야 콘스탄차에 도착했고, 해질 무렵 리사와 함께 흑해 둑방길을 걸었다. 그 애의 어머니는 가수라고 했다. 하지만 아버지에 대해서는 한마디가 전부였다. 사회주의가 몰락하고 직장을 잃었으며 집을 떠났다고만 했다. 어머니는 클럽에서 만난 캐나다 남자와 결혼해 현재는 캐나다에 살고 있고 가끔 생활비를 보내 준다고 한다. 리사는 어머니가 보내 주는 돈으로 할머니와 살고 있는 상황이었다. 그냥 듣기만 해도 궁핍이 느껴졌다.

나는 리사의 집에서 며칠 머물렀다. 특별히 할 일이 있는 것도 아니고 무엇을 보겠다고 온 여행도 아니어서 불편하지 않았다. 내 집도 아닌데 찾아오는 사람들과 인사하고 같이 테이블에 앉아 홍차를 마시며 낮시간을 보냈지만 지루하지 않고 편안했다.

해질녘 일을 나갔던 리사가 돌아오면 함께 둑방길을 걸었고, 저녁을 먹고 나면 보드카를 마시며 수다를 떨었다. 그렇게 3일을 보냈지만 이 생활이 지루하거나 불편하지 않았다. 이대로 주저앉을까? 그래도 여행 중인데 떠나야겠지….

나는 마음을 추스르고 떠날 날을 정했다. 콘스탄차를 떠나기 전 리사에게 필요한 걸 사 주고 싶었다. 무엇이든 갖고 싶은 걸 사 주겠다고 하자 리사는 나를 시장으로 데려갔다. 시장에는 노점상 같은 박스상점이 조밀하게 붙어 있고 시장 골목 안에도 상점이 여럿 있었지만, 진열된 물건은 투박한 소비에트 제품과 서구의 소비재가 뒤섞인 채 비슷비슷했다.

리사는 진열된 물건에는 눈길을 주지 않고 부지런히 이 집 저 집을 다니면서 무언가를 찾았다. 궁금했다. 리사가 갖고 싶은 게 무엇일까? 난 주머니의 돈을 만졌다. 이제 2,500달러 정도 남았다. 여행도 막바지라 부족하지는 않겠지만 그래도 불안했다. 비싼 거면 어쩌지? 나의 불안을 알았는지 리사는 그냥 돌아가자고 한다. 난 마음을 들킨 것 같아 발을 뗄 수가 없었다.

"왜 그냥 가?"

"없대."

"그럼 어떡해?"

"다음에 살래."

"아무거나 사면 안 돼?"

"아냐, 다음에 사면 돼."

"그러지 말고 갖고 싶은 거 하나만 사."

"싫어, 나중에 사 줘."

리사가 갖고 싶었던 게 무엇이었을까? 나는 무엇이든 사 주고 싶었지만 끝내 선물을 하지 못하고 콘스탄차를 떠났다.

내가 콘스탄차를 다시 찾아간 건 25년이 지난 뒤였다. 지인과 저녁을 하던 말미에 지인이 가볍게 던진 말 때문이었다.

"딸 하나라면서, 아들 찾고 싶지 않아?"

"무슨 말씀이세요?"

"잘 생각해 봐요."

나에게 아들이 있다! 상상만 해도 즐거웠다. 정말로 아들이 있을까? 있지도 않은 아들을 찾아 콘스탄차를 다시 찾았다. 흑해의 둑방길을 걸었지만 기억나는 장소도 없고 기억할 수 있는 것도 없었다. 25년이란 세월은 추억거리를 하나도 남겨 놓지 않았다. 그 아이의 집조차도. 난 흑해를 바라보며 한참을 서 있었다. 그게 할 수 있는 전부였다.

오래전 과거를 회상하며 카르파티아의 능선을 배회했다. 북쪽으로 내려가면 유럽 대평원이다. 왼편으로 내려가면 루마니아가 있는 트란실바니아다. 1991년 나는 29세 청년이었고 그때로 돌아갈 수 없으니 왼편 길은 불편했다. 피천득 님은 〈인연〉에서 "세 번째는 아니 만났어야 했다"라며 세 번째 만남을 후회했다. 세 번째는 그런 게 아닌가? 만나면 후회하고 만나지 않으면 아쉬운…. 이제 길은 정해졌다. 후회가 아닌 아쉬움이 남는 길, 유럽 대평원으로 길을 잡았다.

리프트와 곤도라를 타고 하이 타트라의 작은 암봉에 올랐다. 아무리 낮아도 산은 산이고 산맥은 산맥이었다.

17장
–
유럽 대평원과
검은 숲

1. 유럽 대평원이 낳은 유럽의 성공

우크라이나 서부 중심지인 리비우에서 비행기에 올라 북유럽 대평원의 중심지 바르샤바로 향했다. 비행기가 고도를 낮추자 폴란드 평원이 눈에 들어왔다. 비행기에서 내려다본 폴란드는 끝도 없는 평원이었다. 국토의 90%가 평원인 폴란드는 축복받은 대지지만 평원의 삶은 사람을 지치고 무료하게 한다. 그래서 폴란드에는 무료함에 지친 사람들을 위로하는 속담이 있다.

"삶이 힘들 때 항상 자코파네(남부 카르파티아의 산악도시)가 있다."

평원은 생활의 축복인지는 몰라도 삶의 축복은 아니었던 모양이다. 유럽 대평원은 피레네 산맥에서 시작해 러시아 우랄 산맥까지 이어지는 끝도 없는 평원이다. 유럽 평원에는 지역을 구분할 만한 거대한 산맥이 없어서 민족 간 거주지의 구분이 모호하다. 그래서 좁은 강과 숲을 경계로 여러 민족이 뒤섞여 살았다. 반면, 강이 한 방향으로 흐르는 다른 대륙과 달리 사방으로 흐르고 강이 대지 곳곳을 이어 놓았기 때문에 인적·물적 이동이 쉬웠으며, 이런 자연여건 때문에 민족 간 교류와 이동이 빈번했다. 교류를 막는 장애물이 없고 이동이 자유로워 유럽 평원에 사는 민족들은 언어, 문화적·역사적 배경이 다름에도 비슷한 생활 방식과 도시 문화를 공유하며 살았다.

여기에 가톨릭의 보급과 산업혁명은 유럽을 하나의 생활 공간, 문화 공간으로 통일시켜 마치 하나의 나라, 하나의 공간에 사는 듯한 환경을 만들어 주었다. 그런데 실상은 그렇지가 않다. 유럽 대륙에는 독립국이 45개나 되고 영세독립국까지 합하면 57개국이나 된다. 면적이라고 해 봐야 미국이나 중국 크기 정도이고, 하나의 생활 공간, 문화 공간으로 통일되어 있음에도 하나의 나라를 이루지 못한 것이다. 그 이유가 무엇일까?

거대 왕국은 강 하구의 생산력에 기반했다. 큰 강 하구엔 많은 사람을 먹여 살릴 비옥한 평야가 있고, 강을 통제한 세력은 강이 제공한 생산력을 기반 삼아 거대한 왕국을 이룩했다. 유럽에도 강이 많다. 평야도 넓다. 하지만 유럽은 로마 이외에 유럽을 통합한 왕국이 없다. 땅의 문제일까, 물의 문제일까, 아니면 기후 문제일까? 사람의 문제는 아닐까?

유럽 대평원의 심장, 바르샤바는 나에게 특별한 인연이 있는 도시였다.

1991년 바르샤바에 도착했을 때 어둑해지는 시간이었다. 나는 잔뜩 긴장한 채 중앙역을 나와 택시를 타고 메트로폴리탄 호텔로 향했다. 택시는 꽤 먼 거리를 달렸다. 그런데 미터기에 찍힌 금액이 너무 적어서 돈을 내기가 미안했다. 그래서 조금 더 얹어 주었더니 택시기사는 어이가 없다는 듯 미터기에 걸린 종이판을 흔들었다. 거기에 무려 50배를 곱하라고 쓰여 있었다. 환율 변동이 너무 심해서 그날 그날 종이판에 배율을 적어서 나오는 것이다.

배율을 적용해 보니 50달러가 넘었다. 나는 50달러를 건네며 더는 못 주겠다고 소리쳤다. 직전까지 여행한 소련에 비하면 턱없이 비싸게 느껴졌기 때문이다. 기사는 만족스럽지 않은지 뭐라고 혼잣말을 하며 돌아갔다. 원래는 70배인데 그나마 적게 쓴 거라고 하는 건 아니었을까? 지금 생각해도 경험해 보지 못한 어지러운 숫자 놀이였다.

나중에 알게 되었지만 폴란드는 이때 극심한 인플레이션을 겪게 되었고 1994년 10,000 : 1로 절하하는 화폐개혁을 통해 금융을 정상화했다고 한다. 10,000원을 1원으로 개혁했으니 50은 그래도 괜찮은 때였다. 그나저나 그 시대를 산 사람들은 얼마나 분노에 찼을까? 내가 가진 돈을 1/10,000로 가치절

하해야 했으니….

내가 메트로폴리탄 호텔로 향한 건 이유가 있었다. 민박을 알선하는 사람들이 호텔 앞에서 서성인다는 정보를 얻었기 때문이다. 호텔에 도착하니 검은 외투를 걸친 중년 여성들이 여럿 서성였다. 나는 한 여성을 따라 호텔에서 멀지 않은 아파트로 갔다. 바르샤바에서의 일주일 보금자리를 찾은 것이다. 원룸 형태로 부엌과 소파가 있는 응접실이 있고 구석에 침대가 있어서 혼자 머물기에 쾌적한 공간이었다. 사회주의 체제가 망한 그 시절이 아니라면 상상도

바르샤바 메트로폴리탄 호텔 전경 뒤로 옛 소련 시절을 상징하는 소비에트 건물이 조화롭게 서 있다.

할 수 없는 일이겠지만, 이번에도 하루 10달러에 방을 빌렸다. 그런데 돌아가려던 주인이 내게 혼란스런 말을 건넸다.

"역에 가면 시골에서 올라온 처녀들이 많아요. 그 애들 먹을 게 없어서 불쌍한데, 한 명 데려다 줄까요?"

"아니, 뭐 그런 말을…."

난 거부도 승낙도 아닌 미소도 대신했다. 벌써 석 달째 여행중이어서 외롭기도 하고 허전하기도 해서….

"30달러 줘요."

"네?"

"데려오려면 택시비가 필요해요."

난 거리낌 없이 30달러를 건넸다. 기대 반 흥분 반으로.

"슈퍼 가서 초콜릿과 와인을 사다가 냉장고를 채워 놔요, 손님 맞을 준비를 해야지."

난 아파트 건너 슈퍼에 가서 그루지아 와인 두 병, 초콜릿 한 상자, 과일, 살라미를 사서 냉장고를 가득 채웠다.

한 시간쯤 지나 중년 여성은 비슷한 용모의 여성 한 명을 데리고 왔다. 시골에서 올라온 풋풋한 처자가 아닌 나이든 여성이었다. 검은 외투를 벗고 식탁에 마주 앉으니 그래도 사람을 가까이할 수 있어서 좋았다. 세 사람은 와인 두 병을 모두 마시고 기분이 좋아 돌아가며 노래도 불렀다. 그렇게 두어 시간을 보내고 중년 여성은 돌아갔다. 둘이 남으니 어색했다. 이름을 물어보고 나이를 물어보고 그녀의 사연을 들었다.

스물아홉 살 동갑내기, 여덟 살 아들을 둔 이혼녀, 다리가 불편한 어머니를 모시고 사는 가장, 그녀는 얼마 전까지 대학에서 미술강사로 일했다고 한다.

하지만 사회주의 체제가 붕괴되며 직장을 잃었고, 국가는 더 이상 국민을 보호해 주지 않아 매춘으로 생계를 이어가는 여성이었다. 그녀가 아름답게 보였다. 혼란기가 아니었으면 아티스트로 살았을 여성이 이렇게 바닥으로 내동댕이쳐지다니….

우리는 정식으로 통성명을 하고 친구가 되었다.

"나는 그라지나."

"나는 경석."

그리고 다음 날 그녀의 집으로 거처를 옮겼다. 그녀의 어머니도 따뜻하게 맞아 주었고, 나도 집에 온 듯 마음이 편안했다. 저녁 시간이 되자 비슷한 또래 남자가 찾아왔다. 그는 집 안에 들어서자 신문지에 싼 빵과 햄을 식탁에 내려놓았다. 그의 행동이 자연스러워서 가족이 아닌가 궁금할 정도였다.

파웰이라고 부르는 남자는 그라지나의 초등학교 동창으로 그녀를 오랫동안 좋아했지만 자기가 너무 부족해 한 번도 표현을 못 했다고 한다. 하지만 그녀가 어려움에 처하자 도움을 주고 있는 것이다. 파웰은 공장에서 받은 돈으로 식량을 사서 퇴근길에 그녀의 집에 들렀고, 저녁을 먹고 돌아가곤 했다. 나도 그날부터 파웰과 함께 저녁 식사를 했다. 처음엔 거북했지만 참 순진하고 진심인 친구여서 금세 가까워졌다. 셋은 친구같이 편하게 여러 날 저녁 시간을 함께 보냈다.

폴란드를 떠나야 할쯤 그라지나에게 선물을 하고 싶었다.

"무엇을 갖고 싶어?"

"은목걸이 사 줘."

"왜 은이야?"

"변하지 않잖아."

"금도 안 변해."

"그래도 은으로 사 줘. 다시 오면 꼭 연락해야 해."

셋이 차를 한 대 빌려 바르샤바 외곽에 있는 마을을 여행했다. 여행 끝에 골목에서 산 목걸이를 그녀의 목에 걸어 주었다. 그때 파웰은 박수를 치며 환호했다. 바르샤바를 떠나는 날도 나는 파웰에게 묘한 감동을 받았다.

그라지나와 파웰은 바르샤바역까지 와서 나를 배웅했다. 그녀가 슬픈 표정을 짓고 눈물을 흘리자 파웰은 그녀를 기차로 밀며 따라가라는 시늉을 했다. 장난스럽게 행동했지만 진심이 느껴졌다. 진정으로 그라지나를 행복하게 해 줄 남자는 파웰인데, 그녀는 그 사실을 알고 있을까?

1991년에도 그렇고 2019년에도 그렇고 짧게 머무르고 바르샤바를 떠났다. 1991년에는 사람이라도 만났지만, 2019년에는 그마저도 없었다. 바르샤바에서도 28년의 터울은 무거웠다. 여행은 진행형이다. 과거의 추억은 과거에 묻어 두고 검은 숲을 찾아 여행을 이어 갔다.

2. 로마를 좌절시킨 검은 숲

시저는 갈리아 지방을 정복하고 켈트를 문명화시킨 공을 세웠다. 갈리아 정복을 마무리한 시저는 게르마니아까지 원정을 확대하고자 했다. 그런데 게르만은 켈트보다 용맹하고 거칠어서 더 많은 병사와 준비가 필요했다. 시저가 게르마니아 정복 전쟁을 주저하고 있을 때 로마로부터 무장해제 명령이 전달되었다. 시저는 군대를 해산하고 로마로 돌아와 재판을 받을 것인가 군단을

경제성이 없는 나무 파편을 트레일에 깔아 환경에도 좋고 걷기에도 좋다.

이끌고 로마로 향할 것인가 고민했고, 결과는 "주사위는 던져졌다"라는 명언을 남기고 루비콘 강을 건너 버렸다. 로마의 명령을 어기고 쿠데타를 일으킨 것이다.

시저에게는 두 개의 약점이 있었다. 하나는 로마의 명령을 거역하고 쿠데타를 일으킨 것이고, 다른 하나는 게르마니아 정복을 단념한 것이다. 로마가 최강이던 시기에 로마가 못할 일은 없었다. 그럼에도 게르마니아를 목전에 두고 군단을 돌린 건 시저의 군사적 업적을 가리는 흠이었다. 옥타비아누스는 시저에 이어 최고 권력자가 되면서 시저에 비교되곤 했다. 무엇보다 군사적 성취는 로마를 위한 봉사의 척도였기 때문에 옥타비아누스는 시저를 능가하는 군사적 성취가 필요했다.

그때 그에게 떠오른 것이 게르마니아 정복이었다. 시저도 성공하지 못한 숙제였기 때문이다. 옥타비아누스는 11개 로마 군단을 동원하여 로마 역사상 최대 정복 전쟁을 시작했다. 하지만 게르마니아 정복은 로마를 지치게 했고 무려 10년이나 지속된 끝에 겨우 마무리되었다. 이 전쟁으로 로마가 얻은 결실이 대단했느냐, 그것도 아니었다. 10년이나 전쟁을 했지만 로마가 얻은 건 국경을 라인 강에서 엘베 강까지 확장한 정도였다. 그래도 옥타비아누스는 군사적 성공과 명예를 얻을 수 있었다. 옥타비아누스는 그렇게 시저를 능가하는 듯했다. 그런데 꿈에서 깨어나는 데 그리 많은 시간이 걸리지 않았다.

로마 변방에 거주하던 갈리아인은 로마에 쉽게 동화되었고 로마의 질서에 순응했다. 반면, 게르만은 로마의 문화 정책에 쉽게 동화되지 않았다. 심지어 로마에 귀속된 지역마저도 로마에 대한 저항이 빈번했다. 겉으로는 로마의 질서에 따르는 듯 행동하지만 로마에 대한 적개심과 게르만의 긍지가 높았기 때문이다.

게르만의 저항이 고조되고 있을 때, 게르만 부족장의 아들로 로마에서 유배 생활을 하던 아르마니우스가 게르만 군단에 배속되었다. 그는 어린 나이에 볼모로 잡혀 갔으며, 로마에서 성장하여 로마 시민이 되었다. 또 시민의 의무를 다하기 위해 군에 입대하였으며, 능력을 인정받아 고급장교에 오른 인물이었다. 외형적으로만 보면 로마군 장교로 손색이 없는 인물이었다. 하지만 아르마니우스는 때를 기다리는 맹수였고, 로마 옷을 입었을 뿐 게르만의 아들이었다.

게르마니아 군단에 배속되어 고향으로 돌아온 아르마니우스는 은밀히 게르만 부족과 소통하며 부흥을 꾀했다. 흩어진 부족을 모으고 로마를 공격할 시기를 엿보았으며, 저항 여건이 충족되었을 때 게르만 부족의 반란을 획책했다. 이를 알지 못한 게르마니아 총독은 지리에 익숙한 아르마니우스에게 진압군을 안내하라는 명령을 내린다. 비운의 그날, 로마의 3개 군단은 그의 안내를 받으며 운명의 토이토부르크(Teutoburg) 숲에 진입했다. 비에 젖은 토이토부르크 숲은 질퍽한 늪지로 바뀌었고, 더욱이 나무가 빼곡해서 로마 군단의 행군 대열은 20km나 늘어졌다. 숲에 매복하고 있는 게르만 전사에게 로마군의 긴 행렬은 좋은 먹잇감이었다.

로마군의 전술은 한 몸같이 움직이는 밀집대형이지만 나무가 빼곡한 숲에서는 밀집대형을 만들 수 없었다. 토이토부르크 숲에서 로마 군단은 제대로 된 방진(方陣) 한 번 펼치지 못하고 처절하게 죽어 갔다. 3일간 이어진 전투에서 로마의 3개 군단 17, 18, 19군단은 전멸했으며, 로마는 너무 치욕스러워 17, 18, 19군단을 다시는 편성하지 않았다. 시저를 능가하려 한 옥타비아누스의 명예욕은 로마에 큰 좌절과 짐으로 돌아온 것이다.

로마는 그날의 패배로 팽창을 멈추고 라인 강까지 후퇴해야 했으며 다시는 라인 강을 넘지 않았다. 라인 강이 로마의 최종 국경으로 굳어진 것이다. 이때부터 로마는 팽창을 멈추고 방어로 돌아서게 되었고, 서서히 쇠퇴하기 시작했다. 로마의 팽창을 멈추게 한 숲, 역사는 그렇게 기록하지만 진정한 의미는 로마의 멸망이 시작된 숲이다. 제국은 주변의 자원을 흡수하며 지속적인 발전을 도모했다. 팽창을 멈춘 로마는 더 이상 자원을 충분히 확보할 수 없었다. 이제는 한정된 자원을 어떻게 분배할 것인지 하는 새로운 문제가 사회적 이슈가

알프스 자락의 산간 마을. 비옥한 초원과 검은 숲이 조화를 이룬다.

되었고, 자원을 두고 계층 간 정치집단 간 다툼이 시작되면서 로마는 서서히 무너지기 시작했다. 토이토부르크는 로마의 팽창을 멈추게 한 숲이 아니라 멸망을 향해 진군하게 한 숲이었다.

로마를 정점에서 끌어내린 역사의 숲, 토이토부르크를 찾아가는 교통편은 편리했다. 프랑크푸르트 공항에서 기차를 타고 헤르포드역까지 간 뒤 택시를 타면 지척이었다. 로마는 게르마니아를 "silva nigra"(어둡고 거의 통하지 않는 숲)라고 기록했다. "silva nigra"는 너무 빽빽해서 햇빛마저 들어올 틈이 없고 한랭한 날씨에 안개가 도둑같이 스며드는 그런 숲이었다. 그래서 인간은 살 수 없고 마귀 할멈의 거처라고 사람들은 믿었으며, 헨델과 그레텔은 계모에 의해 그런 숲에 버려졌다.

산업혁명도 늦고 도시문명이 늦게 안착된 독일은 유럽에서도 숲이 가장 잘 보존된 지역이었다. 프랑스같이 인구가 많고 기후가 온화한 지역은 경작지로 쓰기 위해 숲을 베었지만, 독일은 날씨가 한랭해서 농지 전용도 적었다. 로마 시대만이 아니라 근세가 되도록 독일 전역은 숲으로 빽빽했다. 하지만 산업화 시대를 피해 갈 수는 없었다. 라인 강 하구에 조선소가 자리잡으며 선박용 목재로 검은 숲이 베어지기 시작했고, 유리산업과 도자기산업, 특히 본 차이나를 독일 공국에서 발명하면서 도자기를 굽는 연료로 나무가 베어지기 시작했다.

산업화가 시작되고 1세기 만에 독일의 검은 숲은 절반으로 줄어들었다. 내가 찾아온 토이토부르크 역시 로마에게 좌절을 주었던 그 옛날의 숲이 아니다. 오늘날 그런 숲은 독일 어디에서도 찾아볼 수 없다. 토이토부르크는 그저 잘 관리되고 있는 숲이었다. 발 디딜 틈 없이 꽉 들어찬 침엽수림은 사라지고 일정 간격을 두고 조림과 벌목이 과학적으로 이루어지는 경제 숲으로 바뀌었고, 화재방지용 산림도로가 복잡하게 얽혀 있다. 그래도 토이토부르크는 국가가 관리하는 숲이라 온전한 편이었다. 독일의 웬만한 구릉은 숲이 사라지고 감자밭이 되었기 때문이다.

한랭한 지역에서도 재배가 가능한 감자가 남미에서 전래되고 유럽은 굶주림에서 해방되었지만 숲은 그만큼 베어져 나갔다. 독일 정부는 뒤늦게 검은 숲을 보호하기 위해 많은 비용을 치르고 있지만 숲은 좀처럼 회복되지 않고 있다. 토이토부르크에 로마의 팽창을 멈추게 한 숲은 이제 없다. 토이토부르크 트레킹은 검은 숲 탐험이 아니라 잘 관리된 삼림욕장 걷기였다.

3. 마지막 수업

유럽 대평원의 두번째 목적지인 알자스 평원으로 향했다. 헤르포드역을 출발한 기차는 독일을 종단해 프라이스부르크까지 갈아타는 것 없이 달린다. 생태도시로 불리는 프라이스부르크에서 예약한 우버 택시를 타고 에기셍으로 향했다. 알자스 평원은 학창 시절 깊이 각인된 추억의 장소다. 문학을 사랑하는 또래 소녀와 바다가 내려다보이는 인천 자유공원 벤치에 앉아 이야기를 나누던 중 덜컥 나온 소재가 '마지막 수업'이었다.

"너 알아? 마지막 수업, 그 마을이 어딘지?"

"글쎄….."

김찬삼 교수의 『세계 일주』라는 책을 뒤져 보았지만 그 책에도 없고, 몇날 며칠 시립 도서관을 뒤졌지만 당시 내 능력으로는 그 마을을 알 수 없었다. 문학을 좋아한다는 그 아이와 오래 만나지 못한 건 나의 무지 때문이었을 것이다.

내가 에기생 마을을 알게 된 건 어른이 되고도 한참 지난 뒤였다. 유럽의 숲 여행을 계획하고 소설 『마지막 수업』의 소재가 된 마을을 여행 일정에 넣으며 마을 위치를 겨우 알게 되었다. 마을을 잊지 않고 찾은 걸 보면 그 아이에 대한 갈증이 컸던 모양이다. 45년 전 소설 속 마을이 어디인지 알았다면 그 아이는 지금 내 곁에 있을까?

소설의 배경이 된 에기생은 유럽에 흔한 성곽 마을이다. 마을은 교회를 중앙에 놓고 둥글게 겹겹이 건축되어 있다. 방사선 형태의 둥근 길이 마을을 몇 겹 둘러싼 오밀조밀한 구조여서, 구부러진 길을 걸으며 소설 속 학교를 상상했다. 그 학교가 여기쯤 아닐까? 하지만 소설 어디에도 위치에 대한 언급은 없다. 작가가 이야기하는 것과 무관하기 때문이다. 그러니 있지도 않은 학교를 찾는 건 그만두고 작가의 이야기를 따라가는 것이 옳겠지. 나는 카페에 앉아 소설을 읽어 내려갔다.

주인공 프란츠는 알자스 평원의 포도밭을 가로질러 학교로 뛰어갔다. 수업에 늦는 걸 선생님이 싫어했기 때문이다. 하지만 그날도 프란츠는 늦었다. 그런데 선생님의 반응이 의외였다.

"너를 빼고 수업을 할 뻔했구나."

수업을 끝낸 선생님은 칠판을 한동안 주시하다가 "Vive La France(프랑스 만세)"라고 칠판에 크게 쓰고는 "이제 돌아가십시오"라고 말하며 마지막 수업을 끝냈다.

난 프란츠가 땀을 흘리며 뛴 포도밭을 걸어보고 싶었다. 그리고 독일과 프랑스가 주거니 받거니 했던 알자스 평원을 멀리서 내려다보고 싶었다. 카페 주인은 그런 장소라면 보즈(Vosges) 산을 올라보라고 알려 주었다.

나는 그가 일러 준 대로 후세렌 레 샤토(Husseren-les-Châteaux) 마을로 향했다. 에기셍에서 후세렌 레 샤토로 가는 길은 포도밭이 들판 가득 펼쳐져 있어서 소설 속 포도밭 평원 같았다. 30분남짓 걸어도 포도밭은 끝나지 않았고 후세렌 레 샤토 마을에 다다라서야 포도밭이 끝났다. 짧지 않은 길이라서 헐레벌떡 뛰고 있는 프란츠를 상상하기 좋은 길이었다. 후세렌 레 샤토 역시 에기셍과 같은 작은 중세 마을이고 덜 알려진 만큼 조용하고 한가로운 마을이었다.

후세렌 레 샤토에서 보즈 산에 오르는 길은 다양하다. 임도도 있고 호젓한 숲길도 있으며, 심지어 산 정상까지 포장도로도 있다. 포장도로가 있는 걸 보면 프란츠가 달렸던 알자스 평원을 보고 싶어하는 사람들이 많은 모양이다. 난 셀슈타인(Le Schlüsselstein)이라고 지도에 표기된 좁은 산길을 걷기 시작했다. 그 길은 산릉으로 이어진 숲길이었고, 산릉에서 The Three Castles of Eguisheim(세 개의 에기셍 성)을 가리키는 팻말을 만났다.

팻말이 가리키는 숲길을 걸으니 카페 주인이 설명해 준 성이 나왔다. 성은 폐허같이 방치되어 있지만 성곽에 오르면 에기셍과 알자스 평원이 한 눈에 내려다보였다. 에기셍의 통치자는 위급할 때면 이 성으로 도피해서 적의 공격을 피했을 것이다. 성은 산 위에 지어져 공격하기에 까다로웠을 테니 도피처로 이만한 게 있을까.

유럽 평원의 정치세력은 영주이고 가문이다. 그들은 한정된 재원과 땅을 소유한 채 늘 다투며 살았다. 그래서 자신과 가문을 보호할 튼튼한 성을 지었다. 산꼭대기에 대피용 성을 별도로 지은 걸 보면 에기셍은 힘없고 겁 많은 영주가 지배했던 유약한 땅이었다. 그랬으니 마지막 수업의 소재가 되지 않았을까?

에기셍 같은 성곽 마을은 방어하기 좋은 구조지만 대포가 나온 뒤로는 피해

보르산 중턱의 에기셍 성에서 조망한 에기셍 마을. 마을 주변으로는 포도밭이 광대하게 펼쳐져 있다.

가 많은 구조였다. 흩어져 있어야 맞히기가 어려운데 오밀조밀 모여 있으니 대충 쏴도 빗나가는 일이 없기 때문이다. 이런 약점 때문에 성곽 도시는 화포 의 시대에 운명을 다했다. 그런데도 건축물이 온전하게 남아 있는 걸 보면 큰 싸움 없이 독일과 프랑스가 주거니받거니 했던 모양이다. 마지막 수업은 그런 이야기였다. 소설 속 알자스는 내일이면 독일 땅이다. 그러니 오늘이 프랑스 어로 진행하는 마지막 수업이었다. 프랑스가 지배했을 때도 마지막 수업을 한 독일 선생님이 있었을 것이다.

'내일이면 프랑스 땅이 되겠지만 독일을 잊지 말자. 독일 만세!' 마지막 수업

에기셍 마을 전경(마을 입구와 광장). 프랑스에서 아름다운 마을 10개에 선정된 조용하고 귀여운 마을이다.

은 유럽 평원에 사는 사람들의 운명 같은 이야기였다. 오늘은 내 것이었다가 내일은 남의 것이 되는 땅. 유럽 평원은 열린 공간이었고 통합과 분리가 수시로 일어났다. 그런 땅을 콕 집어 누구의 것이라고 정의하는 것이 옳은 일일까?

열려 있는 땅 알자스에서 생산되는 화이트 와인는 어떤 맛일까? 알자스 화이트 와인에는 화려한 수식어가 붙는다.

'7개의 포도 품종과 13개 지질학적 구조가 만드는 1,000개의 향과 맛을 지닌 와인.'

알자스 화이트 와인은 천 개의 맛을 지녀서인지 억척스럽게 감미롭고 향긋하다. 땅의 주인이 수시로 바뀌니 천 개의 얼굴을 갖게 된 게 아닐까? 무색의 감동. 한 잔으로 멈출 수 없어 두세 잔을 마시며 알자스에 녹아들었다. 그런데 로미오와 줄리엣의 대사가 왜 자꾸 생각났을까?

"철학이 줄리엣을 만들 수 없다면 그런 철학은 지워 버려라. 나는 운명에 희롱당하는 바보다."

스산한 런던에서 줄리엣은 철학도 무엇도 아니었을 것이다. 로마오와 줄리엣의 사랑은 베로나같이 작열하는 태양 아래서 가능한 스토리다. 런던의 셰익스피어는 그런 태양을 그리워한 게 아닐까. 내가 45년 전 어느 시간을 갈망하고 있는 것처럼…. 다시 돌아갈 수 없지만 오늘만큼은 시간 감옥에 스스로를 가두고 싶다. "이제야 도착했어, 우리가 찾던 마을에." 아무래도 오늘은 와인에 취해야 할 듯하다.

18장
–
역사의 알프스

1. 알프스를 넘은 사람들

9천만 년 전 아프리카 대륙 북부에서 한 덩어리의 땅이 떨어져 나갔다. 북상하는 와중에 남하하는 유라시아 대륙을 만났다. 너무 커서 도저히 비켜 갈 수 없는 거대한 대륙을 만난 것이다. 이태리 반도는 유라시아를 피해 갈 요량으로 시칠리아 섬을 축으로 회전하며 유라시아 대륙을 파고들었고, 알프스는 이태리 반도가 유라시아 해안을 파고들었기 때문에 해저 지층이 융기하여 만들어졌다. 이 때문에 역층의 퇴적암 절벽이 많고 암질이 약하며 불안전하다. 알프스의 연약한 암질은 빙하 침식에 심하게 깎여 나갔고, 그 결과 날카로운 침봉이 가득한 거친 산맥이 되었다. 그래서 알프스는 인간 역사에 부담스러운 장벽으로 기록되고 있다.

알프스를 넘은 첫 번째 거인은 한니발이었다. 그는 카르타고의 영광을 재현하고자 했고, 로마 정벌이 그 시작이었다. 한니발의 행로를 예측한 로마는 급하게 군대를 조직해 출병시켰다. 당시 알프스를 넘지 않고 이태리 반도로 들어올 수 있는 유일한 통로는 프로방스 해안에서 론 강을 건너는 길이었다. 로마는 론 강 건너편에 병력을 집결하고 한니발을 기다렸다. 강을 건너느라 전투 준비가 안 된 한니발을 상대할 생각이었다.

그런데 아무리 기다려도 한니발은 나타나지 않았다. 한니발은 어디로 사라진 것인가? 프로방스 해안 평야와 알프스 사이엔 너비 1km에 달하는 론 강이 있고 론 강을 건너면 로마군이 기다리고 있다는 사실을 한니발은 꿰뚫고 있었다. 한니발은 알프스와 로마 군단 중 하나를 선택해야 했다. 둘 다 극복하기 힘든 적이었지만 한니발은 주저없이 알프스를 선택했다. 론 강을 바라보고 있던

오스트리아 인스부르크의 티롤 알프스

유라시아 대륙 심장부를 횡단하다 캄차카에서 아조레스까지

로마군은 롬바르디아(이태리 북부 평원지대)에 한니발이 나타났다는 소식을 접하고 기겁했으며, 자신의 뒤에 나타난 한니발을 조급하게 뒤쫓다 대패하고 말았다.

한니발이 알프스를 넘은 건 상식을 넘는 전술적 도박이었다. 알프스가 꽁꽁 얼어 있는 11월이었고, 코끼리까지 대동한 대부대의 이동이라는 걸 고려했을 때 자살 행위에 가까웠다. 그래서 로마뿐 아니라 누구도 생각하지 못했다. 알프스를 넘어 적의 허를 찌르는 전술은 한니발 이외에도 전쟁의 신이라 불리는 나폴레옹, 유럽을 통일한 샤를마뉴 대제도 사용했다. 하지만 나폴레옹과 샤를마뉴도 겨울만은 피했다. 겨울에 알프스를 넘은 전략가는 한니발 이전은 물론 이후에도 없었다. 그만큼 한니발의 전술은 위험한 줄타기였다. 한니발은 무모한 장군이었을까?

한니발이 무모하거나 무지한 장군이었다면 전승에 가까운 그의 전투 능력과 전투마다 구사한 전술을 설명할 방법이 없다. 행운은 반복되지 않기 때문이다. 그가 알프스를 너머 로마의 허를 찌른 전술은 중세 내내 유럽에서는 찾아볼 수조차 없으니 시간적으로 봐도 2천 년 이상 앞선 전술이었다. 한니발의 전술에 견준다면 고선지가 탕구령을 넘어 토번을 공격한 정도가 아닐까.

한니발은 불가능을 가능으로 만들어 낸 전술의 천재였다. 그래서 역사학자들은 한니발에게 '전략의 아버지(father of strategy)'라는 칭호를 붙여 주었다. 전술의 천재였으나 로마의 상승세를 꺾을 수는 없었다. 로마의 상승세는 대세였고 개인이 감당할 수 없는 우주의 기운이었다. 결국 한니발은 자마 전투에서 로마에 패해 포로가 되었다. 한니발을 생포한 로마 장군 스키피오는 그에게 물었다.

"가장 위대한 장군이 누구라고 생각하는가?"

"알렉산드로스와 피로스가 있고 다음은 나 한니발이다."

"댁은 나에게 패하지 않았는가?"

"당신마저 이겼다면 나는 앞서 말한 두 대왕마저 뛰어넘어 제일이 되었을 것이오."

한니발이 넘어온 고개를 걷기 위해 '아오스타'로 향했다. 아오스타는 한니발과 나폴레옹이 알프스를 넘은 뒤 군대를 재정비한 도시였고, 로마가 알프스를 넘어 유럽 대평원으로 뻗어 나간 길목이었다. 아오스타가 역사의 도시가 된 건 로마를 정복하려는 자도 유럽을 정복하려는 로마에게도 꼭 필요한 전략 요충지였기 때문이다.

알프스를 넘어 아오스타로 이어진 역사적인 길은 세 개가 있다. 가장 유명한 고개는 한니발과 나폴레옹이 넘은 그레이트 세인트 버나드 패스(Great St, Burnard Pass)다. 그 외 군중 십자군이 소년 소녀를 앞세워 알프스를 넘은 클리피애 패스, 샤를마뉴가 이탈리아로 향할 때 넘은 몽 체니스 패스 등이 있다.

아오스타에서 한니발과 나폴레옹이 넘었던 버나드 패스로 향했다. 계곡은 부채꼴로 넓게 펼쳐져 있고 버나드 패스에 다가갈수록 계곡이 좁아지고 경사가 급해진다. 경사가 깊어지는 지점에 버나드 패스를 통과하는 터널이 뚫려 있지만 고갯마루로 가려면 터널을 우회하는 옛길을 달려야 한다. 옛 도로는 지그재그로 급하게 굴곡지며 고개 마루턱까지 이어진다. 이 길은 오가는 차량이 거의 없어서 자전거 타기에도 좋고 드라이브하기도 좋은 한적하고 스릴 넘치는 도로였다.

오르막이 끝나는 지점에 도착하면 버니드 호수가 맞이한다. 이곳의 유명인사는 패스가 아닌 호수다. 그래서 호수 주변에는 카페와 식당, 숙소가 자리잡고

고르너그라트 전망대에서 조망하는 마테호른. 세계 3대 미봉에 꼽히는 아름다운 암봉이다.

있다. 호숫가 카페에 앉아 차를 한잔 시키고 군사들의 웅성거림을 상상해 봤다. 눈과 바람이 몰아치는 고갯마루에 오른 병사들은 반대편으로 내려가기를 주저했을 것이다. 병사들이 주저하고 있을 때 한니발은 앞장서며 소리치지 않았을까?

'롬바르디아가 지척이다. 롬바르디아에는 음식, 재물, 여자, 모든 게 넘쳐난다. 먼저 가지는 자의 것이다. 가서 주인이 돼라.'

    그는 알지 않았을까? 인간의 욕망은 죽음보다 강하고 겨울보다 뜨겁다는 것을. 차를 마시며 주변을 살펴보니 버나드 패스를 옹위하는 능선은 평범하고 그리 인상적이지 않다. 계곡도 완만하고 능선도 뭉툭하니 대규모 군대가 이동하기에 무리하지 않다. 알프스를 뾰족한 침봉과 빙하로만 생각했지만 한니발이 넘은 알프스는 상인들이 등짐을 지고 넘나들던 길이었고, 대규모 군대가 군장을 메고 넘어갈 수 있는 그런 길이었다. 그런 길이 아찔한 절벽이라면 말이

고르너그라트에서 레펠 알프역까지 가벼운 하산 트레킹은 마테호른과 만나는 멋진 조망의 연속이다.

되는가.

버나드 패스에 오르고 보니 한나발의 판단이 무모해 보이지 않는다. 알프스는 충분히 넘을 수 있고 소통이 가능한 산맥이었다. 나폴레옹이나 샤를마뉴가 넘어온 고개, 군중 십자군이 넘은 알프스의 고개도 비슷했을 것이다. 산은 소통을 막는 장벽이지만 인간은 길을 찾아 건너편 세상으로 건너갔고, 세상과 세상을 연결하는 길의 역할은 알프스에서도 예외가 아니었다.

차만 한잔 하고 돌아가기에는 섭섭해서 트레킹을 시작했다. 버나드 호수 높이가 2,443m이고 주변 봉우리는 2,600~2,800m다. 봉우리는 바위가 적나라

하게 노출되어 있고 떨어져 나온 돌이 흘러내려 수북이 쌓여 있다. 돌로마이트(Dolomite)라서 표면이 미끄럽고 잔돌이 많아 걷기 좋은 길은 아니지만, 거리가 짧아 왼편으로 가도 오른편으로 가도 트레킹이 무리하지 않았다.

둘째 날은 버나드 패스를 출발하여 프티 생 베르나르 패스를 차로 올랐다. 그레이트 베르나르 고개와 마찬가지로 완만하고 부드러운 고개였다. 두 고개를 돌아보고 아오스타로 돌아왔다.

두 번의 하이킹은 모두 3시간 정도로 끝난 가벼운 걷기였다. 트레킹은 가볍고 짧았지만 능선을 걷는 내내 시원한 바람이 맞아 주었고, 봉우리에선 알프스의 줄기를 조망할 수 있었다.

알프스에서 가장 높은 전망대인 에귀디 미디에서 바라본 몽블랑 빙원.

끝도 없이 굽이치는 산줄기는 9천만 년 전 일어난 대지의 충돌 현장이고 인간과 인간이 다투었던 갈등의 현장이다. 대지는 충돌의 잔재를 적나라하게 노출시키고 있는데, 이 고개를 넘은 사람들은 어떻게 되었을까?

2. 알프스를 넘은 사람들은 어떻게 되었을까

한니발은 알프스를 넘어 이태리 반도를 유린했지만 로마 성을 공략하지 못했다. 로마 성은 7개 언덕에 자리잡은 난공불락의 성이어서가 아니라 한니발에게는 말 못할 한계가 있었다. 한니발은 피레네와 알프스를 넘는 작전을

6,7월 몽블랑을 일주하는 TMB(Tour de Mont) 구간에는 야생화로 가득하다.

구상하며 공성 장비를 포기해야 했다. 필요하면 현지 부족들의 도움을 받아 만들 생각이었다. 그런데 연전연패하는 로마를 보면서도 주변 도시들은 로마에 등을 돌리지 않았다. 도리어 로마를 중심으로 똘똘 뭉쳐 한니발에 대항했다.

한니발은 어긋난 상황에 당황했고, 본국에 공성 장비를 급히 요청했다. 하지만 공성 장비는 끝내 도착하지 않았다. 기후학자 크리프 헤리스(Cliff Harris)와 기상학자 란디 만(Randz Mann)이 작성한 도표에 의하면, 한니발이 로마를 침공한 기원전 218년은 500년간 이어진 소빙하기의 정점이었다. 소빙하기를 거치는 동안 나무의 생육이 제한되어 이베리아 반도에서는 공성 장비를 만들 큰 나무를 찾기가 어려웠던 것이다.

카르타고는 공성 장비 대신 급조한 병사를 모아서 보냈다. 로마 장군 스키피오는 한니발과의 전면전을 피하는 대신 지원 병력과 지원 물자를 공격해 한니발을 고사시키는 전술을 썼다. 그 결과 지원 병력은 대부분 괴멸되었고 살아남은 소수도 별 도움이 되지 않았다. 그 와중에 스키피오가 본국을 공격하자 한니발은 로마성을 공격해 보지도 못하고 로마를 떠날 수밖에 없었다.

그렇게 한니발의 도전은 끝이 났다. 전술의 신도 진정한 신이 아닌 이상 적대적인 자연을 극복하고 전쟁의 판도를 바꿀 수는 없었던 것이다.

나폴레옹을 역사의 전면으로 불러낸 건 1789년의 시민혁명이지만, 나폴레옹을 영웅으로 만들어 준 건 알프스였다. 1783년 아이슬란드에서 락키 화산이 터지며 전 유럽을 덮었고, 1985년부터 3년간 한랭 기후가 계속되며 농민들은

슈와르제 호수와 덩 블랑슈(Dent Blanche)

굶주림에 시달렸다. 이런 상황에서도 왕실은 백성을 외면하고 세금을 올렸고, 결국 시민혁명의 도화선이 되었다.

혁명은 성공했으나 혁명정권은 취약했고, 주변 왕국은 혁명정권을 위협했다. 특히 합스부르크 왕가가 압박을 해 오자 혁명정부는 27세 청년 장교 나폴레옹을 이태리 전선 총사령관으로 임명했다. 혁명의 시기가 아니었으면 불가능한 일이었지만 나폴레옹은 시대의 행운아였고, 행운을 성공으로 바꾼 비범한 전술가였다. 나폴레옹은 알프스를 넘어 합스부르크 왕국의 후방을 공략했으며 전쟁을 승리로 이끌어 프랑스를 위기에서 구한 영웅이 되었다. 그를 역사의 전면에 끌어낸 것은 알프스였다.

작은 연못에 투영된 몽블랑 연봉. 샤모니 계곡을 사이에 두고 마주하는 락블랑(Lac Blanc)은 몽블랑을 조망하는 최고의 조망대다.

알프스를 넘은 또 하나의 주인공은 군중 십자군이었다. 십자군 운동이 시작된 1095년은 중세 온난기의 정점을 향해 가던 시기였다. 100여 년간 지속된 온난한 기후로 인구는 크게 늘었지만 농토의 확장은 이에 미치지 못해 땅이 없는 사람들이 도시로 모여들었고, 도시는 부랑자가 늘어나면서 사회 불안이 가중되었다. 교회가 통제하던 중세사회는 전쟁이 없고 평화로웠으나 소득이 줄어들어 사회적 불만과 모순이 폭발 직전이었다.

교회는 폭발 직전의 에너지를 분출할 출구가 필요했다. 십자군 운동은 이런 시기에 시작되었다. 폭발 직전의 에너지는 성지 회복을 자극했고 군중심리에 휩쓸린 농민과 부랑자들이 대거 십자군에 합류했다. 군중 십자군은 어린 소년 소녀를 앞세워 알프스를 넘었고 여세를 몰아 예루살렘으로 향했다. 이들은 살아남았을까?

군중 십자군은 애초부터 보급이라는 개념이 없었고 지휘관도 없는 집단이었다. 가진 것이라고는 종교적 신념과 운명을 바꿀 열망뿐이었다. 이들은 쉽게 선동되었고 잘못된 정보에 의해 약탈과 방화, 학살을 수없이 반복했다. 그래서 어디서도 환영받지 못했다.

군중 십자군은 4만 명에 달했지만 대부분 농민과 집 없이 떠도는 부랑자들이었으며 부모를 따라온 어린 소년 소녀도 많은 수를 차지했다. 이들은 제대로 된 전쟁 장비도 없이 셀축 군대를 만났으며, 전투 한 번 제대로 못하고 대부분 학살당했고 살아남은 어린 소년 소녀들은 노예로 팔려 갔다. 기사들과 달리 군중 십자군은 대부분 집으로 돌아오지 못하고 비참한 최후를 맞았다. 십자군은 200년간 지속되었고, 200년이 지났을 때는 중세 온난기가 끝나고 중세 한랭기에 진입했다. 교회는 온난기의 불안정한 사회를 잘 관리했지만 다시 찾아온 한랭기에는 무기력했다. 페스트가 찾아왔고, 유럽 사회는 교회의 품을 떠나 르네상스라는 새 시대를 받아들였다.

　알프스 고개에 서니 이 고개를 넘은 사람들이 주마등같이 지나간다. 한니발은 로마의 멸망을 바라며 알프스를 넘었고, 나폴레옹은 새로운 시대의 어젠다를 지키기 위해 알프스를 넘었다. 군중 십자군은 인생 역전을 꿈꾸며 알프스를 넘었다. 알프스를 넘은 사람들은 대부분 돌아오지 못했고 실패했다. 한니발과 나폴레옹도 끝내 실패를 피해 가지 못했다. 알프스는 그냥 넘는 산이지 목적을 가지고 넘어서는 안 되는 산이었던 것이다.

19장
–
이베리아 반도

1. 르네상스를 연 무세이온

이집트를 물려받은 프톨레미우스는 알렉산드리아에 무세이온이라는 신전을 지었다. 무세이온은 별의 위치를 통해 미래를 예측하는 '우라니아'를 비롯해 9명의 뮤즈를 모시는 신전으로 건축되었지만 도서관을 갖추고 있어서 종합 과학관으로 손색이 없었다. 무세이온이 고대 지적 세계에 끼친 영향이 얼마나 대단했는지, 『코스모스』의 저자 칼 세이건은 무세이온의 역사적 역할을 이렇게 정의했다.

"우리가 우주의 가장자리를 찾아갈 수 있도록 지적 여행을 시작한 장소였다. 무세이온이 없었더라면 우주로 가는 길이 훨씬 멀었을 것이다."

칼 세이건이 극찬한 무세이온은 신전의 탈을 쓴 최초의 과학연구소이자 고대 사회의 지식 창고였다. 아테네도 아니고 로마도 아닌 변방의 신생도시 알렉산드리아가 고대의 지식 창고 역할을 하게 된 이유가 무엇이었을까? 소크라테스 이후 관념론적 풍조에 익숙한 아테네에 무세이온이 세워졌거나, 신의 지배를 받는 멤피스에 세워졌거나, 실용적 응용이 전부였던 로마에 세워졌다면 무세이온의 과학적 성취가 가능했을까?

알렉산드리아는 개방적인 무역도시였고 새로 건설된 신흥도시였으며, 지중해를 지배한 그리스나 로마로부터 멀리 떨어진 변방이었다. 그래서 알렉산드리아는 텃세나 고정관념이 없었고 동방의 여러 학문과 지식이 편견과 간섭 없이 유입되고 자유롭게 연구되었다. 당시의 무세이온은 진리만이 정의인 과학 공간이었다. 정치나 종교의 중심지가 아니었기에 가능한 일이었으니, 무세이온의 학문적 성취는 변방의 무관심과 자유가 에너지였던 것이다.

알렉산드리아가 변방에서 정치의 중심지가 되면서 무세이온에도 변화가 닥치기 시작했다. 로마가 지중해의 주인이 되고 클레오파트라가 로마에 도전한 뒤 클레오파트라의 근거지였던 알렉산드리아는 파괴를 피할 수 없었다. 그래도 무세이온은 축소되었을 뿐 과학의 뿌리를 지켜 갈 수 있었다. 무세이온의 진정한 종말은 로마가 기독교를 받아들이며 시작되었다.

무세이온에서 학문적 진화가 일어난 건 다양한 종교와 문화, 철학 그리고 다른 세상의 질서가 거부감 없이 받아들인 데 따른 영향이며, 이는 무세이온이 다신사상을 기반으로 하는 신전이었기에 가능했다. 하지만 기독교를 받아들인 로마는 기독교 이외 다른 종교와 사상은 인정하지 않았다. 무세이온은 기독교도의 공격을 끝임없이 받았고 결국 폐쇄되었다. 이로써 고대 과학정신과 지식도 역사의 뒷장으로 숨겨졌다.

이제 사람들은 결과를 예측하는 세상에서 결과가 결정되어 있는 세계에 살게 되었고, 탐구와 고민, 실험은 해서는 안 되는 불경죄가 되었다. 무세이온을 빛낸 과학정신은 기독교의 광풍을 피해 로마를 떠났으며 한참 뒤 이슬람에 나타났다. 그 결과 830년 바그다드에는 '바이트 알 히크마'라는 도서관이 건설되었다. 바이트 알 히크마에서는 그리스 고전뿐 아니라 중국, 인도의 고전과 과학서적들이 아랍어로 번역되었고, 인도에서 숫자 0을 받아들이고, 중국에서 제지, 화약, 나침반을 받아들이며 문화 르네상스가 시작되었다. 로마를 떠난 무세이온이 다시 개화한 것이다.

바그다드에서 시작된 문화 르네상스는 확장하는 이슬람 세력과 함께 이베리아로 건너갔다. 이베리아 이슬람 공동체는 바그다드가 셀축 튀르크의 침략과 십자군의 소용돌이에 빠져 침체의 길을 걷는 동안 바그다드를 능가하는 문화 르네상스를 꽃피웠다. 그중 톨레도는 바이트 알 히크마에서 번역한 과학

서적을 유럽에 소개하는 창구 역할을 했다. 톨레도에서 번역된 서적들은 유럽 전역으로 퍼져 나갔으며, 유럽 르네상스의 도화선이 되었다. 잠자던 유럽이 무세이온을 만나면서 새로운 시대를 향해 꿈틀대기 시작한것이다.

르네상스가 설익어 가던 15세기, 이베리아의 기독교 왕국은 새로운 도전을 시작했다. 이슬람을 이베리아 반도에서 몰아냈으며 동방으로 가려는 열정이 들끓었다. 하지만 미래는 밝지 않았다. 지중해 무역에서 사용된 배들은 대서양의 강풍과 해류를 견딜 수 없었기 때문이다. 동방으로 가기 위해서는 새로운 배가 필요했다.

이때 엔리케 왕자가 나타났다. 유럽의 미래가 대양에 있음을 간파한 그는 원양 항해가 가능한 배를 제작하기 위해 포르투갈 남부 해안에 항해학교를 지었고, 아랍과 북유럽의 기술자와 항해사를 초청하여 조선 기술과 항해 지식을 전수받았다. 그리고 새로운 지식을 접목하여 카라벨선(Caravela)을 건조하였고 원양 항해의 지식을 쌓았다. 기독교의 영향력이 절대적인 시대였음을 감안하면 대단히 위험한 도전이었다. 왜냐하면 이교도와 교류한다는 교회의 공격을 받아 위험에 처할 수 있기 때문이다.

그럼에도 엔리케 왕자는 미래에 대한 도전을 멈추지 않았다. 그는 카라벨선보다 크기를 더 키운 카락선(Carrack)을 제작했고, 바스코 다 가마는 엔리케가 건조한 카락선을 타고 아프리카를 돌아 인도에 닿는 동방 항해에 성공했다. 바스코 다 가마의 성공을 지켜본 콜럼버스는 대서양을 건너 신대륙을 발견했고, 마젤란은 태평양을 횡단하여 세계 일주에 성공했다. 이로써 대항해 시대가 활짝 열렸으니 엔리케라는 선구자에 의해 유라시아의 변방이자 대륙의 끝인 이베리아가 주도하는 새로운 시대가 열린 것이다.

이는 이베리아를 넘어 유럽 시대가 시작되었음을 알리는 뱃고동이었고, 세상의 중심이 내륙에서 해안으로, 중앙 유라시아에서 대륙의 끝인 이베리아와 서유럽으로 옮겨 갔음을 의미했다. 2,500년간 유라시아를 호령하고 지배했던 유목민의 시대는 그렇게 저물어 버렸다. 한 남자의 집념과 굳은 도전으로.

세상은 단순하지 않다. 하늘에서 사과 하나 떨어진 것이 아니라 나무가 성장하기까지 몇 년이 필요하고, 사과가 익어 떨어질 때까지도 몇 달이 소요되었다. 뉴턴이 사과나무 아래 누운 건 우연이었지만, 사과가 뉴턴의 머리로 떨어진 건 운명이었다. 몇 년 동안 그 시간을 기다렸다가 뉴턴이 낮잠을 자는 시간에 떨어져야 했기 때문이다.

엔리케 왕자가 해양시대를 준비한 것 역시 운명이었다면 그 뿌리는 어디에서부터 시작된 것일까? 영국 왕립학회 문장(紋章, 일명 휘장)에는 "누구의 말도 듣지 마라(Nullish In Verba)"라고 적혀 있다고 한다. 곧 실험과 관찰로 확인된 것만이 진실이라는 의미다. 엔리케는 그런 정신으로 배를 제작했다. 세상의 모든 정보를 모아 하나씩 적용해 보며 실용적인 것을 찾았다. 그건 누구의 말이 아니라 내가 찾아야 하는 해답이다. 그런 정신이 오늘날의 유럽을 만든 것이라면 오늘의 유럽마저도 무세이온이 만든 것이다.

무세이온은 인류가 지적 탐구를 왜 해야 하는지 역사를 통해 보여 주었다. 조로아스터가 지적 사고를 시작하라고 가르쳤다면, 무세이온은 지적 여행을 떠나라고 가르쳐 준 것이다. 칼 세이건이 언급했듯이 무세이온이 없었다면 인류는 먼 길을 돌아가느라 아직도 진실 밖 어딘가에서 헤매고 있을지 모른다.

2. 세상을 연 바다의 사나이들

이베리아 첫날, 바다의 사나이들이 모여 있는 발견기념탑(Monument to the Discoveries)으로 향했다. 발견기념탑에는 바다로 향했던 남자들이 빼곡히 조각되어 있다. 그들이 이루어 낸 일은 대단한 도전이었다. 바다 저편에 무엇인가 있을 거라는 확신 하나로 이루어 냈기 때문이다.

이들 중에서도 가장 빛나는 남자가 맨 앞에 조각되어 있다. 해양왕이라고 불리는 엔리케 왕자다. 그는 세인트 빈센트에 천문대와 항해연구소를 세웠고, 사그레스에는 '왕자의 마을(Vila do Infante)'를 지어 항해사와 해도 제작자들을 끌어모았다. 그리고 자신의 왕궁에서 자유롭게 토론하고 연구할 수 있게 후원했다. 그는 가톨릭 국가의 왕자였음에도 인종과 종교를 가리지 않았다. 무역풍을 타고 인도와 중국을 오간 아라비아인들도 엔리케의 초대를 받아 대거 참여했다. 유럽이 갖지 못한 원양 항해 기술은 그렇게 유럽으로 건너왔다.

엔리케 왕자는 네 아들 중 셋째였다. 그래서 왕위 계승에서 자유로웠고, 대신 평생 놀고먹을 돈이 주어졌다. 다른 왕자들 같았으면 흥청망청 살았거나 호시탐탐 형의 자리를 노리며 스스로를 위기에 빠뜨렸을 텐데, 엔리케 왕자는 다른 뜻을 세웠다. 포르투갈의 미래와 유럽의 미래를 위해 한발 앞서 준비하는 프로젝트를 시작한 것이다.

엔리케의 후원을 받은 바르톨로메우 디아스는 희망봉을 발견하여 아프리카 항로를 열었다. 역시 엔리케가 키운 바스코 다 가마는 희망봉을 돌아 콜카타에 도착했다. 이로써 포르투갈을 부유하게 만든 아프리카 항로가 완성되었다. 그가 개척한 아프리카 항로는 포르투갈을 유럽의 최고 선진국에 올려놓았다.

그런데 포르투갈의 운명은 매우 짧았다. 제국을 이루었지만 정점에서 내려오는 데 2년밖에 걸리지 않았다. 제국을 이룬 민족은 많았다. 하지만 포르투갈보다 짧은 영광을 누린 나라는 없었다. 왜 그랬을까? 이해할 수 없는 의문을 품고 엔리케의 항해학교가 있던 사그레스로 향했다.

리스본의 구시가인 벨렘 지구에 위치한 발견기념탑. 포르투갈의 영광스런 한 시대를 표현하고 있다.

3. 사그레스 해안

엔리케 왕자는 항해학교와 조선소를 리스본이 아닌 사그레스에 세운 이유가 무엇일까? 사그레스는 우리나라로 치면 거제조선소에 해당될 것 같은 해안가 마을이다. 조선소라면 이해가 되지만 해양연구소는 우리나라도 제2도시 부산에 자리잡고 있다. 연구소를 외진 사그레스에 세운 데는 나름의 이유가 있어 보인다.

12세기 중세 유럽에 대학이 세워지기 시작했다. 유럽의 대학들은 이슬람의 과학도서를 번역하며 과학지식을 습득했다. 하지만 근본적인 한계가 있었다. 유럽에 세워진 대학은 신학을 가르칠 목적으로 세워졌으며, 신학에 기초하여 과학을 이해하려 했다. 즉 신학을 설명하는 수단으로 과학이 이용되었지, 과학을 과학으로 바라보지 않았다. 따라서 과학으로서의 학문은 17세기가 되기까지 학문으로 자리잡지 못했다.

엔리케 왕자가 항해학교를 세운 건 15세기다. 유럽이 자유롭게 과학을 이야기하던 때보다 200년이나 앞선 시점이었다. 리스본에 항해학교를 세웠다면 아랍과 인도의 항해기술자들을 초대하는 게 가능했을까? 교회를 무시하고 아랍 무슬림을 받아들였다면 아무리 왕자라도 박해를 면치 못했을 것이다. 만약 엔리케 왕자가 교회와의 불화로 바다를 향한 집념을 접었다면, 그랬다면 대항해를 가능하게 한 카라벨선 제작 기술과 원양 항해 기술이 한두 세기 지난 뒤에야 유럽에 전해졌을지 모른다. 그랬다면 인류의 역사는 다시 쓰여져야 하지 않을까?

엔리케 왕자는 얼마나 현명하고 위대한 선택을 한 것인가? 아무도 관심을

사그레스 해안은 연약한 지반이라서 파도는 천태만상의 조각품을 해안에 만들어 놓았다.

갖지 않는 국토 남단의 끝, 작은 어촌에 항해학교를 세우고 유럽이 아직 갖지 못한 지식과 기술을 저항없이 받아들였으니.

사그레스에 도착했지만 항해학교를 찾기는 어려웠다. 해안에는 리조트가 가득하고, 학교가 있었다는 곳까지 리조트 문턱이 닿아 있었다. 사그레스는 북구 노인네들이 은퇴하고 이민 오는 1순위 도시라고 한다. 물가가 저렴하고 기후가 따뜻하며 햇살이 줄기차게 내리쬐기 때문이다.

해안 풍경도 멋스럽다. 해안 절벽은 기괴하리만큼 아슬아슬하고 파도에 깎인 해식동굴의 오묘함이 표현하기 어려울 정도로 환상적이다. 그래서 여행객이 북적북적하다.

보트를 타고 해식동굴 보트 여행을 시작했다. 보트는 이 동굴 저 동굴을 들어갔나 나오기를 반복하며 해식동굴의 참맛을 느끼게 해 주었다. 지금까지 체험한 동굴만도 대단한데, 마지막으로 베나길 동굴을 남겨 놓았다. 최후 심판의 날이 오면 하늘에서 영롱한 빛이 내려오고 하느님이 빛과 함께 강림하신다

하지 않았나. 저 하늘이 그런 하늘 아닌가?

하늘을 향해 뚫린 구멍을 통해 빛이 동굴 안으로 들어오는데, 그 빛이 너무나 영롱하고 신묘해서 오늘이 그날인가 착각하게 한다. 둥글게 깎인 암석은 회당같이 넓어 최후의 심판 날 죄를 품평하는 장소 같다. 천당으로 가는 자는 천장에 뚫린 구멍으로 올라가고, 지옥으로 갈 자는 보트에서 내려 바닷물에 빠지고, 다시 인간계로 가야 할 자는 보트를 타고 어여 나가거라. 나는 보트를 타고 재빨리 빠져나왔다. 너무 신비해서 머뭇거리면 못 나올 것 같은 동굴이었다.

보트 투어를 끝내고 해안 트레킹을 시작했다. 들쭉날쭉한 해안을 걸어 베나길 동굴로 향했다. 이베이라 반도는 판게아가 만들어지던 시기 곤드와나 대륙 주변에 떠돌던 작은 지판이 뭉치며 만들어졌고, 프랑스 남부와 충돌하며 현재 위치에 자리잡았다. 이때의 충돌로 피레네 산맥이 만들어진 건 물론이고, 이후 아프리카판과 이베리아 반도가 충돌하는 과정에 해저 퇴적층이 융기하여 현재의 퇴적층 해안이 형성되었다.

보트를 타고 둘러본 해안은 매우 연약하고 위태위태해 보였다. 동굴 벽면은 손으로 비비면 모래가 떨어져 나갈 만큼 연약한 사암층이다. 사암절벽은 파도에 깎이고 다듬어져 천태만상을 모아 놓은 듯 형태가 다양하고, 들쭉날쭉한 해안은 바다와의 지난한 투쟁을 고스란히 간직하고 있는 듯하다. 절벽을 깊게 파고 들어간 동굴 안으로는 우렁찬 파도가 거침없이 들락거리고, 하늘을 향해 뚫린 바위 구멍은 신비로운 빛을 쏟아낸다. 하나하나가 해식동굴의 절품(絕品)이어서 탄성이 절로 나왔다.

보트에서 해안을 올려다봤고 트레킹을 하면서는 해안을 내려다봤다. 해안은

베나길 동굴, 천장이 열려 있어 하늘로 승천하는 통로 같다.

유럽 대륙의 서쪽 끝, 사그레스 해안으로 기울어지는 낙조.

톱니바퀴같이 들쑥날쑥 이어지며 위태하기만 하다. 한 굽이를 지나면 또 다른 침식해안이 맞이하고, 또 한 굽이를 지나면 또 다른 침식 해안이 반기고, 그렇게 아홉 굽이를 걸었다. 포르투갈은 제국의 영광이 짧았다. 포르투갈의 해안이라서 그럴까, 눈앞의 해안도 얼마 남지 않아 보였다.

4. 세 지판의 꼭짓점인 아조레스

아조레스의 5월은 좀 음산했다. 검은 구름과 햇살이 번갈아가며 하늘을 덮고 하늘이 어두워질 때마다 가벼운 빗방울이 흩날리듯 내려앉았다. 첫날 신청한 투어에 일본 부부가 함께했다. 달랑 네 명이라 가이드가 실망할 만도 한데, 소란스러울 정도로 장황하게 설명을 늘어놓았다.

"아조레스의 적기는 언제인가요?"

"여름이죠. 7,8월이 가장 좋아요. 6월과 10월도 좋구요."

"지금은 5월이라 날씨가 안 좋군요."

"5월도 좋아요."

"흐리고 쌀쌀한데요?"

"그래도 좋아요, 아조레스적이죠."

모든 것이 좋다는 친구, 그래서 아조레스적이라는 친구, 아조레스적이란 무슨 뜻인가?

아조레스는 아메리카판과 유라시아판 그리고 아프리카판이 만나는 접점이다. 세 대륙이 만나는 접합지라서 지판에 균열이 생겼고, 바다 깊숙한 곳에서부터 마그마가 흘러나와 차곡차곡 쌓였다. 그렇게 쌓인 마그마가 바다 위까지 올라와 육지를 만들었다. 이런 지점을 마그마 플룸(Magma Plume)이라고 한다. 즉 지구 깊은 곳에서부터 집중적으로 마그마가 올라오는 통로인 것이다.

마그마 플룸에는 분출되는 마그마 양이 다른 지역에 비해 많고 그 결과 깊은 바다에서 시작하지만 바다 위까지 마그마가 쌓여 화산섬을 만든다. 아조레스가 위치한 대서양 중앙 해령에는 아조레스 외에도 마그마 플룸에 생긴 섬이 많다. 아이슬란드, 페로 제도, 카나리아 제도, 마데이라 섬, 카포 베르데 섬, 세인트 헬레나 등이 마그마 플룸에 위치한 화산섬들이다.

바닷속 깊이가 얼마인지 몰라도 아조레스의 피코 봉(Mount Pico)은 포르투

아조레스와 함께 포르투갈의 군도를 이루는 마데이사 섬의 해안 끝단.

갈의 최고봉이며 높이가 2,351m나 된다. 그리 높다고는 할 수 없지만 이건 어디까지나 해상으로부터의 높이다. 세계 최고봉은 기준에 따라 다르다. 해수면으로부터 측정하면 에베레스트지만 지면에서부터 높이를 측정하면 하와이의 마우나케아(9,170m)이고, 지구 중심으로부터 측정된 최고봉은 에콰도르의 침보라조다. 아조레스도 해저 대지에서부터 측정하면 5,000m를 훌쩍 넘는 산이다. 그러니 아조레스 역시 그리 만만한 산은 아닌 것이다.

투어는 차로 섬을 일주하며 이름 있는 명소를 탐방한다. 일주 투어는 개인 여행을 하기 전 섬 전체를 파악하고 안내자에게 설명을 들을 수 있어 유익한 투어였다. 일주를 하며 만난 아조레스는 온통 푸르고 영롱하다. 그래서 아조

아조레스의 순수한 자연 앞에서 연인은 사랑을 만들어 간다.

세테 시다데스(sete cidades)의 베르데(Verde) 호수와 아줄(Azul) 호수
햇빛을 받아 발현하는 색의 차이가 인상적이다

레스의 주산업은 관광일 거라고 생각했는데, 가이드는 목축과 낙농이라고 설명한다.

15세기 포르투갈 탐험가 산 미겔(San Miguel)이 처음 아조레스를 발견했을 때 섬에는 원주민이 한 명도 없고 새만 있는 고립무원이었다. 포르투갈 왕실은 동방 항로의 중간 기착지로 아조레스를 개발하기 시작했고 주민 이주를 장려했다. 그리고 이주민이 식량으로 쓸 양을 대거 섬에 풀었다. 아조레스의 목축은 그렇게 시작되었다.

섬 일주 관광의 끝은 7개의 환상도시가 펼쳐지는 세테 시타데스(Sete Cidades)였다. 이 단어의 뜻은 7개 도시인데, 이곳에는 도시가 없다. 7개의 분화구를 일컫기 때문이다. 구글에서 본 베르데(Verde) 호수와 아즐(Azul) 호수는 선명하게 다른 색을 띠고 있지만, 흐릿한 날씨 때문인지 구분하기 어려울 만큼 선명하지 않다. 그래서 구글의 사진들이 의심스러웠다. 포토샵을 한 것인지.

첫 전망대 지옥문 전망대(boca do Inferno)에서 한 번, 다음 전망대 왕의 전망대(King's view)로 자리를 옮겨 다시 호수를 조망했지만 호수는 변함없이 검푸른 색이다. "바보야, 문제는 태양이야." 선거문구 같은 말이 와 닿는다. 해가 없는 한 호수는 자기 색깔과 폼새를 내기 어렵다. 호수 빛깔은 빛의 굴절 때문에 나타나는 현상이기 때문이다. 빛이 없는데 무슨 빛의 굴절을 기대한단 말인가. 그래서 멋진 호수 조망은 어려우니 좀 걸으면 좋겠다고 안내자를 졸랐다. 그는 아즐 호수로 내려가서 차를 세우고는 시간을 주었다.

"얼마나?"

"당신이 원하는 대로."

"그래도!"

"글쎄요….."

참 싱거운 대화였다. 명확했으면 좋을 텐데…. 그렇게 화산 트레킹을 시작했다. 아즐 호숫가를 따라 2km 정도 숲을 걷다가 허겁지겁 돌아왔다. 급하게 뛰어서인지 등에 땀이 얇게 뱄다.

"왜 벌써?"

그는 나를 의아해했다. 뛰어갔다 올 일이었냐고 묻고 있는 것이다. 나도 할 말이 있었다. 그러게 시간을 정해 달라고 했잖아. 그날 여행은 그렇게 끝났다. 저녁을 먹으며 낮에 있었던 일을 다시 떠올렸다. 내가 어리석은 건가? 시간을 안 정해 준 안내자가 불성실한 거 아닌가? 묻고 물어도 답은 없었다. 그래서 결론을 내렸다. 여기는 아조레스이고 오늘은 아조레스적인 방식을 내가 모른 것이라고.

둘째 날은 고래 와칭(Whale watching) 투어에 참가했다. 업자는 "고래는 못 볼 수도 있지만 돌핀은 100% 볼 수 있다"고 떵떵거렸다.

"돌고래 말고 고래를 보고 싶어요."

"경우에 따라서 70% 정도는 볼 수 있어요. 하지만 여기만큼 확률 높은 데는 없어요. 아조레스에서 못 보면 다른 곳에는 없는 거라고 보면 돼요."

업자의 말은 사실일까? 1984년 아조레스는 포경을 금지시켰고, 이후 아조레스 해역은 고래의 주 서식지가 되었다. 그럼에도 고래를 보는 일이 일상이 아닌 행운이라고 한다면, 고래는 인간과 덜 친하고 돌고래는 인간과 가까운 사이인 것이지, 고래는 깊은 바다에서 움직이고 돌고래는 얕은 수면으로 올라와 움직이는 차이는 아닐까?

이유가 무엇이든 고래와 마주치기를 꿈꾸며 보트에 올랐다. 에디오피아 국립

박물관에서 만난 프랑스인 학예사가 자신의 평생 업적에 대해 이야기한 것을 떠올리며.

고래는 5,500만 년 전 먹이 다툼이 심해지자 바다로 이동한 포유류라고 한다. 5,500만 년 전이면 현재보다 기온이 8도 높은 '팔레오세-에오세'의 극서기였다. 지구상에 빙하는 북극은 물론 남극, 에베레스트 정상에도 없었고, 남극 대륙에 열대림이 무성했던 시기였다. 이때 육상에서 고래의 먼 조상이 출현했다. 덩치 큰 포유류는 늘 배가 고팠고, 먹이를 찾아 해안가를 서성이다가 사냥이 수월한 바다를 택했다. 그 결과 지금부터 5천만 년 전 현재의 고래와 돌고래로 진화했다고 알려져 있다.

반면, 적응하지 못하고 뭍으로 돌아온 녀석은 하마가 되어 지금도 물을 그리워하며 물 속에서 대부분의 시간을 보낸다는 것이다. 하마와 고래의 가족사를 알고 보니 진화란 순간적 선택의 결과라는 생각이 든다. 누군가는 바다로 누군가는 뭍으로 운명을 바꾸는 선택은 오늘도 비일비재하게 일어나고 있기 때문이다.

바다를 택한 덩치 큰 포유류를 만나기 위해 보트는 물살을 가르며 한참을 달렸다. 하지만 아조레스에서도 고래는 먼 손님이었다. 눈앞에서 뛰어오르는 고래를 꿈꿨지만 저 멀리 지나가는 고래 등만 힐끗 보는 게 전부였다. 고래 투어는 아쉽지만 그렇게 끝냈다.

셋째 날은 차량을 렌트하여 섬 이곳저곳을 다녔다. 첫 방문지로 아조레스에서 아름답기로 소문난 포고(Fogo) 화산을 찾았다. 포고 화산은 고도가 높아서인지 운무가 가득하고 화구가 번들번들했다. 다음으로 찾은 칼데라 베라(Caldera Vera)에서는 자연 온천을 즐겼다. 보통 온천물이 아래서 솟구쳐 오르는데, 절벽을 타고 내려오는 온천물이 신기했다.

마지막으로 유럽에서 유일하다는 녹차 농장을 방문했다. 아편전쟁을 일으킨 원인은 영국인들의 차 사랑 때문이었다. 영국은 차나무를 훔쳐 와 자국에서 차 생산을 시도했지만 번번이 실패했고 아편을 팔아 차에 들어간 돈을 메웠다. 아편 때문에 국고가 바닥난 청 왕조는 아편 밀수와 유통을 금지했고 결국 전쟁으로 이어졌다. 아편전쟁은 차에서 시작되어 아편으로 끝났다. 영국은 청나라와의 전쟁을 원치 않았다. 그래서 어떻게든 차를 국내에서 생산하려고 무진 애를 썼다. 하지만 영국은 토질이 척박하고 일조량이 적어서 차 농사에 성공할 수 없었다. 본국에서는 실패했지만 영국은 다이질링과 실론을 개발하여 차 생산에 성공하였고, 세계 최대의 차 수출국이 되었다.

아조레스 남쪽 해안에는 푸른 녹차밭이 비탈진 사면에 가득하다. 영국은 어디서 아이디어를 얻었을까? 아조레스에서 가능성을 발견하지 않았을까? 아조레스의 녹차 농장을 보고 아조레스와 비슷한 기후와 토질, 환경을 찾아 다녔고 실론을 대안으로 찾은 게 아닐까?

유럽의 유일한 차 농장인 차 고레나(Chá Gorreana)는 19세기부터 내려오는 방식으로 차를 생산하고 있다. 농장을 방문하면 차를 공짜로 제공하고 팔기도 한다. 여행 마지막이라 녹차와 홍차를 한 박스씩 샀다. 바닷바람의 청량함과 태양의 온기를 듬뿍 받은 찻잎은 색이 짙고 질량감이 좋아서 그냥 지나칠 수가 없었다. 차밭을 걷고 싶어 녹차밭에 들어섰다. 녹차밭에는 십여 명의 서양 할머니들이 바구니를 들고 찻잎을 따고 있었다. 나는 다가가서 아는 체를 했다.

"이렇게 새순을 똑 부러뜨려야 해요. 아무 잎이나 따는 게 아니고 이런 잎을 따야 해요."

5월에 품질 좋은 새순이 있을 리 없다. 녹차 잎은 커질 대로 커서 색이 짙고 묵직하다. 그래도 그중 나은 게 있으니 선택은 언제나 있기 마련. 한참을 떠들어도 밑천이 드러나지 않는 걸 보니 유럽 할머니들은 로스팅한 홍자만 본 게 아닐까?

차 농장 방문을 끝으로 긴 유라시아 횡단 여행은 끝이 났다. 공식적으로 바다를 향해 소리 한번 지르고 숙소로 향했다. 숙소로 돌아오는 길은 어느 길로 갈까? 해안을 돌아서 갈까, 아니면 산을 넘을까? 길이 두 개이니 고민이 따른다. 나는 잠시 고민하다가 산을 넘는 길을 택했다.

아조레스 중앙에는 여러 개의 화산이 있다. 한라산같이 하나의 화산이 대지를 만든 게 아니라 여러 개의 화산이 줄지어서 섬 중앙을 달린다. 그래서 섬은 화산산맥을 가진 모양새다. 동쪽 바다에서 섬의 수도인 산 미겔로 가는 길은

차 고레나 녹차밭 전경. 해풍을 받아 찻잎이 윤기가 흐른다.

섬을 동서로 분리하는 화산 산맥을 넘어야 한다.

오르막 숲길을 달려 포고 화산에 도달했고 다시 시작되는 내리막길을 달렸다. 숲길이 끝나고 탁 트인 전망이 나오자 봉긋한 오름이 가지런하게 대지에 널려 있다. 제주도에는 360개의 오름이 있다는데, 여긴 얼마나 될까? 제주도만은 못해도 오름이 200개나 된다. 200개로도 이렇게 인상적인데, 제주도는 얼마나 아름다운 섬인가. 그런데 우리는 그 가치를 알고는 있는가?

아조레스의 자연은 특별한 대접을 받고 있다. 유럽위원회에서는 매년 보존해야 할 자연을 선정하는데, 아조레스는 한 번도 거르지 않고 선정되었다. 아조레스 군도는 13개의 람사 유적지(보존해야 할 주요 습지)와 30개 이상의 블루플래그(blue flag, 유럽에서 깨끗하고 안전한 해변에 주는 상)을 지니고 있다. 아조레스 섬 정부는 이런 명성을 유지하기 위해 환경 보존을 정책의 우선에 두고 있으며, 그 결과 개발은 토지의 5%로 제한하고 95%의 대지를 보호 지역으로 묶는 법을 제정했다고 한다.

아조레스에 비해 뒤질 게 없는 제주도는 어떤가. 제주도의 무분별한 개발은 누구를 위한 거침없는 행군인지 한번 생각해 볼 일이다.

숙소로 돌아와 유라시아 횡단 여행의 마지막 밤을 맞았다. 아무도 위로해 주지 않는 밤, 나 홀로 자축하는 밤이었다. 여행이란 원래 그런 게 아닌가. 왁자지껄 함께 이동하지만 여행은 혼자 이뤄 나가는 시간이고 공간이다.

와인을 한 병 주문하고 오래전 여행을 불러냈다. 1991년 유라시아 횡단은 러시아-몽골-폴란드-체코-헝가리-루마니아-불가리아-독일로 이어졌다. 그 때는 무너진 사회주의 국가가 궁금했고, 그래서 사회주의 국가를 찾아 다녔다. 2007년 유라시아 여행은 알려진 명소를 찾아 두서없이 다녔다. 2019년에는 길과 길에 떨어진 이야기를 주우러 여행을 시작했다. 세 번의 여행은 시기가 다르고 바람이 달랐다. 그래서 여행을 이어 가는 방식이 달랐다.

1991년에는 대도시를 여행했고 한 도시에서 일주일 이상 머물며 현지인들의 삶을 경험했다. 2007년 여행은 편하고 유쾌했으나 여기저기 바쁘게 뛰어다닌 기억만 남았다. 2019년 유라시아 여행은 시대의 화석같이 존재하는 옛길과 그 길이 들려주는 이야기를 찾아 여행했다. 그래서 사람과 명소를 만나기보다 시간을 만났다.

세 번의 여행은 나이들어 감을 보여 주듯 목적이 달랐다. 1991년은 사람이 그리운 나이였고 사람을 만났다. 2007년은 갖고 싶은 게 많은 나이였고 유명한 여행지로 욕구를 채웠다. 2019년은 지혜가 필요한 나이였고 여행하는 자신을 만났다. 이제 62세가 되었다. 한 번 더 유라시아 횡단을 할 수 있을까? 그럴 수 있으면 좋겠다는 바람을 남기고 여행을 접는다.